KB271412

우리가 아는 중국은 없다

우리가 아는 중국은 없다

시진핑 시대 중국 경제의 위험한 진실

• 한우덕(중앙일보중국연구소장) 지음 •

청림출판

중국 경제의 과거 궤적, 현재 변화, 미래 전망에 대한 빛나는 통찰을 담은 책!

21세기 최대의 역사적 이변은 중국의 부상이다. 빈곤과 저개발 그리고 정치적 혼미 속에서 방황해온 중국이 개혁 개방 30년 만에 세계 제1의 수출대국 및 외화 보유국으로 우뚝 섰다. 2010년에는 아예 일본을 제치고 세계 제2의 경제대국으로 등극했다. 중국 경제가 향후 10년 이내에 미국을 따라 잡을 것이라는 예측도 나오고 있다. 더구나 미국, 일본, 유럽 등 3대 선진 경제권이 장기 침체 국면에서 벗어나지 못하면서 이제 중국 경제는 세계 경제의 새로운 구원투수로 등극하고 있다. 한국 경제의 사활이 중국에 달려 있다 해도 과언이 아닐 것이다.

《우리가 아는 중국은 없다》는 이러한 중국 경제의 과거 궤적, 현재 진행 중인 변화 그리고 미래 전망 등에 대한 명쾌하고도 심층적인 분석을 담고 있다. 물론 우리의 대응 전략도 실증적으로 처방해주고 있다. 근래에 보기 드문 역작이다. 예리한 통찰력, 생동감 넘치는 경험적 탐구, 참신하고도 풍요로운 사례들이 이 책의 진가를 한층 더해주고 있다.

내가 이 책을 강력히 추천하는 이유는 다섯 가지다.

첫째, 이 책은 우리가 모르는 중국 경제의 변화를 서구 또는 중국의 시각이 아니라 한국의 중국 전문가 관점에서 착실하게 규명해내고 있다. 때문에 중국 학자들에게서 보이는 자기중심적 왜곡도, 서양 학자들이 흔히 범하는 단편적 편견도 찾아볼 수 없다. '이중국, 관중국(以中國, 觀中國)'의 자세로 중국 경제의 복합적 역동성을 예리하게 파헤치면서도 한국 정부와 기업의 실리를 염두에 두고 있다는 점에서 이 책을 높게 평가한다.

둘째, 중국 경제를 바라볼 때 흔히 나타나는 '전체와 부분의 부조화(不調和)'를 슬기롭게 극복하고 있다는 점이 이 책의 또 다른 강점이다. 거시경제를 다루는 학자들은 중국 경제의 큰 그림은 잘 그려내지만 기업 활동 등 미시경제 부분에 대해서는 상대적으로 소홀히 하는 경향이 있다. 물론 반대의 경우도 있다. 그러나 저자는 이 책에서 거시적 부분과 미시적 부분을 절묘하게 융합시키는 동시에 정치적, 경제적 상호작용에 주목하면서 중국 경제의 과거, 현재, 미래를 총체적으로 담아내고 있다. 이는 담대한 작업이다.

셋째, 이 책은 이론과 실제가 잘 접목된 중국 경제 분석서다. 보통 이론에 강한 책들은 현실감이 약하고, 실제 사례를 다루는 책들은 분석적 성찰이 결여된 경향이 있다. 그러나 이 책은 이 둘을 원만하게 잘 조합하고 있다. 이는 저자가 가지고 있는 독특한 배경 덕분일 것이다. 그는 대학에서 중국학을 전공하고 중국 현지에서 오랫동안 특파원 생활을 했기 때문에 현장감이 뛰어날 수밖에 없다. 여기에 더해 저자는 상하이 명문대 중 하나인 화둥사범대학에서 박사학위를 받은 경제학자이기도 하다. 분석적 통찰력이 빛

날 수밖에 없다. '저널리즘과 아카데미즘'의 이상적 결합이 이 책을 더욱 돋보이게 한다.

넷째, 무엇보다 이 책은 읽기가 쉽다. 딱딱할 수밖에 없는 '경제'라는 주제를 저자는 경제에 관한 책도 '독자 친화적'일 수 있다는 것을 웅변적으로 보여주고 있다. 그는 참으로 뛰어난 이야기꾼이다. 중국 전역을 돌며 현지의 다양한 목소리를 가감 없이 전해주며 꾸밈이 없으면서도 글의 흐름이 살아있는 책을 썼다.

마지막으로 이 책은 단순한 서술과 분석을 넘어 한국의 개인과 기업 그리고 정부에 대(對)중국 접근방법을 구체적으로 처방해준다. 21세기 한중(韓中) 관계 개선의 매뉴얼이라 해도 무방하다. 한중 수교 20주년을 맞는 해에 이런 책이 나왔다는 것은 참으로 반가운 일이다.

이 책은 중국, 특히 시진핑(習近平) 시대의 중국 경제에 대해 알고 싶은 모든 이들에게 권하고 싶은 책이다. 한국 정부의 경제부처 공무원, 기업인, 중국 전문가들에게는 필독서다. 중국 경제, 정치 등을 다루는 대학 학부와 대학원 전문 교재로도 손색이 없다. 저자가 정말 큰일을 해냈다. 그의 헌신적 노력과 공헌에 찬사를 보낸다.

연세대 정치외교학과 교수
문정인

시진핑 시대, 중국 경제의 미래

중국은 지금 거대한 변곡점을 지나고 있다. 지난 30여 년간 10퍼센트 안팎의 성장률을 보이며 숨 가쁘게 달려왔던 중국 경제는 이제 성장의 한계를 드러내며 숨을 헐떡인다. 성장의 그늘에 가려졌던 인민들의 불만은 통제의 균열을 비집고 터져 나온다. 경찰차가 뒤집히는가 하면 인터넷에서는 공산당을 비난하는 글이 난무한다. 각지에서 벌어지고 있는 시위와 충돌은 향후 10년 '시진핑 시대'가 직면해야 할 거대한 도전의 서곡에 불과할지도 모른다.

시진핑 체제는 과연 이 같은 도전을 이겨낼 수 있을까? 중국의 경제력이 미국을 능가할 것이라는 분석이 있는가 하면, 결국 파국으로 끝날 것이라는 주장도 만만치 않다. '번영이냐, 파국이냐.' 우리가 어느 쪽이 옳다고 우길 이유는 없다. 양극단의 의견 뒤에 도사리고 있는 정치적 의도에 휘둘릴 뿐이다. 이 시점에서 우리가 해야 할 일은 중국이 가는 길을 냉정하게 관찰하고 그 과정을 분석해내는 일이다. 그래야 중국의 변화에 대한 우리의 대응책을 체계적으로 마련할 수 있다.

이전에 경험하지 못했던 새로운 도전 앞에 직면하게 될 시진핑 시대의 중국은 또 다른 개혁을 추진할 것이다. 그리고 그 작업은 언제나 그랬듯, 경제·산업 구조 개편으로부터 시작될 게 분명하다. 필자는 이를 '생산의 3통(三統) 패러다임'으로 요약해봤다.

첫째는 생산의 국내 통합이다. 중국은 그동안 제품 생산에 필요한 고기술 핵심 부품을 한국, 일본, 대만 등에서 조달하는 산업구조를 보여왔다. 그러나 기술 수준이 높아진 지금 중국은 부품을 국내에서 생산하겠다고 나서고 있다. 아시아 주변국에 흩어져 있는 부품 제조 공정을 중국 국내로 통합하겠다는 것이다.

둘째는 생산과 시장의 통합이다. 중국 기업은 그동안 생산은 중국에서 하고, 시장은 미국이나 유럽연합(EU) 등에 의존해왔다. 그러나 앞으로는 내수확대를 통해 소비도 국내에서 이뤄지도록 하겠다는 구상을 밝혔다. 수출과 투자에 의존한 성장 패턴을 소비 중심으로 바꾸겠다는 '주안비엔(轉變)' 정책이 바로 그것이다. 우리말로 옮기면 '패턴의 전환'이라는 표현이 가장 잘 어울린다.

셋째는 생산과 금융의 발전 통합이다. 금융 분야 개혁이 핵심이다. 그동안 중국 금융업은 제조업 발전의 보조 수단 정도로 인식되어 왔다. 정부가 금리를 틀어쥐고 외부에는 보호 장벽을 높였다. 그러나 중국은 이제 금융을 산업으로 인식하고 경쟁력 높이기에 나섰다. 총리가 나서서 국유은행의 독점을 철폐하겠다는 공언을 했고, 2012년에 들어서는 부분적 금리 자유화 조치도 단행했다. 한편으로는 금융업 대외 개방 폭을 넓히는 노력을 하고 있다.

문제는 이 같은 중국의 변화들이 우리 경제에 결정적인 영향을 미칠 것이라는 점이다. 우선 '생산의 국내 통합'은 우리의 대중국 수출에 치명적이다. 한국의 대중국 수출의 약 70퍼센트가 부품과 반제품 등의 중간재로 구성되어 있기 때문이다. 생산 공정이 중국으로 통합된다는 것은 한국 기업이 중국에 팔 중간재가 그만큼 줄어들 것이라는 얘기가 된다. 따라서 한중 무역 패턴을 다시 뜯어보고 변화하는 환경에 맞게 변경할 필요가 있다.

'생산과 시장의 통합'은 한국 기업의 대중국 전략에 대해 일대 혁신을 요구하고 있다. 그동안 우리 기업의 중국 비즈니스는 제조업 위주였다. 중국에서 얼마나 싸게 만드는가가 관건이었다. 그러나 앞으로는 중국 내수시장 공략이 비즈니스의 핵심으로 등장할 것이다. 중국 소비자를 감동시키지 못하는 기업은 시장에서 퇴출될 수도 있다. 중국 소비자가 한국 업계의 판도를 바꿀 위협적인 존재로 다가오고 있는 것이다.

'생산과 금융의 발전 통합'은 우리에게도 기회다. 생산 교류, 상품 교류에 그쳤던 한중 경제협력의 범위가 자본시장 교류로 확산될 것이기 때문이다. 이제 중국 돈으로 중국 돈을 벌 수 있는 시대가 왔다. 해외로 넘쳐나고 있는 '차이나 머니(China money)'를 어떻게 흡수할 것인지도 고민해야 한다. 위안화 국제화로 위상이 높아지고 있는 '레드백 이코노미(Redback economy, 위안화 경제)'에 어떻게 적응하고 대응할지가 우리 금융권의 새로운 과제로 떠오른 것이다.

지난 20년, 중국은 우리에게 '축복과 같은 존재'였다고 말한다. 1992년 수교와 함께 수많은 단순 임가공 공장이 중국으로 생산

거점을 옮겼고, 그 덕분에 우리는 큰 충격 없이 산업고도화를 이룰 수 있었다. 1997년 아시아 외환위기, 그로부터 10년 후 터진 세계 금융위기 때는 위기 극복의 힘을 중국에서 찾기도 했다. 그러나 앞으로도 그럴 것이라고는 장담할 수 없다. 중국 경제의 '3통 패러다임' 변화에 적응하지 못한다면 중국은 우리에게 축복이 아닌 재앙으로 다가올 수 있다. 향후 10년 동안 일어날 중국 경제 패러다임 변화에 어떻게 대처하느냐에 따라 개인과 기업, 나아가 정부의 안위가 결정될 수 있다.

우리는 과연 중국의 변화에 대응할 준비가 되어 있는가? 그렇게 낙관적이지는 않다. 우선 중국을 보는 우리의 인식에 문제가 있다. 지극히 감정적이고 배타적으로 중국을 본다. 이유는 많다. 말도 안 되는 고구려 역사 왜곡, 올림픽 성화를 봉송한답시고 대한민국 수도인 서울 한복판에서 벌인 '난동', 서해안 중국 '해적'에 의한 우리 해경 피살사건 등은 국민의 공분을 불러일으키기에 충분했다. 이런 중국이 땅을 사면 우리는 배가 아프다. 그러나 감정만 앞세워 중국을 바라봐서는 안 된다. 미울수록 더 냉정하게 중국을 바라보고, 깊이 연구하고, 현실적인 공존 전략을 짜야 한다.

중국은 큰 나라다. 세계에서 가장 큰 제조업 규모를 갖고 있고, 대부분의 분야에서 시장 규모 1, 2위를 다투고 있다. 중국이 갖고 있는 규모의 힘은 서서히 세계를 압박하고 있다. '큰' 중국에 대한 우리의 선택은 '날카로움'이 되어야 한다. 정치·경제·사회·문화 등 모든 면에서 중국이 함부로 대할 수 없는 예리함을 키워야 한다.

경제 분야 날카로움의 핵심은 기술이다. 모든 분야에서 중국을 이기려 하기보다는 특수한 분야, 특화된 기술로 승부를 걸어야 한다. 중국이 세계 최대 TV 생산국이라면 우리는 TV에 들어갈 칩을 만들고, 중국이 세계 최대 의류 생산국이라면 우리는 그들에게 디자인을 팔아야 한다. 거대 중국시장을 송곳처럼 파고들 수 있는 예리한 시장진출 전략도 필요하다. 중국 소비자와의 소통을 통해 틈새를 공략하고 새로운 시장을 창출해야 한다.

정치·외교 분야에서도 예리한 전략이 필요하다. 그들이 한국을 쉽게 넘보지 못하도록 고슴도치와 같은 날카로움으로 무장해야 한다. '다가올 아시아 시대를 함께 준비하고 있지만 우리는 너희 중국과는 다르다'는 인식을 심어줘야 한다. '한국은 잘못 건드리면 골치 아픈 나라'가 되어야 한다. 문화 역시 마찬가지다. 중국인들의 감정을 파고들 수 있는 섬세하면서도 예리한, 그러면서도 역동적인 문화를 갖춰야 한다. 그래야 우리 문화의 자존심을 지킬 수 있다.

그렇다면 어떻게 '날카로움'을 키워야 하는가? 책을 쓰는 동안 내내 고민했다. 먼저 내용을 5장으로 나눴다.

1장 '큰 중국의 시대가 온다'는 책 전체의 도입부 성격으로 거시적인 차원에서 중국 경제를 들여다볼 수 있게 했다. 10년 전만 해도 중국은 미국과는 견줄 수 없는 형편없는 나라였다. 그러나 지금은 미국조차 함부로 할 수 없는 나라로 성장했다. 'G2(Group of two)'의 지위에까지 올랐다. 1장에서는 어떻게 이런 일이 벌어졌는지 뜯어봤다. 특히 중국의 국가자본주의(State capitalism)를 자세하게 분석함으로써 성장의 근원을 파헤쳤다.

2장 '대국의 미래를 읽다'에서는 시진핑 체제가 끝나는 10년 후 중국의 모습을 그려봤다. 경제적으로는 연착륙(Soft landing), 정치적으로는 공산당의 연성화(Soft party)가 결론이다. 10퍼센트를 넘나들던 지난 30여 년의 성장세는 더 이상 가능하지도 않고 유지될 수도 없다. 그렇다고 일각에서 제기되고 있는 중국 경제의 급격한 쇠퇴(경착륙, Hard landing)는 없을 것이다. 국가가 장악하고 있는 독점산업을 민간에 개방하는 등의 조치를 통해 새로운 성장동력을 찾으려 할 것이기 때문이다. 시진핑 시대 중국 경제정책은 자유주의 성향이 짙어질 것으로 예상된다. 2장에서는 중국 지식계의 좌우 대립 역사를 통해 향후 중국 경제 노선이 어디로 갈 것인지를 더듬어봤다.

3장 '무엇이 그들을 최강으로 만들었나'에서는 중국 산업계에서 일어나고 있는 변화를 추적했다. 1장과 2장이 거시적 관점에서 중국 경제를 바라봤다면 3장은 미시적 관점에서 중국 경제를 들여다봤다. 중국 기업의 발전은 초기 '시장과 기술의 교환'에서 이제는 '자주적 기술개발(자주창신, 自主創新)' 단계로 발전하고 있다. 중국의 적극적인 기술지원정책에 힘입어 해외의 화교 석학이 중국으로 몰려들고 있다. 3장에서는 이들이 어떻게 중국의 산업기술을 일으켰는지를 살펴봤다. 아울러 홍콩, 대만 등 화교 경제의 활약도 들여다봤다.

4장 '흔들리는 세계 공장'에서는 중국이 직면한 각종 리스크를 추적했다. 중국은 그동안 '발전만이 굳은 진리다(發展是硬道理)'라고 주장하며 성장 우선주의 노선을 걸어왔다. 그러나 성장 이면에는 빈부격차, 농민공문제, 사회불안, 부정부패 등이 도사리고 있다. 이러한 문제들은 경제 수준이 높아지면서 일시에 폭발하기 시작했다. 지금도 중국에서는 매년 10만 건 이상의 시위가 벌어지고 있다. 이는 강력한 국가주의가 낳은 부작용이기도 하다. 4장에서는 국가가 민간의 부(富)를 뜯어가는 패자(覇者) 독식의 경제구조를 통해 중국 경제가 갖고 있는 한계를 규명했다.

5장 '시진핑 시대 한국의 길'은 이 책의 결론 부분이다. '3통 패러다임' 변화에 대한 우리의 대응 방안을 기업 사례를 통해 모색해봤다. '생산의 국내 통합'은 합류(合流)로 해결해야 할 사안이다. 중국에서 형성되고 있는 산업 클러스터에는 적극 뛰어들어야 하고, 국내에서는 기술을 개발해야 한다. '생산과 소비의 통합'은 중국 소비자와의 소통으로 대응해야 한다. 아울러 자본시장 교류의 역사와 현황을 통해 '제조와 금융의 발전 통합'에 대한 대응책을 제시했다. 최근 한중 경제의 가장 큰 현안은 자유무역협정(FTA)이다. 우리가 1992년 한중 수교를 통해 산업구조를 한 단계 업그레이드했듯, 이번 한중 FTA 역시 산업고도화의 계기로 삼아야 한다. 5장에서 그 이유들을 조목조목 설명했다.

필자가 베이징(北京) 특파원으로 발령받아 서우두(首都) 공항에

도착한 때는 1999년 9월이었다. 그 후 줄곧 중국을 지켜봤다. 화두는 늘 '중국과 어떻게 조화를 이루며 살아갈 것인가?'였다. 요즘도 중국의 주요 도시들을 돌며 정치인과 기업인들을 인터뷰하고, 먼 시골에서는 라오바이싱(老百姓, 서민)을 만난다. 각종 세미나를 쫓아다니며 지식의 파편들을 모으는 일 또한 게을리하지 않는다. 이 책은 그 결실이다.

　서점에 가면 중국을 다룬 책들이 많다. 그런데 많은 사람이 읽었다는 중국 관련 책들을 보면 외국인들이 쓴 것이 대부분이다. 한국과 중국이 수교한 지 20년이 넘었는데도 우리는 아직 외국인의 시각에서 중국을 보고 있는 것이다. 필자가 이 책을 쓰겠다고 감히 용기를 낸 이유다. 현장에서 보고, 확인하고, 느낀 것만을 기록했다. 부족함이 많을 것이다. 중국에 대해 고민하고 있는 독자들의 많은 의견과 반론을 기다린다.

한중 수교 20주년 되는 날
한우덕

차 례

추천사 **5**

서문 **8**

Chapter 1 큰 중국의 시대가 온다

01 균열은 중국에서 시작됐다 **23**

맹주(盟主)의 등장 | 중국은 지금 건설 중 | 활-난(活-亂)의 경제

02 세계 경제의 새로운 축 **36**

차이나 사이클 | 차이나 스트레스 | G2의 갑을관계 | 불편한 친구

03 규칙 추종자에서 규칙 제정자로의 도약 **53**

노동력에서 기술력으로 | 위안화 국제화

04 국가자본주의의 대두 **65**

서구의 중국 모델 논쟁 | 더 크고 더 강하게 | 국부펀드 |

중국 모델은 없다

Chapter 2 대국의 미래를 읽다

01 어떻게 성장을 지속할 것인가 **87**

새로운 세계 중산층 | 중진국 함정 피하기 | 패턴 전환과 내수확대

02 공산당은 시장에서 물러날 것인가 **101**

하이브리드의 마술사 | '민부 시대'의 시작

03 지식계 대립으로 본 경제 노선의 향방 **115**

광둥 모델 vs. 충칭 모델 | 경제학회의 기류 변화 | 정치 권력과 지식 권력
의 연합 | 천안문 사태의 두 테제 | 신좌파의 공세 | 광둥으로 가는 열차

04 중화 DNA, 아시아를 위협하다 **135**

옛 영광으로의 부흥 | FTA와 조공 시스템

Chapter 3 무엇이 그들을 최강으로 만들었나

01 상하이의 디오르 여인, 로마의 원저우 상인 **151**

02 천하삼분지계 **157**

항공업계의 A, B 그리고 C | 자주창신 전략 | 풀세트(Full-set) 공업구조

03 짝퉁 나라의 기술 비약 **169**

태양광업계의 치킨 게임 | 중국으로 몰려든 석학들

04 레드 캐피털리스트 **178**

풀뿌리파: 인내는 나의 힘 | 92파: 현대 경영의 시작 | 회귀파: 기술 혁신
의 선구자 | 국유파: 국가가 키운 CEO | 태자파: 권력의 후광을 업은 귀

족 경영인

05 대나무 네트워크 **190**

포도밭 없는 '와인 허브' | 동남아시아의 '따거' | 대만에 간 소녀시대

Chapter 4 흔들리는 세계 공장

01 패자 독식의 경제 **203**

거대한 도박장 | 칸막이 경제 | 주가 따로, 증시 따로

02 13억 인구의 패러독스 **217**

돼지 경제학 | 늙어가는 대국 | 방황하는 농민공들 | 어느 가족의 풍경화

03 권귀(權貴) 자본주의 **233**

"내 아버지는 리강" | 권력과 부를 나눈 사람들 | 손오공 권력

04 신세대 농민공의 반란 **246**

마오의 후예 | 노동자 구타하는 노조 | 어느 소녀의 파업 | '3고(高) 1저
(低) 세대'의 계급투쟁

Chapter 5 시진핑 시대 한국의 길

01 제조업: '규모'와 '기술'의 싸움 **263**

3통 패러다임 | 거대한 연구개발 센터 | 기술을 넘어 노하우로

02 서비스: 중국 소비자와의 소통 **274**

'메이드 포 차이나(Made for China)' 시대 생존법 | 한국형 관리 모델의
시작 | 10년을 내다본 유통망 구축하기 | 디테일의 힘

03 금융: Dance with Mr. Wang **288**

차이나 머니, 달콤한 독배? | 차이나펀드, 자본시장 교류를 열다 | 천시
(天時)·지리(地利)·인화(人和)

04 FTA: 넓어지는 협력의 지평 **304**

블랙홀의 괴력 | FTA, 또 한 번의 산업고도화 | 헤이룽장에서 익어가는
파스퇴르의 꿈 | 아시아 부자들의 휴식처

주 **320**

The New Paradigm of Chinese Economy in Xi's era

Chapter 1

큰 중국의 시대가 온다

2000년 5월, 미국 의회는 중국에 대한 '항구적 정상교역관계(PNTR)' 부여를
놓고 논란을 벌이고 있었다. 중국을 정상적인 무역 파트너로 인정할지의 여부
가 핵심이다. 당시 야당이었던 공화당은 인권 등을 문제 삼아 법안에 반대했
다. 그러나 당 대선 후보였던 조지 W. 부시 전 대통령의 한마디가 당론을 바꿨
다. 그는 시애틀 보잉(The Boeing) 공장에서 가진 연설에서 "중국과 자유롭게
교역하라. 시간은 우리 편이다(Trade freely with China and time is on our side)"
라고 역설했다. 논리는 분명했다. 중국 경제가 미국 덕택에 성장한다면 인권과
자유가 보장되고, 자유시장경제 체제를 존중하는 서구화된 나라가 될 것이라
는 주장이었다. 그로부터 10여 년, 시간은 정말 미국 편이었을까.

01

균열은 중국에서 시작됐다

또다시 위기다. 2008년 월가발(發) 세계 금융위기가 잠잠해지는가 싶더니 2011년 유럽 재정위기가 다시 한 번 세계 경제를 강타했다. 경제위기는 우리 삶을 위협한다. 직장인들은 공장 마당에 쌓여가는 재고를 쳐다보며 실직을 걱정하고, 청년들은 대학을 졸업해도 일자리를 찾지 못해 학교 정문을 배회한다. 도대체 어디서부터 잘못된 것일까?

힘의 균형이 깨질 때 위기는 싹튼다. 강대국의 흥망사가 늘 그랬다. 영국과 미국의 파워시프트(Power shift) 과정에서 대공황(1929년)이 발생했듯 말이다. 지금의 위기 역시 힘의 균열에서 찾아야 한다. 균열은 중국에서 시작됐다. 중국 경제는 2000년대에 들어 급성장하더니 프랑스, 영국, 독일, 일본 등을 차례로 제치며 G2(미국과 중국) 반열에 올랐다.[1] 2009년 독일로부터 최대 수출국 자리를 빼앗았고, 이듬해에는 미국을 제치고 세계 최대 제조업 국가에 올랐다. 세계에서 자동차를 가장 많이 생산하는(약 1,800만 대) 나라가 중국이고, 가장 많이 소비하는 나라도 중국이다. 반면 이 기간 수퍼파워 미국은 중동과 아프가니스탄 등지에서 전쟁을 치러야 했다. 경제적으로는 재정적자와 무역적자의 쌍둥이 적자에 시달리며 점점 힘이 빠져나가고 있었다. 폴 케네디가 지적했듯, 미국은 경제적으로 감당하기 어려울 정도로 너무 넓게 전선을 펼쳐놓고 있었다.[2]

중국의 급성장과 미국의 쇠퇴, 이것이 지난 10년 국제 질서를 바꾼 원인이었다. 지금 우리가 겪고 있는 경제위기는 그 파워시프트의 한 파편인 것이다. 우리가 여기서 장구하게 이어질 중국 얘기를 시작하는 이유다.

맹주(盟主)의 등장

2001년 12월 11일, 세계무역기구(WTO)는 143번째 새 회원국을 맞는다. 중국이었다. 중국의 WTO 가입이 갖는 중요한 의미는 약 3억 5,000만 명의 중국 노동자가 세계 시장경제 시스템으로 편입됐다는 사실이다. 하루 12시간 공장에 앉아 재봉틀을 돌리던 손은 시간이 지나면서 TV를 만들고 컴퓨터를 조립하더니 이제는 휴대전화까지 생산한다. 중국 노동자들이 만든 저가 제품은 서방시장을 빠르게 잠식했다. 전 세계 월마트(Wal-mart) 판매대에는 중국

제품 일색이다. 이젠 중국 제품이 없으면 하루도 살 수 없는 시대가 됐다.

중국이 대규모 무역흑자를 기록하자 세계 달러는 중국으로 몰리기 시작했다. 특히 미국과 중국의 무역 불균형(Trade imbalance)이 심각했다. 미국의 대중국 무역 적자액은 약 3,000억 달러에 이른다.[3] 중앙은행인 중국인민은행은 벌어들인 달러를 다시 미국에 빌려줘야 했다. 그 많은 돈을 받아줄 안전한 투자처는 미국 국채 시장밖에 없었기 때문이다. 그렇게 미국으로 다시 흘러간 '차이나 달러'는 현재 1조 달러(미국 국채 보유)를 넘는다.[4]

중국에서 돈이 쏟아져 들어온 덕택에 미국은 금리를 낮게 유지할 수 있었다. 절약을 모르는 미국 소비자들은 빌린 돈으로 흥청망청 소비를 즐겼다. 머리 좋은 월가의 금융공학 대가들은 부동산과 관련된 기기묘묘한 상품을 만들어놓고는 '리스크를 줄였다'며 희희낙락했다. 돈은 부동산시장으로 몰렸고 시장은 후끈 달아올랐다. 그러나 경제에 공짜 점심은 없는 법이다. 버블이 꺼지면서 발생한 것이 2008년 리먼브라더스(Lehman Brothers)의 파산과 함께 시작된 세계 금융위기였다. 중국의 과도한 무역흑자와 미국의 적자라는 '불균형'이 위기를 낳은 것이다. '세계 공장' 중국의 WTO 체제 등장, 이것이 바로 금융위기의 태동이 된 셈이다.[5]

1997년, 우리나라 서민들의 삶을 할퀴었던 아시아 외환위기 때도 따지고 보면 같은 맥락에서 이해될 수 있을 것이다. 위기의 원인이야 많다. 그러나 좀 더 길게 세계 경제 흐름을 추적하다 보면 역시 '중국'이라는 요인을 만나게 된다.

 1994년 1월 1일, 중국은 환율시스템을 개혁한다. 정부고시 환율과 시장 환율의 통합으로 위안(元)화 환율은 달러당 5.8위안에서 8.7위안으로 뛰었다(평가절하). 또 다른 위기의 '태동'이었다. 수출 경쟁력이 높아진 중국 상품은 세계시장을 파고들었다. 태국, 인도네시아 등 동남아 국가의 상품이 먼저 밀려났다. 이들 동남아 국가는 무역 부문에서 적자를 보기 시작했다. 어설픈 '자유주의' 정책이 이들 국가의 위기를 자초했다. 달러 유입이 줄자 이를 보충하고자 자본시장을 열었던 것이다. 그러나 투기성 자금 유입으로 자본시장에 거품이 생겼고, 그 버블이 꺼진 게 바로 아시아 외환위기였다. 태국에서 시작된 위기는 동남아 국가를 차례로 강타하더니 홍콩을 거쳐 결국 한국에까지 건너왔다. 중국의 부상에 따른 아시아 지역 파워시프트가 위기를 부른 것이다.[6]

 아시아 위기는 예상치 못한 결과를 낳았다. '중국의 부상'이 그것이다. 중국은 1998년 시장의 평가절하 압력에도 불구하고 위안화 가치를 지켜냈다. 주변국들은 '중국이 버텨준 덕택에 결과적으로 위기의 충격을 줄일 수 있었다'며 고마워했다. 2000년대 초에서 중반에 이르는, 세계 경제의 전반적인 침체에도 불구하고 중국 경제는 10퍼센트를 넘나드는 성장을 지속했다. 그 기간 아시아 지역의 전통 경제대국이었던 일본의 상황은 정반대였다. 1990년대 '잃어버린 10년'을 겪어야 했던 일본은 2000년대에 들어서도 또 다른 '고난의 10년'을 헤매야 했다. 아시아의 경제 리더였던 일본은 중국의 부상을 바라만 봐야 하는 신세였다. 그 사이 중국은 일본을 제치고 '아시아의 따거(大哥, 큰형)'로 행세하기 시작했다.

중국으로 인해 야기됐던 위기, 그 위기를 딛고 아시아 경제대국으로 올라선 중국. '위기의 패러독스(역설)'였다.

오늘날의 경제위기에서도 그 역설이 감지된다. 세계는 지금 중국이 무엇인가 해주기를 기대하고 있다. 유럽 각국은 중국에게 재정위기 극복을 위해 자국의 국채를 사달라고 애원하고 있다. 전세계 모든 기업들은 서방의 경제 위축으로 야기된 '소비 공백'을 중국 소비자가 메워주기를 기대하고 있다. '중국 중산층 구세론(救世論)'이 나오는 이유다.[7]

이는 중국이 아시아의 '맹주'로 등장하기 시작한 1990년대 말과 다르지 않은 구도다. 당시 아시아 외환위기의 구원자였던 중국이 지금은 세계 경제위기의 구원자라는 게 달라졌을 뿐이다. 2008년 말 중국은 국내총생산(GDP)의 약 17퍼센트에 해당하는 약 4조 위안(약 700조 원) 규모에 달하는 부양 대책을 실시했고, 덕택에 질식 상태에 빠진 세계 경제에 숨통을 틔워줬다는 평가를 받고 있다. 2011년 발발한 재정위기를 겪고 있는 유럽 각국은 중국에 'SOS' 신호를 보내며 도움을 요청하고 있다. 위기를 조장한 나라가 그 위기를 통해 위상을 높이는 위기의 패러독스가 재현되고 있는 것이다.

중국은 10년 전 아시아 외환위기를 딛고 아시아의 맹주로 등극했다. 그 중국이 아직도 진행 중인 세계 금융위기를 틈타 이제는 세계의 맹주로 성장할 기세다. 위기의 저편에서 또 다른 파워시프트가 진행 중이다.

중국은 지금 건설 중

그렇다면 중국 경제는 건강한가? 2012년 초, 중국 경제 현황을 보기 위해 상하이(上海), 톈진(天津), 창춘(長春) 등을 돌아봤다. 방문한 도시들마다 공통점이 있었다. 바로 하늘을 찌르는 크레인이었다. 현재 중국의 도시들에서는 주택 건설이 한창이다. '중국 부동산 경기가 꽁꽁 얼어붙었다'는 언론 보도가 무색할 정도다. 중국은 지금 건설 중, 'China Under Construction'이라는 팻말을 세워놓아야 할 판이다.

중국 정부가 짓고 있는 것은 중·저소득층을 위한 서민주택이다. 중국 정부의 계획은 원대하다. 2011년부터 2015년까지 진행되는 12차 5개년 계획 기간 중 모두 3,600만 호를 공급하겠다는 계획을 갖고 있다. 2011년에만 1조 4,000억 위안(약 238조 원)의 자금이 투입됐다. 투자 확대로 위축된 건설 경기를 살리고, 저가주택 공급으로 집값을 낮추겠다는, 이른바 다목적 포석이다. 아울러 저소득층 주민들에게는 주거공간을 마련해주겠다는 민생정책이기도 하다.[8]

미국발 금융위기가 한창이었던 2009년 초에도 마찬가지였다. 그때 방문했던 상하이, 충칭(重慶), 청두(成都), 우한(武漢) 등지에서도 가는 곳마다 건설현장을 목격했다. 당시에는 철도건설이 '대

건설투자는 예나 지금이나 중국 성장의 최고 견인차다. 1990년대 말 아시아 외환위기 때는 도로를, 2008년 세계 금융위기 때는 철도를 그리고 2011년 유럽 재정위기에는 서민주택 건설을 내수부양의 동력으로 삼았다.

세'였다. 시내에서는 전철공사가 한창이었고, 도시 밖에서는 도시와 도시를 연결하는 고속철도가 깔리고 있었다. 베이징~상하이, 우한~광저우(廣州), 하얼빈(哈爾濱)~다롄(大連) 등 원거리 노선이 동시에 공사 중이었다. 중국은 2008년~2011년에만 모두 3조 5,000억 위안의 자금을 철도건설에 쏟아부었다. '철도 이코노미(Railroad economy)'라는 용어가 통용되기도 했다.[9]

1998년 초에 방문했을 때도 상황은 크게 다르지 않았다. 중국은 1997년 발발한 아시아 외환위기로 경제가 위협받자 그해 대규모 투자에 나섰다. 당시는 고속도로가 투자 대상이었다. 1998년부터 2004년까지 매년 약 1,500억 위안의 장기 건설국채를 발행해 이 중 대부분을 도로건설에 쏟아부었다. 특히 장쩌민(江澤民) 주석이 주창한 서부 개발에 따라 서부 산간지역에도 도로가 뚫렸다. 자동차가 있건 없건 그건 관심 사안이 아니었다. 중앙에서 돈이 내려왔고, 지방 정부는 그 돈을 쓰기만 하면 됐다.

예나 지금이나 '중국은 건설 중'이다. 이것이 바로 중국 경제가 살아가는 방법이다. 중국은 경기가 위축되면 정부가 나서서 강력한 부양책을 쓴다. 방법은 투자다. 은행에서 돈을 방출하고, 정부 곳간에서 돈을 풀어 일단 짓고 본다. 그렇게 경제는 살아난다.

물론 부작용도 많다. 1998년 시작된 투자 붐은 2004년에서 2005년 경제 과열로 이어졌다. 특히 지방 정부의 무리한 중복과잉 투자는 경제를 왜곡시키는 요인이 됐다. 2008년 말에 시작된 4조 위안 규모의 경기부양 대책으로 돈이 풀리면서 중국 경제는 2010년에서 2011년 혹독한 인플레에 시달려야 했다. 한껏 부풀어 오른 부동산시장의 버블은 경제의 큰 골칫거리가 됐다. 이를 바라본 일부 서방 전문가들은 중국 경제가 지나친 경기부양에 따른 후유증으로 경착륙에 시달릴 것이라 전망하기도 한다.[10] 과연 그럴까? 그들의 주장대로 버블이 꺼지고 주가가 폭락하면서 경제가 덜컹 주저앉을까? 이에 대한 답을 얻기 위해서는 중국의 경기 주기 이론을 살펴볼 필요가 있다.

활-난(活-亂)의 경제

중국 경제의 가장 큰 문제점은 진정한 불황을 겪어보지 못했다는 점이다. 경기가 극도로 위축되면 어떤 일이 벌어질지 아무도 모른다. 1989년 발생한 천안문 사태와 같은 정치적 혼란이 일어날 수 있다는 막연한 위기감이 공산당 지도부를 괴롭히고 있다. 불황의 공포다. 그러기에 중국 정부는 경제가 하강기에 접어들면 적극적으로 개입해 경기를 살린다. 선진 시장경제 체제에서 흔히 나타나는 '바닥 치고 올라오기'는 중국에 어울리지 않는 말이다. 불황의 공포가 정부의 적극적인 시장 개입을 낳았고, 그 결과 중국 경제는 냉탕과 온탕을 오간다. 그리고 투자와 과열, 다시 긴축을 반복하는 사이클을 만든다.

이와 같은 현상을 설명해주는 것이 '활-난의 주기'다. 이 이론은 저명한 경제학자이면서 세계은행 부총재인 린이푸(林毅夫)가 중국 경제 분석 툴로 제시하면서 널리 알려졌다. 내용은 이렇다.

一活就亂 : 경기가 살아나면 곧 과열단계로 진입해 어지러워지고

一亂就收 : 어지러워지면 정부가 긴축정책에 들어간다

一收就死 : 긴축에 나서면 기업이 도산하는 등 경기가 금방 죽고

一死就放 : 경기가 죽으면 정부는 부양책을 실시한다

一放就活 : 부양책이 시행되면 경기는 살아나고

一活就亂 : 경기가 살아난다 싶으면 곧 과열단계로 진입해 어지러워진다[11]

경제가 3~4년을 주기로 '활-난-수-사-방-활(活-亂-收-死-放-活)'의 주기를 돈다는 것이다. 서방 경제에서도 경기주기는 있다. 그러나 중국의 경우 그 구분이 뚜렷하고, 정부의 의지에 따라 주

기가 좌우된다는 특징을 갖고 있다.

그렇다면 지금 중국 경제는 어떤 주기를 지나고 있을까? 2012년 초 현재 중국 경제는 '일사축방(一死就放)'의 단계를 통과하고 있는 것으로 분석된다. 그 사이클을 추적해보자.

이번 주기는 2008년 시작됐다. 중국 정부는 세계 금융위기로 기업들이 줄도산하는 등 위기에 직면하자('死' 단계), 그해 11월 4조 위안의 경기부양 대책을 발표했다. 경기를 살리기 위해 화끈하게 쏜 것이다('放' 단계). 덕분에 죽어가던 경제는 살아났다('活' 단계). 세계 금융위기 속에서도 중국은 2009년 9.1퍼센트의 성장률을 지켜냈다.

그러나 살아난다 싶으면 다시 혼란에 빠지는 게 중국 경제의 모습이다. 과잉투자에 따른 인플레가 문제였다. 2008년 말 시작된 경기부양 대책으로 은행 창구가 활짝 열리더니 2009년에만 약 9조 6,000억 위안, 2010년에는 7조 5,000억 위안의 신규 대출이 풀렸다. 예년의 3~4배 규모다. 곳곳에서는 과잉투자 현상이 벌어졌다. 부동산 가격은 뛰었고 물가도 덩달아 들썩였다('亂' 단계). 2010년 여름부터 시작된 물가상승은 2011년 7월 소비자물가지수(CPI)가 6.5퍼센트에 이르면서 최고조에 달했다.

중국 정부의 선택은 역시 긴축이었다. 물가가 급등하자 2011년에 들어 은행 창구와 재정지출을 막았다. 수(收)의 단계로 접어든 것이다. 아니나 다를까 2011년 하반기부터 죽어나가는 기업이 등장하기 시작했다. 원저우(溫州)에서 시작된 민영기업 사장의 야반도주가 이를 극명하게 보여줬다. 은행 창구가 막히자 경쟁력이 약한 민영기업이 가장 먼저 퇴출된 것이다('死' 단계). 경제위기로 기업들이 줄도산했던 2008년 말 상황과 비슷해졌다. 주기가 한 바퀴 돈 것이다.

그렇다면 '앞으로 경제는 어떻게 될 것인가?'라는 문제에 답해야 할 때다. 결국 이번에도 활-난의 주기를 탈 것이다. 중국 정부는 2012년 어떤 형태로든 경기 살리기에 나설 수밖에 없다. '방치했다가는 망가질 수 있다'는 막연한 공포가 공산당 지도부를 괴롭히고 있기 때문이다. 중국이 내수 위주의 성장 패턴으로 전환한다고는 하지만 그것은 하루아침에 될 일이 아니다. 서방 경기불황으로 수출도 위축되고 있다. 중국 수출은 광둥(廣東), 저장(浙江), 장쑤(江蘇) 등에 퍼진 민영기업의 몫이고, 이들이 전체 고용의 약 90퍼센트를 담당한다. 수출 부진은 곧 소비 부진으로 이어질 것이라는 얘기다.

길은 하나, 역시 투자밖에 없다. '방(放)' 단계로 진입할 것이다. 2012년 초 중국 방문길에서 본 사회보장성 주택 건설 붐은 그 표현이다. 중국인민은행은 2012년 초 재할인율 인하를 시작했고 6~7월 두 차례 금리를 내렸다. 부동산 가격이 충분히 떨어졌다고 생각된다면 개발업체에 대한 은행대출을 다시 시작할 것이다. 비행기가 덜컹 땅에 주저앉는 일은 막아야 한다는 게 중국 정부의 확고한 방침이다.

물론 이것이 근본적인 해결책은 아니다. 위기를 잠시 뒤로 미뤘을 뿐이다. 그렇게 중국 경제는 굴러간다. 성장하면 할수록 내부문제는 점점 더 커지는 악순환이 반복되는 것이다. 중국 경제가 이 주기를 타는 것은 정책의 힘이 시장을 압도하고 있기 때문이다. 그만큼 시장의 자율 조정기능이 미약하다는 의미다. 린이푸세계은행 부총재는 "경제가 투자에 의존해 발전했기 때문에 나타나는 현상"이라며 "계획경제 성향이 짙은 중국 경제가 안고 있는 태생적인 딜레마다"라고 요약했다.[12]

그러나 꼭 부정적으로만 볼 일도 아니다. 과열을 불렀든 혼란을 가져왔든, 당시 건설했던 도로와 철도는 남을 것이기 때문이다. 건설 초기에는 휑했던 서부지역의 고속도로에는 자동차들이 분주하게 달리고 있다. 현재 과잉투자 논란이 일고 있는 중소도시의 비행장도 도시화가 진전됨에 따라 언젠가는 붐빌 것이다. 그렇게 중국 경제는 또 굴러가고 있다. 과감한 투자 덕분으로 아침 일찍 베이징에서 고속철도를 타면 점심은 상하이에서 먹을 수 있다. 사회간접자본 투자의 힘이다.

중국의 건설투자는 세계 경제에 '구세주' 같은 역할을 했다. 1998년의 도로건설은 중국의 내수를 부추기는 힘이었다. 한국을 비롯한 아시아 주변국들은 외환위기를 넘길 수 있는 힘을 중국에서 얻기도 했다. 2008년 말의 '철도 경제'는 리먼브라더스의 파산으로 시작된 세계 경제위기를 극복할 수 있도록 해준 원동력이었다. 서방 언론도 "중국은 세계 경제의 구원투수"라는 찬사를 보냈다.[13] 서방 언론들이 중국을 'G2'의 반열에 올려놓고 박수를 친 것

도 이때쯤이다. 곳간이 텅 빈 유럽 국가들은 달러 부자의 나라 중
국에게 추파를 던지기도 한다. 위기를 틈타 맹주로 등장하는 위기
의 패러독스가 이번 세계 금융위기에도 재연되고 있는 것이다.

02
세계 경제의 새로운 축

“위안화 환율이 불안정해져 중국 경제에 문제가 생기면 세계 경제에 재난이 닥칠 것이다.”

2010년 10월 유럽을 방문한 원자바오(溫家寶) 총리가 브뤼셀에서 행한 연설의 한 대목이다. 미국의 위안화 평가절상 압박에 대한 대응이었다. 듣기에 따라선 세계 경제에 대한 협박으로도 받아들여진다.

중국은 과연 세계 경제를 ‘볼모’로 잡을 정도로 위협적인 존재인가? 수치로 보면 ‘그렇다’고 말할 수밖에 없다. 세계 경제성장에 대한 중국의 기여율은 2008년 23퍼센트, 2009년엔 40퍼센트 안팎에 이르렀다. 가히 세계 경제의 성장 엔진이라 할 만했다. 스코틀랜드왕립은행(RBS)의 경제학자 벤 심펜도르퍼(Ben Simpfendorfer)는 "세계 경제에 새로운 패턴의 성장주기가 시작됐다"라고 말한다.[14] '차이나 사이클(China cycle : 중국이 주도하는 경제 성장주기)' 시대가 열렸다는 해석이다. 세계 자본시장의 투자가들은 이제 중국 경제 동향 하나하나에 촉각을 곤두세워야 할 처지가 됐다.

차이나 사이클

1990년대 동아시아 지역이 가장 먼저 차이나 사이클의 영향권으로 편입됐다. 중국이 세계의 공장으로 등장하면서 일본, 한국, 대만 등 인접국들은 중국에 부품을 공급하는 부품기지 역할을 했다. 고부가 부품은 일본, 한국 등지에서 생산하고 조립은 노동력이 풍부한 중국이 담당하는 분업 구조였다.[15] 아시아 지역 내 교역이 중간재 위주로 이뤄진 것이 이를 말해주고 있다.

아시아 주요 국가의 대중국 수출 중 부품이나 반제품 등 중간재가 차지하는 비율은 대만 74퍼센트, 한국 72퍼센트, 일본 60퍼센트에 달한다. 이들 국가들은 세계 공장이 된 중국에 고부가 부품을 수출함으로써 경제적 이익을 얻었다. 이 과정에서 중국에 대한 의존도도 높아졌다. 중국은 2003년 한국의 최대 수출 대상국이 된 데 이어 2005년에는 일본의 최대 수출국으로 부상했다. 중국이 기침을 하면 인접국들은 독감에 걸리는 구조가 됐다. 한국의 전체 수출의 약 30퍼센트(홍콩 포함)는 중국으로 향한다. 차이나 사이클에 편입된 것이다.

차이나 사이클의 두 번째 편입 대상국은 자원 부국이다. 중국은

2000년대에 들어 아프리카에 공을 들였다. 자원 확보가 목표였다. 자원 외교는 중앙아시아, 호주, 중동 등지로 확산됐다. 세계 공장이 돌아가기 위해서는 막대한 원자재가 필요했다. 자원이 턱없이 부족한 중국으로서는 해외시장으로 나올 수밖에 없었다. 이로 인해 국제 원자재 가격이 상승하면서 이들 자원 부국들은 가만히 앉아서 돈을 거둬들였다. 게다가 이들 국가에 막대한 차이나 머니가 뿌려지면서 자원 부국은 경제 호황을 누렸다. 미국의 앞마당 중남미가 중국의 타깃이 된 것도 이 무렵이다.

1992년만 하더라도 중국이 브라질의 전체 무역에서 차지하는 비중은 0.9퍼센트에 불과했으나 2010년에는 약 14퍼센트에 이르렀다. 중국은 2009년 미국을 제치고 브라질의 최대 교역 대상국에 올랐다. 베네수엘라, 콜롬비아 등 남미 국가들도 중국에 자원을 수출하면서 호황을 누렸다. 루치르 샤르마(Ruchir Sharma) 모건스탠리(Morgan Stanley) 신흥시장 사장은 "브라질 경제의 '경이로운 성장의 시기(Magic moment)'는 중국이 만든 것"이라며 "2000년대 중반 이후 두드러졌던 호주, 몽골, 나이지리아 등의 성장 역시 중국에서 비롯됐다"라고 말한다.[16] 자원 부국 역시 '차이나 사이클'을 타게 된 것이다.

심지어 미국과 함께 서방 질서를 만들고 있는 유럽도 중국 영향권에 편입되고 있다. 중국이 그리스, 포르투갈, 스페인 등 재정위기에 빠진 나라의 국채 매입에 관심을 보이면서부터다. 지금 중국은 그 어느 때보다 유럽에서 환영받고 있다. 유럽의 위기를 해결

중국 광저우에 있는 아프리카인 집단 거주지 '아프리카촌'의 모습. 이곳에 거주하는 아프리카인들은 중국 제품을 본국으로 수입하는 일에 종사하고 있다.

해줄 수 있는 재정적 능력을 갖춘 나라는 중국밖에 없다는 판단 때문이다. 중국은 그럴 뜻이 있어 보인다. 달러에 편중된 외환 보유액에서 유로화 비중을 높이는가 하면 유럽 기업의 매입에도 적극 나서고 있다. 후진타오(胡錦濤), 원자바오 등 지도자들은 시도 때도 없이 유럽 국가들을 자주 방문한다. 이들이 등장할 때마다 유럽 각국 정상들은 맨발로 뛰어나와 허리를 굽힌다. 유럽이 중국을 '시장경제 국가'로 인정한다면 언제든지 돈을 내줄 수 있다는 게 중국의 입장이다. 유럽도 차이나 사이클의 품으로 들어오고 있는 것이다.

다국적기업 역시 중국시장에 목을 매야 하는 실정이다. 중국이 세계의 백화점으로 부상하면서 다국적기업의 명운을 좌우할 만큼 중요한 나라가 됐기 때문이다. 중국 경제의 움직임에 많은 나라와 기업들이 웃고 우는 상황이 됐다. 미국의 보잉과 유럽의 에어버스(Airbus)는 중국 하늘을 잡기 위해 치열하게 경쟁하고 있고, 일본의 고마쓰(Komatsu)와 한국의 두산인프라코어는 중국의 건설장비 시장에 회사의 명운을 걸고 있다. 누가 더 중국 소비자들에게 많이 파느냐에 따라 세계 명품업체들의 순위가 바뀌고 있다.

　중국 경제의 움직임에 많은 나라의 성장세가 결정되고 다국적 기업의 수익구조가 결정되는 시스템, 이것이 바로 차이나 사이클이다. 각국은 중국의 비위를 건드리지 않기 위해 조심 또 조심하고 있다. 티베트의 실질적인 지도자 달라이라마를 만날 때도 뒤에서 조용히 만나야 한다. 기업들은 중국 내 비즈니스를 위해 지진이 일어나면 거금을 지원하고, 희망소학(希望小學: 기업이 후원하는 농촌의 초등학교)을 찾는다. 이처럼 세계 경제는 점점 더 중국에 코가 꿰이는 형국으로 빠져들고 있다. 중국을 축으로 놓고 움직이는 시대로 진입하고 있는 것이다.

차이나 스트레스

중국의 급부상은 세계에 스트레스를 주기도 한다. 중국 경제의 흐름에 따라 다른 나라의 경제가 출렁이므로 중국의 눈치를 볼 수밖에 없기 때문이다. '차이나 사이클'이 중국으로 인한 경제 호조라는 긍정적인 의미를 갖고 있다면, '차이나 스트레스(China stress)'는 중국으로 인해 오히려 부담을 안아야 하는 부정적 의미를 갖고 있다. '중국발 인플레'가 대표적인 현상이다.

세계 최대 유통업체인 월마트는 약 7,000개 업체로부터 제품을 공급받는다. 이 중 약 70퍼센트가 중국 제품이다. 중국 제품의 월마트 공급을 주관하는 업체는 홍콩에 본부를 둔 물류, 유통업체인 리앤펑(Li&Fung)이다. 이 회사는 2011년 보고서에서 "노동자들의 임금 급등으로 인해 중국 제품의 원가구조가 급격하게 바뀌고 있다. 중국이 세계 소비자에게 즐거움을 주던 시대는 끝나가고 있다"라고 평가했다.[17]

중국 제품 원가구조의 변동 원인은 노동력 수급이다. 코트라(KOTRA) 중국실의 박한진 부장은 "상하이, 광저우, 칭다오(靑島) 등 주요 공업도시의 제조업체들은 임금을 30퍼센트 올려준다 해도 직공을 찾을 수 없는 실정"이라며 "광둥성에서만 약 200만 명의 노동자가 부족하다"라고 말했다. 여기에 국제 원자재 가격 인상, 위안화 평가절상 등이 겹치면서 중국의 '인플레 수출'은 구조적인 현상이 됐다. 중국이 세계 수출에서 차지하는 비중은 약 10퍼센트, 대부분 생필품이어서 세계 각지의 소비자가 느끼는 부담은 더 클 수밖에 없다. 세계 소비자의 '편안한 소비'가 위협받고 있는 것이다.[18]

세계 곡물시장도 차이나 스트레스의 직격탄을 맞고 있다. 중국은 대부분의 곡물에서 식량자급 국가였다. 그러나 최근 들어 해외시장으로 손을 뻗치고 있다. 소득이 늘면서 식량 소비가 증가한 데다 연이은 천재지변으로 생산에 차질을 빚고 있기 때문이다. 2011년에는 중국 남서부에 이어 산둥(山東) 등 북부지역에 가뭄이 계속되면서 자체적으로 충당했던 옥수수와 밀을 수입하기 시작했다. 전 세계 밀의 17퍼센트, 옥수수의 20퍼센트를 먹어 치우는 나라가 중국이다. 중국의 해외시장 진입은 국제 곡물시장에 충격으로 다가왔다. 곡물시장뿐만 아니다. 석유, 철광석, 시멘트 등 원자재 시장에서는 중국의 그림자만 얼씬거려도 가격이 급등한다. 중국은 아예 첨단 IT제품의 원료인 희토류를 무기화기도 한다.

국가별로는 한국을 비롯한 아시아 주변국의 체감 스트레스가 더 크다. 중국시장에 대한 의존도가 높은 국가들이기 때문이다. 중국의 성장세 둔화는 불가피하다. 지난 30여 년간 보여줬던 10퍼센트 안팎의 성장세는 지속되기 어려울 것이다. 당장 2011년부터 시작된 12차 5개년 기간 중 목표 성장률은 7.5퍼센트다. 중국의 성장세 둔화는 수출의 20~40퍼센트를 중국에 의존하는 한국, 대만, 말레이시아 등 주변국들에게는 직격탄이다. 대외경제정책연구원(KIEP) 분석에 따르면, 중국의 실질 GDP 1퍼센트포인트 하락할 경우 한국의 실질 GDP는 0.22~0.38퍼센트포인트, 대중국 수출은 2.0퍼센트포인트, 전체 수출은 약 1.7퍼센트포인트 떨어지게 된다.[19] 중국이 감기 기운을 느끼면 우리는 몸살을 앓는 구조다. 게다가 중국은 노동자 임금을 앞으로 5년 내 두 배 올릴 계획이다. 중국에 진출한 국내 업체들의 사업 환경이 악화될 수밖에 없다.

브라질, 호주 등 자원 부국이 느끼는 압박감은 그 성격이 다르다. 이를 대변하는 말이 '네덜란드병(Dutch disease)'이다. 특정 자원 부국이 자원 수출에 따른 외국 자본 유입으로 일시적인 호황을 누리다 물가와 통화가치 상승으로 인한 제조업 쇠퇴로 결국 경기침체에 빠지는 현상을 가리키는 용어다. 1959년 유전 발견으로 잠시 호황을 누렸던 네덜란드가 제조업 낙후로 1960~1970년대에 침체에 빠졌던 사례에서 유래됐다. 지금 브라질이 그런 상황에 처했다. 브라질은 2010년 중국과의 교역에서 52억 달러 흑자를 기록했다. 그러나 자원을 제외하면 235억 달러 적자다. 자원을 팔아 번 달러로 다시 중국 제품을 수입한 셈이다. '(중국에 대한)자원 수출 → 달러 유입 → 자국 화폐 평가절상 → 제조업 경쟁력 약화'의 악순환 구조가 반복된다. 〈파이낸셜타임스*Financial Times*〉는 "브라질은 중국 제품의 범람으로 2010년에만 약 7만 명이 일자리를 잃게 됐다"라고 분석했다.[20] 브라질에 '경이로운 성장의 시기'를 제공한 나라가 중국이었다면 그 성장 시기를 끝낼 나라 역시 중국인 것이다.

미국도 차이나 스트레스에서 자유로울 수 없다. 중국 정부가 추진 중인 콜롬비아 드라이 운하(Dry canal) 건설은 이를 보여준다. 중국은 2011년 초, 콜롬비아에 대서양과 태평양을 연결하는 고속철도를 건설해주겠다고 제의했다. 기존 파나마 운하를 대체할 수 있는 또 다른 육상 운하를 건설하자는 것이었다. 중국은 드라이 운하 중간 지점에 공단을 설립, 그곳에서 만든 제품을 중남미 국가에 뿌리려는 목표를 갖고 있다. 중남미시장 공략의 전초기지를 건설하겠다는 취지다. 미국으로서는 코밑까지 바짝 치고 들어오는 중국에 부담을 느낄 수밖에 없다.

중국발 스트레스의 최고봉은 역시 일자리다. 개혁 개방 이후 중국은 선진국으로부터 주로 저급 일자리를 빼앗아갔다. 완구, 신발 등 단순 가공업 일자리가 중국으로 넘어갔고 TV, 휴대전화 등 IT 분야의 단순 조립 일자리도 그들의 차지였다. 그러나 기술이 발전하면서 중국은 이제 고급 일자리마저 위협하고 있다. 미국 매사추세츠 주에 공장을 두고 있는 태양광업체인 에버그린솔라(Evergreen Solar)의 사례가 대표적인 예다.

한때 세계 태양광업계를 주도하던 에버그린솔라는 2011년 중국의 저가 공세를 이기지 못해 파산을 신청했다. 대신 생산시설을 중국 우한(武漢)으로 대거 이전하기로 했다. 800여 명의 매사추세츠 공장 직원들이 하루아침에 실직자로 내몰릴 처지가 된 것이다. 한국도 삼성과 LG가 중국에 차세대 LCD 공장을 세우기로 하면서 결과적으로 이 분야 일자리를 중국에 넘겨야 할 처지다. 심지어 삼성전자는 핵심 제품인 반도체 공장까지 중국 시안(西安)에 지을 계획이다. 한국에 짓는다면 전문대졸 이상 학력의 구직자들에게 돌아갈 일자리를 중국 노동자들에게 뺏긴 셈이다.

거대 중국시장은 이제 첨단 분야의 글로벌 기업들을 빨아들이는 블랙홀로 변해가고 있다. 한국, 대만, 일본 등 주변국들은 중국의 기술력이 높아지면서 자국에 뒀던 부품을 중국으로 옮기고 있다. 고급 일자리의 중국 이동이 시작된 것이다. 중국과의 거대한 '밥그릇 싸움'이 시작됐다.

G2의 갑을관계

조지 W. 부시 전 대통령이 시애틀 보잉 공장에서 '시간은 우리 편'이라고 연설한 지 12년이 훌쩍 지났다. 그의 말대로 과연 시간은 미국 편이었을까? 이제 그 답을 찾을 때가 됐다.

지난 2011년 1월, 후진타오 중국 국가주석은 미국을 국빈 방문하게 된다. 극진한 대접이었다. 후진타오 주석은 길게 깔린 레드카펫을 밟고 의장대 사열을 받았고, 워싱턴 거리 곳곳에는 오성홍기(五星紅旗)가 나붙었다. 미국 언론들도 '세계 정치경제 향방을 결정할 중요한 방문'이라며 호들갑을 떨었다. 회담 결과는 성공적인 것으로 보도됐다. '앞으로 잘해보자'라는 말이 나왔고 양국 간 고위급 교류, 한반도 문제 등에 대해서도 의견을 같이했다. 그러나 정작 미국 언론의 관심사는 다른 데 있었다. 그것은 바로 '보잉기'였다.

중국의 '보잉 외교'는 이번에도 위력을 발휘했다. 중국은 후 주석의 미국 방문길에 맞춰 보잉과 200기(약 190억 달러)에 이르는 여객기 구매 계약을 체결했다. 일자리 창출에 골몰하고 있는 버락 오바마 대통령이 흐뭇해할 통 큰 선물이었다. 이 밖에도 중국은 자동차, 농산물, 화학제품 등의 분야에서 250억 달러에 이르는 구매계약을 체결했다. 백악관은 '모두 23만 5,000개의 일자리를 창출하게 됐다'며 성과를 과시했다.[21] 후진타오 주석이 오면 면전에서 따지겠다고 벼르던 위안화 평가절상 얘기는 쏙 들어갔다. 미국 언론조차 경제난에 시달리는 미국인들에게는 '복음'과 같은 뉴스

'마주앉은 G2.' 2011년 1월 미국을 방문한 후진타오 주석이 버락 오바마 대통령을 만나고 있다. 미국은 워싱턴 곳곳에 대형 오성홍기를 내거는 등 후진타오 주석을 극진히 대접했다.

라고 할 정도였다.

이쯤이면 누가 갑(甲)이고, 누가 을(乙)인지는 명확해진다. 이것이 지금 중국과 미국의 경제역학 관계다. 부시 전 대통령의 '시간 계산'은 틀렸다는 얘기다.

이는 시장이 만들어낸 변화다. 중국의 항공 여객 수요는 매년 12퍼센트 안팎으로 늘어나고 있다. 이 추세라면 중국은 2029년까지 약 4,330기의 항공기(약 4,800만 달러)를 새로 구매해야 한다는 게 보잉의 추산이다.[22] 한 해 약 227대꼴로 비행기를 수입해야 하는 셈이다. 실제로 중국은 지난 수년 동안 매년 150~200기의 여객기를 구입해왔다. 세계 민간 여객기시장은 미국 보잉과 유럽 에어버스가 양분하고 있다. 중국시장을 누가 더 많이 확보하느냐에 따라 업계 1, 2위는 뒤바뀔 것이다. 두 회사가 중국시장에 '올인' 해야 하는 이유다.

중국은 보잉과 에어버스 사이에서 '꽃놀이 패'를 즐기고 있다. 미국이 마음에 들지 않으면 에어버스기를, 유럽 측과 마찰을 빚으면 보잉기를 더 사준다. 2010년 11월 후진타오 주석이 프랑스를 방문할 때는 에어버스 여객기 102대를 구매해주기도 했다. 서구 항공업계가 중국의 게임에 놀아나고 있는 것이다.

부시 전 대통령이 지금 다시 시애틀의 보잉 공장을 방문한다면 그는 아직도 '시간은 미국 편'이라 말할 수 있을까? 아마 불가능할 것이다. 시간은 오히려 중국 편이었다! 미국은 중국이 성장하면 서방의 품에 안길 것이라고 내다봤지만 현실은 반대였다. GE는 중국 고속철도 기술을 사와야 하고, 보잉은 중국 외교의 눈치를 봐야 할 형편이다. 중국이 강해지면서 글로벌 스탠더드에 대한 저항력은 더 커졌다. 미국이 아무리 위안화 평가절상 압박을 가해도 중국은 꿈쩍하지 않는다.

도대체 지난 10년 동안 두 나라 사이에 무슨 일이 일어났던 걸까? 이들의 갑을관계는 어떻게 뒤바뀐 걸까?

불편한 친구

요즘 서점가에 '포스트 아메리카(Post-America)' 시대의 세계 질서를 분석하는 책이 쏟아지고 있다. 워싱턴에서도 베이징에서도, 뉴욕에서도 상하이에서도, 서점에 가면 관련 서적들이 쉽게 눈에 띈다. 2008년 세계 금융위기 이후 포스트 아메리카 논의는 더욱 구체적으로 진행되고 있다. 자본주의의 본산인 미국 경제가 위기에 휩쓸리면서 자유시장경제, 신자유주의 등의 미국적 가치가 공격받고 있는 것이다. 세계의 시선은 자연스럽게 떠오르는 강국 중국으로 향했다. 미국의 위상 약화와 중국의 부상이 동시대에 이뤄지면서 동전의 양면으로 인식되고 있는 것이다.

학계 논의는 경제 일선에서 현실이 되고 있는 문제이기도 하다. 이런 식이다. 2010년 10월, 인도의 갑부 아닐 암바니(Anil Ambani) 릴라이언스(Reliance) 회장이 상하이를 방문했다. 흥분한 표정이 역력했다. 중국 국유기업인 상하이전기(上海電氣)와의 발전장비 수입 계약에 서명하기 위해 이뤄진 중국행이었다. 계약 규모 83억 달러, 부속 계약까지 더하면 100억 달러가 넘는 규모였다. 이럴 경우 수출하는 쪽, 즉 상하이전기가 더 흥분하기 마련이다. 그런데도 암바니 회장이 더 싱글벙글했다. 그만큼 그에게 유리한 계약이었다는 의미다.

계약가는 너무 쌌다. 경쟁사인 미국의 GE 제품과 같은 수준의 품질임에도 가격이 30~40퍼센트 저렴했다. 그뿐만이 아니었다. 릴라이언스는 구매자금 중 일부를 중국개발은행으로부터 좋은 조건으로 대출받기도 했다. 이런저런 조건을 합치면 약 60퍼센트 싼 값에 제품을 수입하게 됐다는 게 〈파이낸셜타임스〉의 보도다.[23] 그러니 암바니가 흥분할 수밖에 없었던 것이다.

〈파이낸셜타임스〉는 암바니의 사례를 들어 중국이 포스트 아메리카 시대의 세계 경제 질서를 주도하려는 야망을 품고 있다고 분석했다. 서방과는 다른 방식의 룰이 통용되는 영역을 만들고 있다는 의미였다. 그 방식은 지극히 '중국식'이다. 국가가 소유하고 있는 국유기업과 국유은행을 앞세워 시장을 개척하는 시스템이 그것이다(이 시스템에 대해서는 이어지는 '국가자본주의'에서 상세히 다룰 예정이다). 상하이전기는 이 시스템 속에서 암바니에게 제품 가격을 60퍼센트나 싸게 공급할 수 있었다.

중국은 미국이 구축한 국제 질서를 야금야금 무너뜨리고 있다. 브릭스(BRICS, 중국어로는 '金磚')개발은행 설립 움직임은 이를 단적으로 보여준다. 원래 '브릭스'는 2003년 10월 골드만삭스(Goldman Sachs)가 만든 경제용어였을 뿐이다. 그런데 이 시사용어가 지금은 어엿한 국제기구로 발돋움하고 있다. 브릭스 국가들은 벌써 4회에 걸쳐 정상회의를 가졌고 전략적 공조를 모색하고 있다. 2012년 3월에 열린 회담에서는 세계은행에 견줄 만한 브릭스개발은행 창설에 합의했고, 달러가 아닌 역내 화폐로 교역을 늘리자는 데에도 인식을 같이했다. 이 회담의 실질적인 리더가 바로 중국이다. 중국이 미국 패권의 두 축인 세계은행과 달러화 체제에 도전장을 내민 것이다.

G2의 나라 미국과 중국은 그렇게 멀리 있다. 두 나라는 서로 이념이 다르고, 세계를 보는 눈이 다르다. 게다가 서로를 경계한다. 중국 내에서도 '중국은 지금 불쾌하다(中國不高興)'라는 식의 국수

주의적인 시각이 세를 얻어가고 있다.[24] 영국에서 미국으로의 패권 이동은 같은 이념의 테두리 안에서 진행됐음에도 세계대전과 대공황이라는 충격을 겪어야 했다. 체제가 전혀 다른 미국과 중국의 패권 전이는 더 많은 충격을 수반할 수밖에 없다. 이것이 국제정치의 현실이다.

그러나 중국과 미국의 경제 긴장이 극한 상황으로 치닫지는 않을 것이다. 그동안 중국 경제가 급성장할 수 있었던 것은 미국이 주도한 자유무역 체제 덕분이었다. WTO 가입으로 중국은 서방시장에 접근할 수 있었고 달러를 벌어들일 수 있었다. 이 구도는 지금도 변함이 없다. 13억 인구를 수출로 먹여 살려온 중국이 서방이 구축했던 기존 자유무역 체제를 부정한다면 파멸을 자초할 뿐이다.

중국이 고유의 글로벌 스탠더드를 만들어 퍼트리고자 한다면, 그래서 기존의 서방 질서와 대립한다면, 중국은 미국 한 나라가 아닌 자유자본주의 시장경제 노선을 걷고 있는 다수의 서방 국가들과 상대해야 한다. 중국 대 미국이 아닌 중국 대 서방의 게임이 되는 것이다. 중국 경제가 아무리 강성해진다고 해도 미국이 구축한 기존의 서방 질서를 바꾸기는 힘들 것이다. 자유민주주의와 시장경제를 축으로 하는 서방의 정치경제 질서는 그 자체로 고유의 보편성이 있기 때문이다. 공산당의 권위주의식 통치 시스템과 국가자본주의 성향의 경제정책이 서방의 정치경제 질서를 근본적으로 위협하지는 못할 것이다.[25]

　즈비그뉴 브레진스키(Zbigniew Brzezinski) 전 미국 백악관 국가 안보보좌관은 최근 출간된 《전략적 비전*Strategic Vision*》에서 "포스트 아메리카 시대 미국과 중국은 결국 공생의 틀을 유지할 수밖에 없을 것"이라 말한다.

　그는 "중국은 오는 2025년까지 현재의 미국을 대체할 만한 힘을 갖추지 못하게 될 것"이라며 "미국의 쇠퇴는 곧 세계적인 혼란을 가져와 결국 중국 발전에 부정적인 영향을 미칠 것임을 너무나 잘 알고 있다"라고 진단했다. 중국이 오히려 미국의 빠른 쇠퇴를 바라지 않는다는 얘기다.[26]

　미국이 중국을 외면하기는 더욱더 어려워졌다. 미국은 정치, 경제 등 모든 분야에서 중국의 도움 없이는 국제문제를 해결할 수 없는 처지가 됐다. 경제적 이해관계가 서로 얽혀 있지 않았던 냉전 시대의 미국, 소련과의 관계와는 근본적으로 다르다. 중국이 갖고 있는 1조 달러의 미국 국채가 이를 상징한다.

　2011년 1월 후진타오 주석과 오바마 대통령이 합의한 공동성명서에는 "미국은 강력하고 번영하며 성공적인 중국이 국제사회에서 큰 역할을 하고 있는 것을, 중국은 미국이 아시아 태평양 지역에서 평화와 안정 그리고 지역 번영에 기여하고 있음을 환영한다"라는 구절이 나온다. 두 수퍼파워는 이렇게 얽혀 있다. 어느 한쪽의 작은 변화가 상대에게 커다란 충격을 줄 수 있는 '수퍼 커플링(Super coupling)' 시대에 살고 있는 것이다. 이것이 G2의 운명이다.

10년 전 "내버려둬, 언젠가는 우리 편이 될 거야"라고 방심했던
중국이었다. 그런 중국이 이제는 같이 어깨동무를 해야 하고, 때
로는 다루기 버거운 '불편한 친구'로 커버렸다. 지난 10년, 시간은
중국 편이었다.

03
규칙 추종자에서 규칙 제정자로의 도약

1860년대 초 미국은 대륙횡단 철도건설에 나섰다. 공사는 시에라네바다, 로키 등 서부 두 개의 산맥에 가로막혔다. 이때 동원된 사람들이 중국 노동자들인 '쿠리(苦力: 19~20세기 초 미국으로 건너간 중국과 인도의 노동자를 일컫는 말)'였다. 청나라 말, 굶주림을 피해 미국으로 건너간 중국 노동자들 1만 4,000여 명이 이 공사에 투입됐다가 3,000여 명이 사고로 사망했다. 하루 일당이 1달러도 안 되는 열악한 조건이었다. '철도 침목 하나에 쿠리 목숨 하나'라는 말이 유행어가 되기도 했다.

150여 년이 흐른 지금, 미국 서부 철도건설에 '21세기 쿠리'가 등장했다. 그러나 21세기 쿠리는 노동자가 아닌 기술이다. 중국의 종합고속철도업체인 CSR(中國南車, 중궈난처)이 21세기 쿠리의 주

미국 대륙횡단 공사에 투입된 쿠리들의 작업 모습. '19세기 쿠리'라고 불린 이들은 '철도 침목 하나에 쿠리 목숨 하나'라는 유행어가 나올 정도로 위험한 공사를 도맡아 했다.

인공이다. 이 회사는 2010년 12월, GE와 손잡고 중국에 5,000만 달러 규모의 합작사를 설립했다. 총 공사비 588억 달러 규모의 캘리포니아 고속철도 프로젝트를 겨냥한 행보다.

세계 최고 기술을 자랑한다는 GE가 중국 업체와 손잡은 이유는 아이러니하게도 '기술'이다. CSR이 제작해 2010년 10월 상하이-항저우(杭州) 노선에 투입한 고속열차 허셰(和諧) 호는 최고 시속이 416.6킬로미터다. 2011년 7월 저장성 원저우에서 일어난 고속철도 추돌사고로 중국 철도의 안전문제가 거론됐지만, 중국의 이 분야 기술 진보가 없던 일로 되는 것은 아니다. 중국은 어쨌든 세계 최고 속도의 고속전철을 최장 구간에서 운영하고 있는 나라다. 캘리포니아 고속철도 프로젝트가 자금문제로 답보상태를 보이고 있지만, GE가 CSR의 속도를 인정했다는 것은 미국과 중국의 경제 패러다임 변화를 상징하고 있다.

19세기의 막노동꾼 '쿠리'와 기술로 무장한 '21세기 쿠리'는 세계 경제 파워시프트의 상징이다. 미국의 경제조사업체인 IHS글로벌인사이트는 보고서에서 "2010년 미국은 세계 제조업 1위 자리를 중국에 내줘야 했다"라고 분석했다. 전 세계에서 제조업 생산액 중 중국이 차지하는 비중 19.8퍼센트에 비해 미국은 19.4퍼센트에 그쳤다.[27] 미국이 1890년대부터 유지해온 세계 최대의 제조업 국가라는 자리를 110여 년 만에 중국에게 빼앗긴 것이다. 세계는 지금 '쿠리'의 화려한 반전을 목격하고 있다.

노동력에서 기술력으로

중국 경제의 힘은 뭐니 뭐니 해도 제조업이다. 일각에선 아직도 '중국은 기껏해야 휴대전화 껍데기나 만드는 나라'라고 비아냥댄다. 그러나 중국의 산업 체질은 예전의 '하청공장' 수준을 넘어 서서히 기술 자립 수준으로 발전하고 있다. 그동안 추진한 자주창신(自主創新: 자주적 기술개발) 전략에 힘입어 하청공장에 두뇌까지 갖추고 있다. 철도 분야가 대표적이다.

5년 전까지만 해도 고속철도에 관한 한 불모지대와 다름없던 중국이었다. 그런데 2002년 고속철도 독자적 기술개발에 나섰다가 실패했던 중국이 이 분야 강국으로 등장했다. 세계 최고의 속도를 스스로 갈아치웠고 세계에서 가장 긴 고속전철망을 자랑하고 있다. 지난 5년간 중국에서는 과연 무슨 일이 있었던 것일까?

중국의 고속철도 기술력은 한마디로 '시장 줄게, 기술 다오(以市場換技術)'식 기술발전 전략에서 나왔다. 중국은 2004년 이후 독일의 지멘스(Siemens), 일본의 가와사키중공업(川岐重工業), 프랑스 알스톰(Alstom) 등의 선진 고속철도 메이커들을 적극 끌어들였다. 연간 230억 달러에 달하는 시장을 미끼로 사용했다. 이들 외국 업체는 곧바로 중국으로 달려갔다. 파이는 컸고 기술을 보유하고 있는 중국 업체가 없었으므로 외국 업체들끼리 푸짐하게 나눠 먹을 수 있었다. 중국은 한때 그들에게 70퍼센트의 시장을 내줬다.

그러나 서방 기업들은 그 대가를 톡톡히 치러야 했다. 사업권을 따내기 위해 울며 겨자 먹기 식으로 중국 파트너 업체에 기술을 넘겨야 했던 것이다. 여기에는 중국 정부의 농간도 있었다. 사업자 심사 과정에 '기술이전'을 주요 고려사항으로 넣었던 것이다. 사업을 따야 했던 서방 기업들은 그야말로 '기술이전 경쟁'을 벌여야 할 판이었다.

중국은 넘어온 서방 기술을 빠르게 '소화'했다. 모방에 관한 한 중국인들은 천부적인 재주를 갖고 있다. 기술이전이 많아질수록 외국 업체의 시장점유율은 낮아질 수밖에 없다. 자국 기업이 할 수 있는 일을 외국 업체에 호락호락 넘겨주는 나라는 없기 때문이다. 현재 중국에서 외국 업체의 철도 분야 시장점유율은 약 20

퍼센트에 불과하다. 외국 업체는 점점 찬밥 신세로 전락하고 있는 상황이다.

중국 기업이 '소화'했다는 기술은 사실 '변조(modify)'에 불과하다는 게 서방 기업의 시각이다. 그러나 그들은 교묘하게 자신들의 기술을 도둑맞았다고 생각하면서도 적극적인 대응을 하지 못하고 있다. 이유는 중국이라는 거대한 시장을 놓칠 수 없기 때문이다. 현재 운행 중인 중국 고속철도는 약 7,000킬로미터로 2위인 스페인(약 2,700킬로미터)보다 2.5배나 길다. 중국의 철도는 지금도 끝없이 깔리고 있으며 2020년까지 1만 6,000킬로미터로 늘어날 전망이다. 거의 지구 반 바퀴에 해당하는 길이다. 아시아개발은행 통계에 따르면, 향후 10년 동안 전 세계 고속철도 구축사업의 절반 이상이 중국에서 나올 전망이다. 이 같은 상황에서 외국 업체들의 선택은 뻔하다. 20퍼센트의 시장이라도 지켜야 한다는 게 그들의 생각이다.

CSR의 기술 담당자는 서방이 제기하고 있는 '일본 철도기술의 무단복제'에 대해 이렇게 반박했다. "서방 선진 기술을 소화해 만든 중국 독자 모델이다. 중국의 고속철도는 가와사키중공업과 아무런 관련이 없다. 앞으로도 그들과의 기술협력은 필요하지 않을 것이다."[28] 베이징-상하이 노선에 투입될 고속열차는 순전히 중국 기술로 만들었다는 얘기다. '21세기 쿠리'들은 이렇게 뻔뻔한 자신감에 차 있다.

일본의 가와사키중공업과 중국의 CSR이 제휴를 맺은 것은

중국이 자체 개발했다고 주장하고 있는 고속열차 '허셰' 호의 모습. 중국은 세계 최장의 고속철도망을 갖추고 있다. 캘리포니아 철도건설에 중국 고속철도 기술이 채택될지 업계의 관심이 모아지고 있다.

2004년이었다. 가와사키중공업은 제휴를 통해 여러 사업을 땄고 기술 로열티도 많이 받았다. 그러나 그게 끝이다. CSR은 가와사키중공업의 기술을 단물 빼먹듯 쏙 빨아먹었고 이제 결별을 생각하고 있다. 아직 이혼도장을 찍은 것은 아니지만 다른 침대를 쓰고 있는 모양새다. 가와사키중공업 기술진들조차 "중국이 이렇게 빨리 기술을 따라잡을 줄 몰랐다"라며 혀를 내둘렀다.

철도업계에는 '많이 깔아본 놈이 장땡'이라는 말이 있다. 공사가 많을수록 기술력이 높아진다는 얘기다. 중국의 기술 추격(Catch-up)이 가능했던 것 역시 '실습' 덕택이었다. 중국 정부는 2004년 이후 고속철도 공사에 매진했다. 도시와 도시를 연결하는 철도는 무조건 고속전철로 만들도록 지시했다. 2010년 말에는 1,000킬로미터가 넘는 우한-광저우 노선이 개통됐고, 2011년 상반기에는 정저우(鄭州)-시안(西安) 노선, 상하이-베이징 노선이 각각 개통됐다. 여기에 헤이룽장(黑龍江) 하얼빈에서 창춘-선양(瀋陽)-베이징으로 연결되는 노선이 개통을 눈앞에 두고 있다. 베이징-우한 공사도 거의 끝나서 베이징에서 광저우, 다시 선전(深圳), 홍콩으로 연결되는 고속철도 네트워크가 형성될 예정이다. 중국 철도회사의 기술이 발전할 수밖에 없는 이유다.

중국은 이제 국내시장에 안주하지 않는다. 국유기업인 그들은 정부의 자금지원을 등에 업고 해외시장으로 달려간다. 그동안 싱가포르와 인도네시아에서 철도사업을 수주하기도 했다. 저렴한 구축비용은 그들의 강점이다. 세계 철도업계의 최대 관심사인 브라질과 미국 캘리포니아의 고속철도 수주전에서도 중국은 무시못할 존재다. 프랑스, 독일, 일본의 고속철도 회사들은 이제 국제 수주전에서 중국 기업들과 싸워야 할 판이다. 그들 입장에서 보면 호랑이 새끼를 키운 셈이다.

해외시장에서 중국의 강점은 두 가지다. 우선 입찰가를 저렴하게 써낼 수 있다. 기술은 '변조'했고, 필요한 자금은 국유은행에서 빼오니 원가를 줄일 수 있다. 다음으로 중국은 정치적으로 제3세계 국가에서 유리한 입장에 있다는 점이다. 중국은 중동, 아프리카, 동남아시아, 남미 등으로 영향력을 확대해가고 있다. 분쟁지역에 개입해 적을 만들고 있는 미국과 달리 중국은 이들 국가에 개발자금 등을 대주며 친구로 만들고 있다. 당연히 해외 수주 경쟁력이 높을 수밖에 없다.

선진업체들은 해외에서도 '중국과 함께 가자'는 전략으로 돌아서고 있다. 동남아시아, 중동, 남미 등 제3세계 국가에서 높은 수주율을 기록하고 있는 중국과 손을 잡아야 수주 가능성이 높아진다는 판단에서다. 2010년 3월, 사우디아라비아 고속철도 국제 수주전에서 독일 지멘스가 단독 입찰을 포기하고 중국 컨소시엄에 참여한 것은 이를 잘 증명해주고 있다.[29] GE가 CSR과 손잡은 것도 같은 맥락이다.

어디 고속철도뿐이겠는가. '시장을 이용한 기술 도입 → 기술 추격을 통한 국내시장 장악 → 해외시장 진출'이라는 중국의 산업발전 패턴은 단계의 차이가 있을 뿐 조선, 자동차, IT 분야에서도 똑같이 나타나고 있다. 요즘은 항공 분야에서 외국 기술 복제가 특히 심하다. 5년 만에 세계 최고의 고속철도 속도를 따라잡은 '차이나 스피드(China speed)' 실력이 발휘되고 있는 것이다. 내로라하는 서방의 기술기업들조차 이러한 속도에 버거워하며 중국과의 협력을 모색하고 있다.

위안화 국제화

중국은 이제 제조업으로만 만족하지 않는다. 그들은 세계 금융을 재편해야 한다고 달려들고 있다. 2008년 가을에 터진 뉴욕발 금융위기가 결정적 계기였다. 중국은 기축통화국인 미국의 '달러 찍어내기'에 넌더리를 냈다. 1조 달러가 넘는 미국 국채를 보유하고 있는 중국은 미국이 '양적 완화'를 통해 '세뇨리지 효과(화폐 발행으로 얻는 경제적 이익)'를 얻고 있을 때 꼼짝없이 앉아서 손해를 봐야 했다. 달러를 찍어낸 만큼 그 가치가 떨어졌기 때문이다. 돈을 빌려준 사람이 오히려 안달을 해야 하는 상황이 되어버린 것이다.

'미스터 위안(Mr. Yuan)'이라는 별명을 가진 저우샤오촨(周小川) 중국인민은행장이 포문을 열었다. 세계 금융위기가 고조되고 있던 2009년 3월 "국제통화기금(IMF)이 1969년에 만든 특별인출권(SDR)을 달러를 대체할 글로벌 기축통화로 사용하자"라고 말하면서부터다. 이는 달러를 기축통화로서 인정할 수 없다는 얘기다. 이후 중국은 위안화의 국제화에 매진하고 있다.

무역 결제에서 시작된 위안화 국제화 작업은 현재 착실히 진행 중이다. 2011년 위안화로 이뤄진 국제무역 규모는 모두 2조 800억 위안에 달했다. 전년보다는 약 5배 이상, 위안화 결제가 본격적으로 시작된 2009년의 36억 위안보다는 무려 578배 늘어난 수준이다. 중국은 2012년 봄 그동안 일부 기업으로 제안했던 위안화 무역 결제를 모든 수출 기업으로 확대했다. 홍콩상하이은행(HSBC)은 현재 전체 무역거래(2011년 약 3조 6,400억 달러)의 약 9퍼센트에 불과한 위안화 결제 규모가 2016년쯤 35퍼센트까지 늘어날 것으로 전망한다.[30] 위안화가 달러화와 유로화에 이은 제3대 결제통화로 등장하는 날이 머지않았다는 의미다. 코넬대학 경제학과 교수인 에스와 프라사드(Eswar Prasad)는 "위안화는 앞으로 10년 안에 미국 달러화와 세계 기축통화의 지위를 다투는 화폐가 될 것"이라고 그 시기를 분명하게 못 박기도 했다.[31]

위안화 국제화는 한마디로 국경을 넘나드는 거래에서 위안화를 쓰도록 하자는 것이다. 당연히 외국 중앙은행이나 기업, 금융기관이 얼마나 위안화를 선호하느냐에 따라 성패가 달라질 것이다. 이미 여러 곳에서 성공적인 징후가 나타나고 있다. 호주 중앙은행은 2012년 3월 중국인민은행과 2,000억 위안 규모의 통화 스와프 협정을 체결했다. 이로써 중국과의 '위안화 스와프' 협정을 맺은 나라는 15개국으로 늘어났다. 영국과 일본 등과도 교섭 중이다. 한국은 2011년 10월 중국과의 통화 스와프 규모를 기존 1,800억 위안에서 3,600억 위안으로 두 배 올리기로 합의했다. 말레이시아는 아예 2010년 9월 위안화 표시 채권을 매입, 위안화를 외환 보유 구성 화폐의 하나로 선택하기도 했다. 통화 스와프는 일시적인 외환 유동성 위기를 대비해 두 나라가 미리 정한 환율로 양국 통화를 교환하는 거래다. 중국과의 통화 스와프 협정은 위안화 인기가 높아지고 있음을 보여주는 사례들이며, 중국이 위안화 국제화를 추진할 수 있는 힘이 되고 있다.

이 같은 현상을 관통하고 있는 논리는 '홍삐(紅幣 · Redback, 위안화)'와 '뤼삐(綠幣 · Greenback, 달러화)'의 대결이다.[32] 홍삐가 세계 금융위기 이후 흔들리고 있는 뤼삐를 공격하는 양상이다. 홍삐의 위력은 현재 중국의 제조업 위상과 맞물려 뤼삐에게 거대한 위협이 되고 있다.

홍삐는 2000년대 들어 영역을 넓혀가기 시작했다. 2001년 9·11 사태 이후 미국이 테러와 전쟁을 벌이고 있는 사이 중국은 부지런히 아프리카, 중앙아시아, 중동 등을 드나들며 자원 포식에 나섰다. 미국의 코밑인 중남미까지 위협하고 있다. 중국은 2005~2011년 동안 중남미 지역에 모두 750억 달러의 차관을 제공했다. 그 중 일부는 위안화로 결제됐다. 2011년 중국과 베네수엘라의 700억 위안 차관 공여 협정이 대표적이다. 물론 이 지역의 자원이 중국의 최고 목표물이다. 미국은 속수무책이다. 중국이 앞마당을 휘젓고 다니는데도 어쩌지 못하고 있다.

이 같은 움직임은 미국이 달러의 기축통화화를 추진했던 제2차 세계대전 직후의 움직임을 연상하게 한다. 당시 미국은 영국에 44억 달러, 프랑스에 10억 달러를 각각 대출해주는 등 전후 빈곤에 허덕이는 유럽 각국에 돈을 뿌렸다. 1948~1954년 동안 '마셜플랜'이라는 이름으로 약 170억 달러를 제공했다. 동시에 의도적으로 대규모 적자를 시현해 각국에 더 많은 달러가 흘러들어가도록 했다. 당시 구축된 미국 중심의 서방 경제 시스템이 오늘에까지 이르고 있다.

중국은 그동안 서방세계가 만들어놓은 시장경제 틀 속에서 성장했다. 이 때문에 자유무역을 근간으로 하는 서방 시장경제 질서를 받아들이는 모습을 보여왔지만 이제는 달라졌다. 얌전한 규범 수용자 역할을 거부하고 있다. "미국의 자유주의적 시장경제가 가장 효율적인 경제 시스템이라고 누가 말할 수 있겠느냐?"라고 반문하면서 적합하지 않은 규칙에 대해선 과감하게 '노(No)'라고 외친다. 규칙을 일방적으로 받아들이는 입장(Rule-taker)에서 이제는 규칙을 만드는 존재(Rule-maker)로 변한 것이다. 중국은 더 이상 이국땅에서 하루 1달러도 안 되는 일당을 받고 노예 같은 생활을 하던 19세기 쿠리가 아니다.

04
국가자본주의의 대두

미국의 역사정치학자 프랜시스 후쿠야마(Francis Fukuyama)가 "역사는 끝났다"라고 일갈한 것은 1989년이다. 서방과 공산진영이 벌이던 체제 경쟁에서 서방의 승리를 선언하는 울림이었다. 공산당 권위주의 체제인 중국도 그 역사를 피해갈 수 없었다. 그해 베이징에서 터진 6·4 천안문 시위 및 무력 진압으로 후쿠야마의 진단은 중국에게도 맞아떨어지는 듯했다. 중국의 공산당 체제의 붕괴가 머지않았다는 얘기도 나돌았다.

그러나 중국에 관한 한 그의 말은 틀렸다. 중국 공산당 체제는 무너지지 않았고, 오히려 1990년대에 들어 더 과감한 개혁정책으로 다시 성장의 길로 접어들었다. 서방과는 다른 방식으로 성공할 수 있는 나라가 존재할 수 있었던 것이다. 자유자본주의의 본산이라 할 수 있는 미국이 2008년 금융위기에 휩쓸리면서 서방 학계에 풍미했던 신자유주의는 조롱거리로 전락하기도 했다. 그 위기에서 중국은 가장 먼저 탈출했고 세계 경제위기를 구할 '백기사'로 부각되기도 했다.[33] 후쿠야마의 시각으로는 도저히 일어날 수 없는 일이 벌어지고 있는 것이다.

중국인들은 내심 자신에 차 있다. 그들은 "중국이 개혁 개방에 나섰던 1978년에는 자본주의만이 중국을 구할 수 있었지만(只有資本主義才能救中國), 서방 경제가 금융위기로 휘청거리고 있는 지금은 중국만이 자본주의를 구할 수 있다(只有中國才能救資本主義)"라고 말한다. 중국은 이제 마음에 들지 않는 서방의 경제 스탠더드에 대해선 '노'라고 외친다. 체제 경쟁의 역사는 아직 끝나지 않았다는 얘기다.

도대체 무엇이 오늘의 중국을 만들었을까? 학계에서는 '중국 모델'이 뜨거운 연구 과제로 등장했다. 신자유주의 철학을 바탕으로 한 '워싱턴 컨센서스(Washington consensus)'에 빗대어 중국 고유의 성장방식을 담은 '베이징 컨센서스(Beijing consensus)'라는 새로운 용어도 나왔다. 중국 모델이 위기에 빠진 서구의 자유자본주의를 대체할 수 있을 것이라며 중국 특색의 노선을 연구하는 학자들도 있다.[34]

'중국 모델이 무엇이냐'에 대한 학계 의견은 분분하다. 어떤 사람은 일본, 한국, 대만 등지에서 나타났던 동아시아 발전국가의 연장선이라 하고, 어떤 사람은 계획 통제경제에서 시장경제로 넘어가는 전환기적 특징일 뿐이라 폄하하기도 한다. 중국 관방 학자들(정부 방침을 대변해온 학자)은 '사회주의 시장경제'를 중국 모델의 핵심으로 설명하기도 한다. 의미는 조금씩 다르지만 공통적인 특징이 있다. 그것은 바로 국가의 강력한 시장 간섭이다.[35]

이 같은 논의의 연장선에서 2000년대 후반 언론을 중심으로 제기된 것이 바로 중국의 '국가자본주의' 시스템이다. 국가가 경제 행위의 주체로 직접 시장에 개입하는 형태다(국가자본주의는 중국뿐 아니라 싱가포르, 두바이, 러시아, 남미 등에서 나타나는 현상을 설명하는 용어다. 다만 이 책에서는 중국의 국가자본주의만을 논의 대상으로 한다). 미국이 경제위기에 휘말리면서 중국의 국가자본주의는 더욱 학계의 관심을 끌게 된다. 논의는 이제 '국가자본주의가 위기에 처한 서방 자유자본주의의 대안으로 등장할 수 있겠느냐'까지로 확대되고 있다.

서구의 중국 모델 논쟁

국가자본주의 체제를 한마디로 표현하면 '심판이 볼도 차는 시스템'이다. 국가는 '심판'이자 '선수'다. 심판 자격으로 게임을 관리하기도 하지만 직접 경기에 뛰어들어 볼을 차기도 한다. 국가가 경제의 한 주체로서 국유기업과 국유은행을 앞세워 시장 활동에 참여하고 개입하는 것이다. '큰 정부, 강한 국유기업(大政府, 强國企)'이다.[36] 주로 해외 자원개발 프로젝트, 기업인수 등에서 뚜렷하게 나타난다. 그렇다고 해서 국가자본주의 체제가 정치철학이나 이념은 아니다. 국가와 시장 간의 관계를 보여주는 한 형태일 뿐이다.

유전지대로 잘 알려진 중국 헤이룽장(黑龍江)성 다칭(大慶)에서 국가자본주의를 추적해보자. 이곳에서는 요즘 하루 약 30만 배럴의 외국산 원유가 '생산'된다. 시베리아 송유관을 타고 들어오는 러시아 석유다. 중국의 최대 석유업체이며 국영 석유회사인 CNPC(중국석유)가 수입하고 있다. 다칭의 러시아 석유 수입은 2009년 2월로 거슬러 올라간다. 당시 중국국가개발은행(CDB)은 러시아의 석유 메이저인 로스네프트(Rosneft)에 150억 달러의 자금을 대출해줬다. 20년 만기, 이자율 5.69퍼센트의 조건이었다. 미국발 금융위기로 전 세계 은행들이 몸을 사리고 있던 당시로선 파격적인 조건이었다. 국제 금융계와 석유업계는 놀라지 않을 수 없었다. 의문은 며칠 후 풀렸다. CNPC와 로스네프트가 '20년간 하루 30만 배럴을 시가로 우선 공급한다'는 계약을 체결했기 때문이다.[37]

중국국가개발은행과 CNPC에는 공통점이 하나 있다. 국가가 주인이라는 점이다. 중국국가개발은행은 정부가 사실상 100퍼센트 지분을 갖고 있는 정책 은행이다. 중국 국유기업이 해외 에너지 개발에 나서면 반드시 함께 간다. 실제로 에너지 분야에서만 2009~2010년 동안 650억 달러 이상의 자금을 개발도상국 정부나 기업에게 대출해줬다.[38] CNPC는 상하이와 홍콩 증시의 상장업체이지만 정부가 주식의 86.25퍼센트를 움켜쥐고 있는 국유기업이다. 다칭의 러시아 석유는 결국 국가가 국유은행과 국유기업을 앞세워 시장에 직접 뛰어드는 국가자본주의의 전형적인 형태였던 것이다. 이는 국가 체제와도 관련된 문제다. 중국은 공산당이 모든 국가 조직을 장악하는 '당-국가(Party-state) 체제'의 나라다. 공산당이 실제적으로 국가를 통제하는 체제가 경제적으로 확대된 것이 바로 국가자본주의 시스템이다(당-국가 체제에 대해서는 다음 장에서 상세히 설명한다).

국가자본주의는 중국의 사회주의 시장경제와 너무도 잘 어울리는 시스템이기도 하다. 국가가 시장을 주도한다는 점에서 그렇다. 중국은 1978년 개혁 개방을 추진하면서 '중국 특색의 사회주의'를 내걸었다. 지도 이념은 시간이 지나면서 진화하더니 1994년 사회주의 시장경제를 만들어냈다. 중국이 말하는 사회주의 시장경제는 '공유제를 근간으로 한 사회주의의 기본 이념을 지켜나가되 경제 운용의 툴로 시장경제를 활용한다'는 것이다.[39] 덩샤오핑(鄧小平)은 "시장경제가 자본주의 국가의 전유물은 아니다"라고 했다. 그러나 이런 중국도 시장의 힘이 국가 정책을 압도하는 것은 원하지 않았다. 시장을 국가라는 큰 그릇 안에 가둬놓고 싶어 했다. 개혁 개방 초기에 '조롱 경제(鳥籠經濟)'라는 용어가 유행한 적이 있었다. 경제에 밝은 원로 천윈(陣雲)이 제기한 이 이론은 '새를 둥우리(鳥籠)에 가둬 키우듯, 시장도 국가의 틀 안에 가둬놓고 관리해야 한다'는 의미를 담고 있었다. 중국은 국가가 시장을 통제했고 필요하면 견제하고 개입했다.

국가자본주의는 그 연장선이다. 국가는 국유기업을 앞세워 시장에 뛰어든다. 민영기업을 상대로 경쟁을 하고, 민영기업을 인수하고, 또 민영기업을 도태시키기도 한다. 해외에 나가 에너지를 개발하고 현지 금융시장에 뛰어들어 머니게임을 벌이기도 한다.[40]

중국 경제의 발전 과정으로 볼 때 국가가 위력을 떨치는 것은 아이러니다. 중국은 개혁 개방 이후 '민영화'에서 성장 동력을 찾아왔기 때문이다. 덩샤오핑이 개혁 개방을 추진하면서 내걸었던 기치가 바로 '생산력 해방(生産力解放)'이었다. 국가 간섭을 최소화해 민간 생산력을 키우자는 취지였다. 이후 장쩌민 시대에 이르기까지 일관된 경제 흐름은 국가가 빠지고 민간을 앞세운다는 의미의 '국퇴민진(國退民進)'이었다. 주룽지(朱鎔基) 총리는 1998년 총리에 임명되자마자 경쟁력이 떨어지는 국유기업을 과감히 도태시키거나 민영기업에 팔아넘기기도 했다.[41]

그러나 후진타오 시대가 되면서 국퇴민진 개혁은 약화되기 시작했다. 강력한 카리스마로 국유기업 개혁을 추진하던 주룽지 총리가 물러나면서 개혁의 추동력이 약화된 것이다. 경제가 너무 좋은 탓도 있었다. 2001년 WTO 가입으로 수출이 매년 30~40퍼센트 급증하면서 중국 경제는 그야말로 초호황을 누렸다. 그러자 정부 관리와 기업들은 개혁보다는 현실 안주를 원했다. 정부와 국유기업에 포진하고 있던 기득권 세력은 개혁을 방해하기도 했다. 2008년 세계 금융위기 직후 '위기 때는 정부가 나서야 한다'는 논리가 우세해지면서 국유기업 개혁은 완전히 맥이 끊겼다. "미국에서 금융위기가 발생한 것은 '자유주의 시장경제'의 실패를 뜻하는 것이며, 국가가 산업을 주도하는 중국식 경제 모델이 더 효율적이다"라는 좌파 학자들의 입김이 먹혔다. 정책 기조가 국퇴민진에서 국가와 국유기업이 전면에 나서는 '국진민퇴(國進民退)'로 바뀐 것이다.

전체 부가가치 생산에서 차지하는 국유 부문과 민영 부문의 비율은 대략 50 대 50 수준이다. 개혁 개방 이전까지만 해도 거의 제로에 가깝던 민영 부문이 절반 수준까지 치고 올라왔다. 지난 30년 중국 경제가 성장한 것은 민영 부문의 생산력을 높였기 때문에 가능했다는 얘기다. 국가의 퇴조와 민간의 역할 강화가 중국 개혁개방의 큰 흐름이었다.

그럼에도 불구하고 국유 체제를 기반으로 한 국가자본주의가 부각되고 있는 이유는 이 체제가 서방의 자유자본주의 시스템을 위협하고 있기 때문이다. 국가자본주의가 중국 내의 문제라면 서방 학계가 왈가왈부할 이유가 없다. 그러나 중국의 국가자본주의 체제는 막강한 자금력을 앞세워 전 세계 자원개발 및 인수합병(M&A) 시장에서 서방 기업을 밀어내고 있다. 철학이 다르면 싸우고, 종교가 다르면 전쟁을 벌인다. '심판이 볼도 차는' 시스템과 '심판은 게임 관리만 한다'는 논리는 충돌할 수밖에 없다. 서방에서 중국의 국가자본주의 논의가 활발하게 이뤄지고 있고, 또 우려와 경고의 목소리가 나오는 이유다.

더 크고 더 강하게

중국의 국가자본주의 체제를 유지할 수 있는 두 기둥은 국유기업과 국유은행이다. 우선 국유기업을 보자.[42] 중국에는 현재 약 15만 4,000개의 국유기업이 존재하고 있다. 이들 국유기업을 관리하는 부서가 국유자산감독관리위(국자위)다. 국무원(정부)의 한 부서인 국자위는 주로 중앙 정부 소속 국유기업(이를 '중앙기업'이라 한다)을 관리·통제하고, 각 지방 국유기업은 지방 정부 국자위가 감독하고 있다. 이들은 서방 기업과 달리 경영 목적이 온전히 수익에만 있지 않다. 때로는 수익성이 없어도, 때로는 마이너스가 되더라도 국가가 필요하다고 생각하는 사업에 투자한다. 그래서 국유기업은 국가의 자본주의 활동을 대리하는 기구가 된다.

우리가 눈여겨봐야 할 것은 중앙 국자위가 관할하고 있는 117개 중앙기업이다.[43] 이들은 중국 국유 체제의 뼈대다. 2010년 이들 중앙기업의 매출액은 약 19조 위안으로 전체 국유기업의 매출액의 65퍼센트에 달했다. 117개 중앙기업이 중국 국유 체제의 핵심을 이루고 있는 셈이다.

중국은 이들 중앙기업을 '더 크고 더 강하게(做大做强)' 만들 계획이다. 관련 기업 간 인수합병을 통해 규모를 키워 국제 경쟁력을 높이고자 한다. 중앙기업은 2003년 196개에 달했으나 지금은 117개로 줄었다. 그러나 이 기간 총 자산은 8조 3,000억 위안에서 28조 위안으로, 매출액은 3조 위안에서 19조 위안으로 오히려 증가했다. '더 크고 더 강하게' 전략이 성공하고 있음을 보여주는 사례다. 중국이동통신, 차이나알루미늄, 이치(一汽)자동차 등 우리가 알고 있는 중국의 대형 기업들이 대부분 여기에 속해 있다. 〈포천Fortune〉 글로벌 500대 기업에 38개 기업이 포함됐다.[44]

중앙기업은 산업을 장악하고 있다. 중국은 핵심 산업은 국가 독점산업으로 지정해놓고 민영기업의 참여를 차단하고 있다. 석유화학, 군사, 전력, 통신, 자원, 항공, 해운 등 7대 국가 독점산업에 속한 중앙기업은 약 46개에 달한다. 이들이 각 산업 매출총액에서 차지하는 비중은 75퍼센트, 수익에서 차지하는 비중은 79퍼센트에 이른다. 중앙기업이 핵심 국가 독점산업을 장악하고 있다는 얘기다.

심지어 적자 국유기업이 흑자 민영기업을 인수하기도 한다. 2010년 9월 6일, 산둥성 두 철강업체의 인수합병은 그 대표적인 사례다. 당시 인수합병은 국유기업인 산둥강철(山東鋼鐵)이 민영기업인 르자오강철(日照鋼鐵)을 흡수하는 형식이었다. 문제는 르자오강철이 순익을 내고 있는 알짜 기업인 데 비해 인수 회사인 산둥강철은 적자기업이라는 데 있다. 적자기업이 흑자기업을 삼킨 것이다. 산둥성 정부의 '보이는 손'이 있었기에 가능한 일이었다. 산둥성이 추진하고 있는 철강산업 구조조정 과정에서 배경 없는 민영기업이 당한 것이다. 전형적인 국진민퇴다.

이외에도 국진민퇴의 사례는 많다. 석탄으로 잘 알려진 산시(山西)성은 2010년에 들어 구조조정 명목으로 생산의 절반을 차지하고 있던 중소 민간 탄광을 흡수하기 시작했다. 지금은 전체 석탄의 약 70퍼센트를 국유기업이 캐내고 있다. 2006년까지만 해도 8개 민간업체가 뛰어들었던 항공업계는 에어차이나(중국국제항공), 동방항공, 남방항공 등 3개 국유기업의 독무대가 됐다. 정부가 이들 항공업체에 약 16억 달러를 지원해준 덕택이다. 나머지 민간 항공업체는 가격경쟁에서 밀려 역시 먹히는 신세로 전락했다.

민영기업은 점점 밀리고 있다. 중화총공상연맹의 통계에 따르면, 2010년 500대 민영기업의 총 순익은 2,179억 5,000만 위안(약 321억 달러)에 이르렀다. 이는 같은 기간 제1, 2위 국유기업인 중국이동통신과 CNPC의 순익 합계(2,491억 위안)보다 낮은 수준이다. 500대 민영기업이 번 돈을 모두 합해봐야 2개 국유기업 순익만도 못하다는 얘기다.

중앙기업은 해외시장 진출을 뜻하는 '조우추취(走出去, 밖으로 나아간다)'의 선봉이기도 하다. 중국의 해외시장 진출은 에너지, 광업, 건설의 3대 분야가 주도한다. 이들 분야의 해외투자 90퍼센트 이상을 중앙기업이 차지하고 있다. 특히 에너지 분야에서 이런 현상이 두드러지게 나타난다. 자원 부족은 중국 경제의 아킬레스건이다. 세계 석유 수요의 약 10퍼센트, 철강석 43퍼센트, 시멘트 50퍼센트를 중국이 먹어 치운다. 에너지 공급에 차질을 빚으면 경제의 성장이 멈출 수 있는 규모다. 중국 정부는 지속 성장 차원에서 해외 에너지 사냥에 나서고 있고, 그 선봉에 중앙기업을 세우고 있다.

사례는 일일이 다 거론할 수 없을 만큼 많다. 대표적인 석유개발업체인 중국석유화공(SINOPEC, 시노펙)은 2010년 10월 스페인 석유업체 렙솔(REPSOL)의 브라질 영업 부문에 대한 지분 40퍼센트를 71억 달러에 인수했다. 2009년에는 스위스 유전개발업체 아닥스석유(Addax Petroleum)를 80억 달러에 매입, 이라크와 서아프리카 유전을 확보하기도 했다. 중국해양석유총공사(CNOOC)도 아르헨티나 석유업체에 50퍼센트를 출자했고, 네덜란드 로열더치셸(Royal Dutch-Shell)에서 가스개발권 지분 33퍼센트를 확보했다.

중국은 석유, 가스뿐만 아니라 철광 등 각종 광물 관련 기업의 해외 인수합병도 늘리고 있다. 중국 투자자문업체인 차이나벤처의 조사에 따르면, 2010년 중국의 해외기업 인수합병 건수는 총 128건, 금액으로는 618억 3,000만 달러에 달했다. 이 중 해외 자원 관련 기업 인수합병은 46건에 523억 6,800만 달러로 중앙기업이 담당했다. 정부가 먹잇감을 지정하면 국유기업이 달려들어 사냥해오는 식이다.

국유기업은 경영층 인사교류를 통해 당·정부·기업 간 경계선을 허물고 있다. 행정 공무원을 중앙기업에 파견하는가 하면, 중앙기업의 CEO급 인사를 행정부의 핵심자리로 끌어오기도 한다. 기업은 정치 관료들의 경제 공부 코스이기도 하다. 시노펙의 CEO였던 쑤수린(蘇樹林)이 복건성 부서기로 옮겼는가 하면, 태원강철(太原鋼鐵)의 회장이었던 천촨핑(陳川平)은 산시성 부성장으로 임명되기도 했다. 지린(吉林)성 부성장으로 임명된 주옌펑(竺延風)은 이치자동차의 사장을 역임했고, 후난(湖南)성 상무위원인 천자오

왕융(王勇) 국유자산감독관리위 주임이 국유기업인 중국철도건설을 방문해 직원들을 격려하고 있다. 그는 117개 중앙기업을 관리한다는 점에서 '국가 CEO'라는 별명을 갖고 있다. (출처: 중국철도건설 홈페이지)

雄(陳肇雄)은 중국전자정보산업그룹의 대표였다.[45] 이쯤되면 정기일체(政企一體)라고 해야 한다.

국부펀드

국가자본주의의 또 다른 구성 요소는 국부펀드(Sovereign Wealth Fund)다. 국가가 보유 외환으로 조성해 운영하는 펀드다. 전 세계적으로 약 4조 8,000억 달러에 이른다. 중국 역시 다르지 않다. 중앙기업과 함께 국가자본주의의 양대 축을 형성하고 있는 또 하나의 기관이 국부펀드 운용회사인 중국투자공사(CIC)다.

국자위가 국유기업을 지휘한다면 CIC는 국유은행 및 국부펀드의 해외투자를 총괄한다. 이를 위해 산하에 중앙후이진공사(中央匯金公司)와 해외투자공사를 두고 있다. CIC가 운용하고 있는 자산의 총 규모는 2010년 말 현재 약 3,743억 달러에 이른다. 이 중 1,351억 달러는 해외에서, 나머지는 12개 주요 은행 및 증권사의 주식으로 보유하고 있다. 특히 중국 금융자산의 69퍼센트 이상을 차지하고 있는 4대 국유상업은행을 거느리고 있다. 국가의 자금줄을 쥐고 있는 것이다. 이로써 국가(공산당)-중앙기업-CIC로 연결되는 국가자본주의 삼각편대가 형성됐다.

CIC가 탄생한 것은 지난 2007년이다. 외환보유액 중 2,000억 달러를 투자해 만들었다. 재정부가 당시 환율을 감안해 1억 5,550억 위안의 특별채권을 발행하는 형식으로 설립했다. CIC 역시 국가의 전략적 판단에 따라 투자를 결정한다. 지속적인 경제발전을 위해 꼭 필요한 에너지가 가장 큰 투자 대상이고, 금융상품은 그다음이다.

CIC는 2009년 캐나다 최대 복합광산업체 텍리소스(Teck Resources) 지분 17퍼센트를 손에 넣은 데 이어, 인도네시아의 석탄 관련 업체인 부미리소시스(Bumi Resources), 미국 발전회사인 AES 등에 잇따라 투자했다. 2010년에도 캐나다 에너지업체인 판웨스트에너지 트러스 지분 8억 200만 달러를 인수했다. CIC는 2010년 11건의 인수합병을 단행했으며 이 중 4건이 캐나다 에너지 분야에 집중됐다.

금융투자는 점점 대담해지고 있다. 2010년 10월 골드만삭스, 캐나다 연금펀드 등과 함께 26억 8,000만 달러를 들여 네덜란드 최대 금융사인 ING그룹의 부동산신탁펀드의 지분 92.91퍼센트를 인수했다. 또 12월에는 싱가포르 정부와 함께 브라질 투자은행 방코팩추얼 지분 18.65퍼센트를 18억 달러에 매입했다.

CIC는 세계 경제의 '구원투수'라는 별명도 갖고 있다. 그리스, 이탈리아, 포르투갈 등 재정위기에 처한 유럽 국가들의 채권을 사주고 있기 때문이다. 물론 이는 국가가 결정한 일이다. 정부가 '유럽 관리' 차원에서 해당 국가 국채를 사주기로 하면 실행은 CIC가 맡는다. CIC의 러우지웨이(樓繼偉) 회장이 이탈리아 재무장관을 만났다는 소식만으로도 유럽과 미국의 주가는 급등하는 모습을 보이기도 했다.

2010년 말 현재 해외투자를 산업별로 보면 금융 분야가 17퍼센트로 가장 많았고 에너지(13퍼센트), 소재(12퍼센트), 통신과학기술(10퍼센트), 제조업(10퍼센트) 등의 순서였다. 지역별로는 북미 41.5퍼센트, 아시아태평양 29.8퍼센트, 유럽 21.7퍼센트 등이었다. 2010년 해외투자 수익률은 11.7퍼센트에 달한 것으로 나타났다.[46]

CIC 역시 중앙 정부와 깊숙한 인사교류를 진행하고 있다. CIC의 이사회 11명 중 5명의 비상임이사는 모두 현직 행정부처 관리로 구성되어 있다. 이와 같은 이사 구성은 CIC가 투자수익보다는 국가 전략에 따라 운영되고 있음을 보여주고 있다. 이 점이 서방 국가들이 CIC의 투자를 경계하는 이유다. 중국과의 정치 외교적 사안으로 인해 CIC의 투자자금이 일시에 빠져나간다면 국가 경제는 충격을 받을 수 있다. 실제로 일본은행은 CIC가 일본 국채를 대거 사들이자 '정치적 의도가 있을 수 있다'며 주시하겠다는 입장을 밝히기도 했다.

한국의 사정도 크게 다르지 않다. 차이나 머니가 국내 증시 및 채권시장에 대거 유입되면서 금융시장을 교란할 수 있다는 우려가 제기되고 있다. 금융위원회에 따르면, 2012년 3월 말 현재 모두 15조 1,000억 원의 차이나 머니가 국내 금융시장으로 유입됐다.[47] 전체 채권시장에서 차지하는 중국의 보유액은 약 10조 원으로 미국(약 18조 원), 룩셈부르크(약 14조 원) 등에 이은 3위 투자국이다. 2~3년 전까지만 해도 거의 미미한 수준이었으나 최근 들어 급증했다. 금융위원회는 국내 금융시장에 투자된 차이나 머니 중 주식의 85퍼센트, 채권 100퍼센트가 중국인민은행 및 CIC 자금인 것으로 추정하고 있다. 중국계 자금이 3년 이상의 장기채권 시장에 급속하게 유입되면서 단기금리 상승에도 불구하고 장기금리가 오르지 않는 이상 현상이 발생하기도 한다. 이런 현상이 장기화되면 시장에서 통화정책이 잘 먹혀들지 않는 상황이 생길 수 있다는 점에서 통화 당국이 긴장하고 있다.

중국 모델은 없다

2012년 1월 스위스 다보스에서 열린 '다보스 포럼'의 주제는 '자본주의 위기'였다. 위기에 빠진 자본주의를 살릴 방안은 없는지,

서구식 자본주의가 아닌 다른 대안은 없는지 등을 놓고 말잔치가 벌어졌다. 그러나 이 토론에 중국의 목소리는 없었다. 부총리급 이상의 고위급 인사를 파견해왔던 중국은 관례를 깨고 차관급인 장샤오창(張曉强) 국가발전개혁위 부주임을 보냈을 뿐이다. 그럼에도 중국은 회의장에 버티고 있었다. 중국식 국가자본주의가 서구 자본주의의 대안이 될 수 있느냐를 놓고 열띤 토론이 벌어졌기 때문이다.

중국의 국가자본주의를 보는 서방 전문가들의 심사는 복잡하다. 이대로 가다가는 국가자본주의라는 전혀 다른 체제에 뒤처질 수 있다는 경계심 때문이다. 당시 포럼에 참가한 칼라일그룹(Carlyle Group) 회장인 데이비드 루벤스타인(David Rubenstein)은 서구 자본주의의 미래를 이렇게 요약했다.

"서구 사회는 현재의 경제 모델을 개선하는 데 3~4년의 시간을 갖고 있다. 만약 지금 당장 경제 모델 개선작업을 해내지 못하면 우리는 게임에서 질 것이다. 우리가 오랫동안 의존해 살아왔고 최선의 형태라 여겨왔던 자본주의는 종말을 맞게 될 것이다."[48]

루벤스타인이 말한 게임의 상대는 바로 국가자본주의다. 자유방임 자본주의보다 국가자본주의가 일자리 창출에 더 유리하다는 게 그의 주장이었다. 그는 중국을 위협적인 대상으로 보고 있었다.

국가자본주의가 맹위를 떨칠 수 있는 것은 신속한 자본 결집 능력에 있다. 중국은 필요하다고 생각되면 국유은행에서 자금을 끌어오고, 국유기업을 통해 사업을 추진하도록 지시한다. 이렇게 국가의 지원을 받은 국유기업은 해외 프로젝트 입찰에서 서방 기업들보다 훨씬 유리한 조건을 제시할 수 있다. 당연히 입찰 경쟁력도 높아진다. 특히 에너지 분야가 그렇다. 서방 기업들은 중국이 뛰어들면서 국제 에너지 개발 비용이 크게 늘었다고 불만이다. 로열더치셸, BP 등 세계 자원개발업체들이 중국의 출현을 반길 리 없다. 중국이 입찰에 뛰어들면 낙찰가가 한없이 높아지기 때문이다.

중국의 국가자본주의가 세력을 더하면 더할수록 서방과의 마찰은 불가피해 보인다. 서방 기업이 상대해야 하는 대상이 기업이 아닌 '국가'이기 때문이다. 게다가 상대는 3조 달러의 외환을 보유하고 있는 나라다. 서방 전문가들이 "중국 국유기업의 자금 조달에 투명성을 확보해야 한다"라고 한목소리로 주장하고 있는 것도 그 때문이다.

전문가들은 그러나 중국식 국가자본주의가 위기에 빠진 자유자본주의를 대체할 수 있을 것이라는 데 대해서는 부정적이다. 국가자본주의는 민간의 창의력을 억제하고 부정부패가 자라는 토양을 제공하는 등의 문제점을 안고 있기 때문이다. 중국이 세계에서 빈부격차가 가장 심한 나라라는 점도 중국식 국가자본주의에 거부감을 갖게 하는 이유다. 권위주의적 정치 체제를 배경으로 한 국가자본주의 체제는 서방의 민주주의와 근본적으로 어울리지 않는다. 라구람 라잔(Raghuram Rajan) 시카고대학 교수는 2012년 다보스포럼에서 "국가자본주의가 기술 추격 단계에서는 유용하지만 기술을 창조하는 힘은 취약하다"라며 "결국은 민간의 창의를 보장하는 자유자본주의가 승리할 것”이라 말했다.

국가자본주의는 중국 내에서도 공격을 받고 있다. 주류 경제학파를 형성하고 있는 신자유주의 성향의 경제학자들은 국가의 시장 개입 및 국유 체제 강화가 과잉 투자로 연결되고, 결국 거품만 키울 것이라 우려하고 있다. ‘중국 지성의 양심’으로 불리는 우징롄(吳敬璉) 중국사회과학원 교수는 국가자본주의를 ‘정실자본주의 (Crony capitalism)’라고 싸잡아 공격한다. 국유 체제가 서로 짜고 부를 독점하고 있다는 비난이다. 그는 “경제가 발전하면 당연히 정부가 시장에서 손을 뗄 것으로 생각했다”라며 “그러나 국유 체제는 성장의 이익을 독차지하는 기득권 세력으로 변모하고 있다”라고 한탄했다. 국가 독점을 핵심 내용으로 한 국가자본주의는 시장의 자율을 해쳐 민간 역량을 억누르고 결국 지속성장에 방해가 될 뿐이라는 지적이다. 우 교수는 “중국 모델은 없다”라고 딱 잘라 말하기도 한다. 일각에서 얘기하는 중국 모델이라는 것은 계획통제경제에서 시장경제로 넘어가는 과도기적 현상일 뿐이라는 설명이다.[49]

그렇다면 중국은 국가자본주의를 포기할 것인가? 노! 천만의 말씀이다. 중국식 사회주의의 목표는 ‘함께 부유해지는 것(共同富裕)’이다. 중국은 그 목표를 실현하기 위해 필요하다면 어떤 시스템도 받아들일 준비가 되어 있다. 국가자본주의 역시 마찬가지다. 함께 부유해진다면 좋은 것이라는 원칙에 맞는다면 기꺼이 채택한다. 반대로 그 시스템이 ‘공동 부유’에 별로 도움이 되지 않는다고 판단되면 기꺼이 포기할 준비가 되어 있다.

중국은 서방에서 일고 있는 국가자본주의 논쟁에 대해서도 관심이 없다. '우리가 필요해서 선택한 건데 그들이 감 놔라 대추 놔라 할 이유가 없다'는 식이다.[50] 중국은 외부 세계가 뭐라고 하든 자기 길을 걷고 있을 뿐이다.

Chapter 2

대국의 미래를 읽다

중국이 개혁 개방에 본격적으로 나선 지 이제 겨우 30여 년이 지났다. 서방 국가가 수백 년 걸려 이룬 공업화를 중국은 이렇게 짧은 시간에 이뤄냈다. 2005년 프랑스를 추월하더니 이듬해에는 영국, 그 이듬해에는 독일을, 2010년에는 일본마저 밀어내고 세계 2위 경제대국으로 올라섰다. 이제 남은 것은 미국이다. 2003년, 중국 경제가 미국을 추월하는 시기를 2041년으로 잡았던 골드만삭스는 최근 2027년으로 14년 앞당겨 수정했다. 〈이코노미스트*The Economist*〉는 아예 2019년을 '미국 추월의 해'로 잡기도 했다. 나폴레옹이 말한 대로 중국은 '잠자는 거인'이었다. 잠에서 깨어난 중국은 세상을 흔들기 시작했다. 10년 후 중국은 또 어떤 모습으로 변해 있을까.[51]

01
어떻게 성장을 지속할 것인가

　중국이 어느 방향으로 발전할지 가늠하기 위해서는 우선 독특한 국가 운영 시스템을 이해해야 한다. '당-국가 시스템'이 그것이다. 공산당은 중국의 입법·행정·사법 등 국가 기구를 모두 장악하고 있다. 당 권력의 핵심인 9명의 당 정치국 상무위원이 국가주석, 전국인민대표대회(이하 전인대) 상무위 의장, 국무원 총리 등의 국가 핵심 기구를 나눠 맡는다. 군·경찰·법원 등의 수장들 역시 공산당 정치국 위원이 차지하고 있다. 국무원·전인대 등 국가 기구는 당의 정책을 구현하기 위한 수족이라는 생각이 들 정도다. 지방 정부의 경우, 행정을 담당하는 성장(省長)보다 해당 지역 당(黨)서기가 서열이 높다. 국가 주요 산업을 독점하고 있는 국유기업 역시 공산당 손아래 놓여 있다.

중국의 미래는 공산당에 달려 있다고 해도 과언이 아니다. 당이 중국을 통합하고 이끌 수 있는 능력을 유지한다면 안정적인 성장이 가능할 것이요, 그렇지 않다면 대혼란에 직면할 수 있다. 2012년 봄, 권력 핵심부에서 발생해 중국을 흔들었던 '보시라이(薄熙來) 사태'는 이를 단적으로 보여준다. 이번 사태는 어떤 요인에서든 공산당이 동요한다면 이는 중국 전체로 확산될 수 있음을 확인시켜줬다.

국제관계에서도 마찬가지다. 공산당이 아시아와의 화해를 추구한다면 아시아가 편하겠지만, 힘을 동원한다면 이 지역에 거센 파도가 밀려올 뿐이다. 아울러 공산당이 부정부패, 빈부격차 등 성장에 따른 갖가지 후유증을 어느 정도 치유할 수 있느냐에 따라 경제발전 및 사회 안정 여부가 결정될 것이다.

향후 10년, 공산당은 국내외적으로 적지 않은 도전에 직면할 수밖에 없다. 그 중에서도 '경제를 어떻게 연착륙시켜야 할 것인가'는 가장 큰 도전이 될 것이다. 지난 30년간 보여준 연평균 10퍼센트의 성장세를 지속시키기는 불가능할 것이기 때문이다. 저성장은 사회 불안을 야기할 수도 있어 정치적 부담이 될 수 있다.

새로운 세계 중산층

지난 30여 년간 중국의 성장을 가져온 요소는 두 가지다. 인구가 그 하나이고, 다른 하나는 공산당이다. 13억 인구가 갖고 있는 어마어마한 생산력은 중국을 세계 공장으로 만들었고, 세계 2위 경제대국의 반열로 올려놓았다. 인구가 경제적 차원의 동력이었다면 공산당은 정치적, 사회적 성장 엔진이었다. 공산당은 강력한 장악력으로 국가를 통합, 발전시키는 리더십을 보여줬다. 당은 국가 비전을 제시했고 이를 수행할 능력과 정통성을 갖춰왔다. 인구와 공산당이라는 두 성장 엔진이 오늘의 'G2'의 나라 중국을 만든 것이다. 미래 역시 크게 다르지 않을 것이다. 인구와 공산당이라는 두 경쟁 요소가 어떻게 바뀌느냐에 따라 10년 후 중국의 모습이 결정될 것이다.

우선 인구를 보자. 과거의 인구는 노동력으로서의 의미가 강했다. 그러나 10년 후 13억 인구는 구매력 차원에서 바라봐야 한다. 한 국가가 발전 과정에서 일정 단계에 진입하면 소비가 제조업을 제치고 성장을 견인하기 시작한다. 1인당 GDP가 5,000달러를 넘긴 지금이 그 초입 단계다. 중국 소비자들은 먹는 것에서 벗어나 자동차, 휴대전화 등 사치품에 관심을 갖기 시작했다. 과시형, 레저형 소비행태가 나타나고 있는 것이다.[52]

IMF는 10년 후 중국의 1인당 GDP가 약 1만 3,000달러에 이를 것으로 보고 있다. 이것이 의미하는 것은 중산층의 폭발적인 증가다. 실제로 미국 브루킹스연구소(The Brookings Institution)의 수석연구원 호미 카라스(Home Kharas)는 '새로운 세계 중산층(The New Global Middle Class)'[53]이라는 제목의 보고서를 통해 중국의 중산층이 현재 약 1억 5,700만 명에서 2020년에는 6억 7,000만 명으로 증가할 것으로 전망했다. 인구의 절반 정도가 중산층 반열

에 오르게 되는 셈이다.[54]

소비 능력도 급격히 늘어날 것으로 보인다. 이 보고서는 현재 중국의 소비력은 전 세계 소비의 약 4퍼센트로 세계 7위 수준에 불과하지만 2020년에는 13퍼센트로 미국을 제치고 1위 자리로 올라설 것으로 예상되고 있다. 지금은 미국 소비자가 세계 경제를 이끌어가지만 10년 후에는 중국 소비자들이 그 자리를 대신할 것이라는 의미다.[55]

2008년 금융위기 이후 중국 중산층에 대한 세계 경제의 기대는 더 커지고 있다. 지금까지는 미국의 소비자가 세계 소비를 주도해왔다. 그러나 돈을 빌려가면서까지 소비를 즐겼던 그들은 이제 '내 마이너스 통장에도 구멍이 생겼다'며 지갑을 닫고 있다. 누군가 쏟아지는 생산품들을 대신 소비해줘야 한다. 미국 소비경제가 처지고, 유럽 경제가 침체 국면으로 접어들고 있는 최근 상황에서 기댈 곳이라고는 중국밖에 없다. 세계 기업들이 중국 소비시장에 눈독을 들이는 이유다.

그러나 인구의 또 다른 측면, 즉 노동력 부분은 경제에 오히려 부정적으로 작용할 가능성이 높다. 중국은 그동안 거대 인구를 바탕으로 제조업을 일으켰고 세계 공장으로 부상했다. 그러나 앞으로는 다를 것이다. 노령화가 원인이다. 중국은 2001년 이미 노령화 사회(65세 이상 노인 비율 7퍼센트 이상)에 진입했다. 1979년에 실시한 '1가구 1자녀' 정책 때문이다. 더 큰 문제는 2016년부터는 실제 노동인구가 줄어들기 시작한다는 점이다. 노동인구는 줄고

부양해야 할 노인들은 늘고, 중국으로서는 성장에 부담을 갖지 않을 수 없다. 광둥, 장쑤, 상하이, 산둥 등 산업지역에서는 벌써부터 노동자들을 구할 수 없어 아우성이다. 광둥에서만 약 200만 명의 노동자가 부족한 실정이다. 인구요인이 제조업 생산에 오히려 해가 될 수 있다는 얘기다(인구문제에 대해서는 4장 '흔들리는 세계 공장'에서 다시 논의할 것이다).

중진국 함정 피하기

개발도상국이 중진국(중등수입국) 수준에 도달하기는 오히려 쉽다. 농촌의 잉여인력을 도시로 이동시켜 제조업에 종사하게 하면 된다. 도시는 빠른 속도로 성장할 것이고 주민들의 소득수준도 늘어날 것이다. 1960~1970년대에 우리가 이미 경험했고, 중국에서는 아직도 진행 중인 일이다. 그러나 제조업에 유입되는 인구가 줄고 임금이 높아지면 상황은 달라진다. 노동력 투입에 의한 성장이 한계에 직면하기 때문이다. 제조업은 더 이상 일자리를 만들지 못할 것이고 서비스업에서는 임시직 등 허드레 일자리만 창출될 것이다. 이런 과정에서 잠복해 있던 사회적 불만까지 폭발하면 성장이 발목을 잡힌다. 이것이 바로 선진국 문턱을 넘지 못하고 중진국 단계에서 주저앉고 마는 '중진국 함정(Middle income trap)'이다. 국가마다 차이가 있기는 하지만 대략 1인당 GDP가 5,000~1만 달러쯤 되면 오는 현상이다.[56]

중국이 딱 그 시점이다. 2011년 중국의 1인당 GDP는 5,400

달러 선으로 중진국 함정의 문턱에 서 있다. 제조업 분야 임금인상은 이미 시작됐고, 서비스업으로의 구조조정은 정부의 의지에도 불구하고 쉽지 않아 보인다. 사회 불평등문제는 서서히 균열의 틈을 비집고 새어나오고 있다. 이미 여러 곳에서 경보음이 울리고 있다. 로버트 졸릭(Robert Zoellick) 세계은행 총재는 "중국 경제가 구조개혁에 나서지 않으면 중진국의 함정에 빠질 수 있다"라고 경고했다. 닥터 둠(Dr. Doom)으로 이름 높은 누리엘 루비니(Nouriel Roubini) 뉴욕대학 교수도 2013년 '중국 경제의 경착륙을 예견하고 있다. 중국이 올림픽을 치른 뒤 10여 년 만에, 즉 2018년쯤 커다란 경제위기를 겪을 것이라 말하는 이도 있다. 한국과 일본이 그랬듯 말이다.

중국은 과연 중진국 함정을 피할 수 있을 것인가? 결론부터 말하자면 쉽지 않아 보인다. 지난 30년 동안 10퍼센트 안팎으로 성장해온 중국이 그 성장세를 유지하기란 불가능할 것이기 때문이다.[57] 졸릭의 말대로 5,000달러 선에서 장기간 누워 있을 수도 있다.

중진국 함정을 피하기 위해 필요한 것은 과감한 산업 구조조정이다. 기술혁신을 통해 제조업의 생산성을 높이는 한편 제조업에 치우친 산업구조를 서비스업으로 바꿔야 한다. 한국이 그랬듯, 정부 주도의 개발 시대 산업정책을 포기하고 민간의 창의를 이끌어내야 한다. 중국이 이를 모를 리 없다. 중국 정부가 선택한 해결책은 성장 방식의 전환이다. 투자와 수출에 의존한 기존의 성장 패턴을 서비스 중심형으로 바꾸겠다는 것이다. 투입에 의존한 경제에서 효율에 기반을 둔 창신(創新)형 경제로 전환하려는 정책도 추진하고 있다. 내수는 중국이 선택한 새로운 성장 동력이다. 중국 정부는 내수확대를 위해 노동자들의 임금을 2015년 지금의 두 배로 끌어올리고, 2020년에는 세 배로 올릴 계획을 갖고 있다. 중산층의 구매력을 새로운 성장 동력으로 삼겠다는 구상이다.

중국은 또 민간의 힘을 키우지 않고서는 중진국 함정에서 벗어날 수 없다는 점도 잘 알고 있다. 그래서 12차 5개년 계획에서 '국부(國富)에서 민부(民富)로의 전환'을 제시하고 있다. 이제까지는 성장의 과실을 국가가 독점했지만 앞으로는 민간에게 더 많은 혜택이 돌아갈 수 있도록 하겠다는 것이다. 이를 위해서는 민영기업에 자금이 유입될 수 있도록 금융제도를 뜯어고치고, 국유기업이 독점하던 기간산업 분야에 민간 참여를 허용해야 한다. 이렇게 되면 국유기업이 산업을 독점하고, 국유 상업은행이 자금을 독점했던 그동안의 국유 체제는 도전받을 수밖에 없다. 2008년 금융위기 이후 막강한 위력을 발휘했던 국가자본주의가 약해질 것이라는 의미다.

중국에게 이러한 변화는 전혀 새로운 게 아니다. 개혁 개방 30년, 중국 경제성장의 큰 흐름은 '민영화'였다. 중국은 각종 규제를 하나둘 풀면서 성장 동력을 찾아냈다. 국가자본주의가 약화된다는 것은 그 흐름으로 되돌아가는 것일 뿐이다. 앞으로 10년, 민영화 개혁 작업은 더 힘을 받게 될 것이다. 반대의 길이 중진국 함정임을 그들은 잘 알고 있기 때문이다. 그렇다고 국가가 경제 활동에서 손을 떼는 것은 아니다. 핵심 국유기업의 글로벌 역량 강화를 위한 작업은 지속할 것이다. 해외자원 확보, 기업인수, 자산투자 등의 분야에서는 여전히 국가자본주의 체제가 위력을 발휘할 것이다. 즉 국유 체제와 민영 체제라는 '투 트랙(Two-track) 체제'는 유지될 것이라는 얘기다.

이 같은 점을 고려할 때 중국은 향후 10년 동안 경제적 측면에서 다음의 세 가지 사안을 집중 추진할 것으로 예상된다.

첫째 '제도 인프라' 구축이다. 중국은 그동안 도로와 철도, 공항을 건설했지만 공정하고 자율적인 시장경제 운용에 필요한 '제도 인프라'는 깔지 못했다. 이로 인해 부정부패와 가짜 상품 등이 횡행했다. 시진핑 지도부는 시장경제 운용을 위한 법치 시스템 구축에 힘을 쏟게 될 것이다.[58]

둘째 '정책과 시장의 화해'다. 2000년대에 들어 중국의 경제개혁 작업이 후퇴하면서 '시장화'가 늦춰졌다. 국가의 힘이 시장을 압도했기 때문이다. 국가자본주의가 위력을 발휘한 배경이다. 그러나 국가자본주의는 국내외적으로 많은 부작용과 반발에 직면하고 있다. 국가의 지나친 개입이 민간의 창의를 억누르고 민영기업의 위축을 가져와, 결국 서비스 중심으로의 경제기조 전환에 방해가 된다는 지적이다. 투자보다는 소비에 의존한 성장 체제를 이루려는 중국은 민간의 창의를 이끌어내기 위해 시장의 힘을 키워야한다. 이는 곧 무리한 국가 개입의 자제로 이어질 수밖에 없다.

셋째 '실물경제와 금융의 조화'다. 지난 30년간의 발전은 제조

업에 의존해 이뤄졌다. 금융은 상대적으로 낙후됐다. 금융이 이제
는 경제의 뒷덜미를 잡는 형국이 됐다. 국유 상업은행이 금융산업
을 독점함으로써 국유 부문으로 자금이 몰려 산업 간 원활한 자금
순환에 문제가 발생하고 있다. 정부의 금융산업 보호정책으로 은
행, 보험 등 금융기관이 쉽게 돈을 벌면서 금융 경쟁력은 낙후되
고 있다.

시진핑 시대 중국은 금융 분야 제2의 개혁 개방에 나설 것으로
보인다. 자국 금융산업의 경쟁력을 높이기 위해 금리를 자유화하
는 등 제도개혁에 나서는 한편 시장을 과감하게 개방할 것이다.
이는 중국이 추진하고 있는 위안화의 국제화와 맞물려 급물살을
탈 가능성이 높다. 특히 상하이는 2020년 아시아의 핵심 금융센
터로 부상할 것으로 예상된다.[59]

물론 모든 정책이 순조롭게 진행될 것이라는 보장은 없다. 부작
용도 있을 것이고 추진 과정에서 경제 기득권 세력의 반발도 예상
된다. 중요한 것은 중국이 중진국 함정을 피하기 위해 스스로 구
조조정에 나섰다는 점이다. 이들에게는 최소한 경제개발협력기구
(OECD) 가입 후 '선진국 병'에 취해 흥청망청하다가 외환위기를
맞는 어리석음은 보이지 않는다.

패턴 전환과 내수확대

2011년부터 시작된 12차 5개년 계획을 관통하는 철학은 '주안비
엔(轉變)'이다. 우리말로 옮기면 '패턴의 전환'이라는 표현이 가장

잘 어울린다. 성장 패턴의 전환, 경제 체질의 전환, 성장 동력의 전환 등으로 해석할 수 있다. 좀 더 구체적으로는 투자와 수출에 의존했던 기존 성장 방식을 소비(내수) 중심의 성장으로 바꾸겠다는 의미를 담고 있다.[60]

중국이 내수확대를 외치고 나선 것은 이번이 처음은 아니다. 10년 전에도 '내수확대만이 살길'이라 강조했다. 1998년 3월 총리에 오른 주룽지가 취임 후 가진 첫 기자회견에 제시했던 경제정책이 바로 내수확대였다. 그러나 주룽지의 말은 결과적으로 '빈말'이 되고 말았다. 소비는 오히려 더 위축됐다. 2000년대 초기만 하더라도 가계 소비가 GDP에서 차지하는 비율은 47퍼센트에 달했지만 지금은 35퍼센트 수준으로 떨어졌다. 소비증가가 경제성장률을 따라잡지 못했다는 의미다. 전체 경제성장률에서 차지하는 소비의 기여도 역시 1978~2001년 57퍼센트에서 2002~2007년까지 54퍼센트로 3퍼센트포인트 감소했다. 투자와 수출에 의존한 성장이 지속된 것이다. 여기에는 몇 가지 이유가 있다.

첫째 이유는 부동산 붐이었다. 주룽지가 추진한 내수확대 정책의 결정판은 1990년대 말 이뤄진 부동산시장 창설이다. 주택을 국가(국유기업)가 분배해주던 시스템(分配房)에서 시장에서 매매를 통해 거래하는 상품방(商品房) 시스템으로 바꾼 것이다. 이 정책 덕택에 부동산시장이 형성됐고, 주택 수요가 늘어나면서 중국 전역에서 부동산 개발 붐이 일었다(전체 고정자산투자 중 부동산투자가 차지하는 비율은 약 15퍼센트에 이른다). 부동산시장만 보면 그의 내수확대 정책은 성공했다. 가구, 인테리어, 분양 등 부동산 관련 산업이 전체 GDP의 약 20퍼센트에 육박했던 것이다. 그러나 부동산 이외의 내수는 늘어질 대로 늘어져버렸다. 돈이 부동산시장으로만 몰렸기 때문이다. 오히려 부동산 투자 과잉, 주택시장 거품 등의 부작용이 컸다. 여기에 장쩌민 주석이 추진한 서부개발로 사회간접자본 건설에 돈이 몰리면서 2000년대 중국은 말 그대로 전국이 '공사 판'이었다. 그 과정에서 투자에 의존한 성장 체제가 형성된 것이다.

둘째 이유는 수출 호조였다. 2001년 WTO 가입과 함께 해외시장이 열리면서 중국 제조업체들은 수출로 돈을 벌었다. 2002부터 2007년까지 중국 수출은 매년 20~40퍼센트씩 증가했다. 2004년에는 무려 35.4퍼센트가 폭증하기도 했다. 이 때문에 기업들에게 소득수준이 낮은 국내 소비자들은 관심 밖이었다. 시장이 해외에 있는 상황에서 국내 소비자에게 신경 쓸 이유가 없었던 것이다. 정책도 수출 위주로 펼쳤다. 수출을 늘리기 위해 위안화를 저평가 상태로 유지했고, 원가절감을 위해 노동자 임금은 겨우 허기를 면하는 수준에서 맞춰졌다.

부동산투자 붐과 수출 호조로 2000년대 경제는 10퍼센트를 웃도는 초호황세를 유지할 수 있었다. 그러나 기업도, 정부도 내수시장은 돌보지 않았다. 모두들 아파트를 짓고, 서구인들이 쓸 상품을 만들어 수출하는 데만 정신이 팔려 있었다. 2000년대 중국 내수시장은 그렇게 쪼그라들고 있었다.[61] 이런 상황에서 중국은 12차

5개년 계획을 짜면서 또다시 내수확대 카드를 뽑아들었다.

이번에는 성공할 것인가? 성공 가능성이 매우 높으리라 예상된다. 이번에 빼어든 내수확대는 해도 되고 안 해도 되는 것이 아닌, 반드시 해야만 하는 절체절명의 과제가 됐기 때문이다. 내수확대에 성공하지 않는다면 중국은 중진국 함정, 더 나아가 어마어마한 사회적 불안에 휩싸일 수 있다.

우선 수출이 최악의 상황이다. 2008년 금융위기 이후 미국과 유럽 경제가 침체에 빠져들면서 수출에 경고음이 울리고 있다. 2002년부터 2007년까지 전체 GDP성장률에서 수출이 기여한 비율은 25.2퍼센트에 달했다. 그러나 위기가 터진 2008년부터 2011년까지는 마이너스 5.9퍼센트였다.[62] 수출이 오히려 성장을 갉아먹고 있는 것이다.

또 다른 성장 동력이었던 투자 역시 한계에 달하고 있다. 2008년 말 시작된 경기부양 대책으로 2009년에만 약 9조 6,000억 위안, 2010년 약 7조 5,000억 위안이 시중에 풀리면서 경제는 인플레로 치닫고 있다. 금융 당국이 2011년 내내 인플레와 싸워야 했던 이유다. 부동산 버블은 부풀 대로 부풀어 작은 충격에도 터질 지경이다. 결국 금융 당국은 돈줄을 틀어막아야 할 상황이다. 투자와 수출에 의존하던 기존 패턴으로는 지속적인 성장을 담보할 수 없게 됐기 때문이다.

이제 중국 경제가 기댈 곳은 소비밖에 없다. 내수시장 확대를 통해 성장 동력을 이끌어내야 한다. 핵심은 구매력 증대다. 이를 위해 중국은 노동자의 임금을 높여주고, 세금을 인하하고, 수입제품 가격 인하를 위해 위안화 가치를 높이고 있다. 2015년까지 노동자 최저임금을 2011년의 두 배로 올리기로 한 이유도 여기에 있다. 그동안 소비억제의 요소로 작용했던 복지부실 문제도 타개하기 위해 사회보장제도에 대한 개혁에 착수했다.

이는 중국의 싱크탱크인 국무원 산하 발전연구중심(DRC)이 주관하고 세계은행이 함께 참여한 '차이나 2030' 리포트에 그대로 나타난다. 보고서는 12차 5개년 계획 기간 중 GDP성장률을 8.6퍼센트로 잡고 있다. 이후 2016~2020년은 7.0퍼센트, 그다음 5년인 2021~2025년은 5.9퍼센트, 2016~2030년은 5퍼센트다.[63] 이 정도면 '안정적인 연착륙' 구도라고 할 수 있다. GDP 대비 소비 비율은 2011년~2015년 56.0퍼센트에서 66.0퍼센트로 늘어나는 반면 투자 비율은 42.0퍼센트에서 34.0퍼센트로 낮춰 잡았다. 소비 주도형 경제로 가겠다는 얘기다. 중국 정부가 미래 경제 정책을 어떻게 이끌어가려는지 잘 나타나 있다.

내수확대의 또 다른 카드는 도시화다. 중국은 2012년 처음으로 도시화 비율 50퍼센트를 달성했다. 중국 국가통계국에 따르면, 2011년 말 현재 도시 거주 인구는 약 6억 9,000만 명으로 전체 인구의 51.27퍼센트를 차지하고 있다. 영국의 경우 공업화 추진 후 약 200년, 미국의 경우 약 100년 걸렸던 '도시화 비율 50퍼센트 고지'를 중국은 불과 30여 년 만에 달성한 것이다. 2007년까지만 해도 중국에서 1인당 GDP가 1만 달러를 넘는 도시는 선전과 쑤저우(蘇州)뿐이었지만 지금은 상하이, 베이징, 광저우 등 10개로 늘어났다. 컨설팅업체 맥킨지앤드컴퍼니(Mckinsey & Company)는 2030년 중국 도시에 거주하는 인구가 약 10억 명에 달할 것으로 전망했다. 미국의 현재 인구(약 3억 명)에 해당하는 소비자가 도시로 편입되는 셈이다. 도시 중산층은 그만큼 두터워질 것이다.[64]

내수확대는 민간의 영역이며 국가가 아닌 시장이 주도해야 할 분야다. 그러나 중국은 이마저도 국가 주도로 이뤄지고 있다. 내수확대 정책의 한계다. 중국과 EU의 합작으로 설립돼 운영 중인 MBA스쿨인 CEIBS의 쉬샤오녠(許少年) 교수는 "국가의 개입은 시장의 창의력을 실종시킨다"라며 "시장에서 물러나라"라고 말했다. 제조업과는 달리 서비스 산업은 철저히 민간이 만들어가는 속성을 갖는다. 국가의 개입이 심해질수록 내수시장 확대는 더 멀어진다는 게 쉬 교수의 설명이다.

'국가의 보이는 손'은 과연 시장에서 물러날 수 있을 것인가? 눈을 공산당으로 돌려보자.

02

공산당은 시장에서 물러날 것인가

중국 공산당 체제를 위협하는 요소는 많다. 중국에서는 한 해 수십만 건의 이런저런 시위가 벌어진다. 노벨평화상 수상자 류샤오보(劉曉波)로 상징되는 반체제 민주화 세력의 도전, 티베트·신장 등의 분리 독립 항거, 하루가 멀다 하고 터지는 고위 관리의 부정부패 등을 보면 공산당은 사라져야 할 존재처럼 보인다. '보시라이 사태'는 이러한 문제점을 일시에 드러낸 사건이었다. 이는 곧 공산당이 체제 유지를 위해 들여야 할 비용이 앞으로 더 늘어날 수밖에 없다는 것을 말해준다.

중국 공산당은 지금 그 어느 때보다 큰 시련에 직면해 있다. 시진핑 시대에는 내치(內治)에 신경 쓰느라 국제문제를 소홀하게 다룰 수도 있다. 그렇다고 가까운 장래에 공산당이 집권을 포기하거나 분열되는 상황이 오지는 않을 것이다. 공산당과 지식인, 기업가의 3자 연합이 공고하기 때문이다. 자유와 민주를 주장하는 중국 자유주의 성향의 지식인들조차도 대부분 공산당의 독점적 통치를 인정한다. 그들은 공산당의 권위주의적 체제에 냉소를 보내면서도 "그렇다고 서방 민주주의가 완벽하다는 것은 아니다"라며 분명한 선을 긋는다. 중국 기업인들은 천생적으로 권력을 따라 움직이는 '권력 바라기'들이다. 게다가 장쩌민 시절 '공산당은 돈 있는 사람도 대표한다'는 3개 대표론을 제시하면서 공산당과 기업인은 더 가까워졌다. 공산당이 정권과 지식, 금권(金權)을 모두 쥐고 있는 것이다. 이는 공산당을 대체할 만한 정치적 실력을 가진 정당은 앞으로 탄생하기 어렵다는 의미다.

관리들의 부정부패가 연일 신문과 방송을 장식하고 민주화 시위가 벌어져도 '공산당이 없으면 신중국도 없다(沒有共産堂, 沒有新中國)'라는 구호는 여전히 인민들의 마음속에 살아있다. 그들은 '당의 분열은 곧 국가의 분열'이라 교육받았다. 산간벽지까지 깊숙이 뻗어 있는 모세혈관 같은 당 조직으로 볼 때 일당 독재 체제가 쉽게 흔들릴 것 같지는 않다.

시진핑 시대의 공산당은 당 안팎에서 전개되는 새로운 환경변화에 어떻게든 적응할 것이다. 필요하다면 중소 정당의 참정(參政)을 허용할 수도 있을 것이다. 당의 영도적 지위를 잃지 않는 범위 내에서 말이다. 주민들의 쟁취에 의해 광둥성 우칸(烏坎)에서 이뤄지고 있는 민주주의 실험이 이를 잘 보여준다. 이렇게 공산당은 시류의 흐름에 적응해왔고 또 시류를 이끌고 있다.

따라서 우리는 공산당이 왜 망할 수밖에 없는지를 연구할 게 아니라 그들이 왜 강한지 그리고 그들의 경쟁력은 어디에 있는지를 살펴봐야 한다. 그래야 공산당이 제대로 보이고 중국을 제대로 볼 수 있다.

하이브리드의 마술사

"사회주의와 시장경제, 어울리지 않는 조합이다. 그럼에도 중국은 보란 듯 이 조합을 실험하고 있다. 도대체 이것이 가능한 일인가?"

2012년 4월, 덩샤오핑에게 개혁 개방의 이론적 틀을 제공했다는 평가를 듣는 중국 국무원연구센터 연구원 우징롄 교수를 만나면서 떠오른 첫 질문이다. 그는 중국 주류 경제학인 '시장파'를 이끌어가는 장본인이며, 권력의 부정부패, 산업독점 등에 대한 신랄한 비판으로 '경제학의 양심'이라 불리는 학자다.

(질문) 우 교수께서는 '미스터 마켓(Mr. Market)'이라는 별명으로 불릴 만큼 '시장'을 강조하고 있는데 사회주의 중국에서 시장은 무엇인가? 사회주의와 시장이 과연 공존할 수 있는가?

(답변) 사회주의를 어떻게 정의하느냐가 핵심이다. 옛 소련은 사회주의를 국유 경제로 봤다. 국가 독점이다. 덩샤오핑의 사회주의는 '함께 부유해지는 것'이었다. '공동 부유'를 실현하기 위해 필요하

면 시장 시스템도 이용하자는 것이다. 시장은 그냥 시장일 뿐 체제와는 상관없다. 경제운용의 수단일 뿐이다. 자원 배분이 시장가격에 따라 이뤄지는 것, 그게 시장이다. 자본주의 국가만 시장을 이용할 수 있다는 법이 어디 있는가? 사고를 유연하게 가질 필요가 있다.[65]

참으로 편한 생각이다. 자본주의 시스템이든, 사회주의 시스템이든 필요하면 가져다 쓰면 된다고 생각하니 말이다. '고양이가 쥐 잘 잡으면 됐지 색깔이 뭐가 중요하냐'는 식이다. 이렇게 물과 불 같은 존재도 중국에 가면 교묘한 조화를 이루며 제3의 실체로 변화해 다시 탄생한다. 중국은 그렇게 사회주의 시장경제를 경영하고 있다. 그것도 (최소한 지금까지는) 성공적으로 말이다. 체제의 '하이브리드'인 셈이다. 공산당이라는 이름만 빼고는 다 바꾸겠다는 의지다.

이는 중국인들에게 깊숙하게 자리 잡고 있는 '변(變)' 철학의 표현이다. 정(正)이 반(反)을 만나 합(合)쳐져 발전하고, 궁(窮)하면 즉(即) 통(通)하는 게 '변'의 세계다. 이들은 하나는 나눠져 둘이 되고(一分爲二), 둘은 합쳐 하나가 되는 것(二合爲一)을 천지 순리로 받아들인다. 우리가 즐겨 읽는 《삼국지》도 "분열된 지 오래됐으면 반드시 통일되고, 통일된 지 오래됐으면 반드시 분열된다(合久必分 分久必合)"로 시작한다.

이러한 유연성은 죽였던 공자도 다시 살려냈다. 공산당은 시장

104

2011년 베이징 천안문 광장에 들어선 공자상. 건너편 마오쩌둥의 사진과 마주보는 형상이 됐다. 이 동상은 그러나 3개월여 만에 다른 곳으로 옮겨졌다. 아직도 공산당과 공자는 서로 이웃할 수 없는 존재인가.

주의 확산으로 당의 이념이 약화되자 정신적, 사상적 이데올로기로 유교와 공자를 내세우고 있다. 유교를 통해 중화 민족주의를 고양시키는 것이다. 각 학교는 왕조 시대의 역사와 유교의 미덕을 찬미하고 있다. 마오쩌둥(毛澤東) 시대에 '비림비공(批林批孔, 린뱌오와 공자 비판)' 운동을 벌이면서 '공자 죽이기'에 나섰던 그들이 다시 공자를 되살리고 있는 것이다. 심지어 공자는 이제 문화상품이 됐다. 중국어와 중국 문화를 전파하는 공자학원은 전 세계 100여 개국에 약 700여 곳이 개설되어 있다.

문제는 '어떻게 방향을 정할 것인가?'에 있다. 답은 학습이다.

공산당의 '집단학습' 전통은 길다. 혁명 시기에 산시성의 옌안(延安)에서는 '사상통일 학습'이 진행됐고, 문화혁명 때는 '마오(毛) 어록 학습'이 격렬하게 벌어지기도 했다. 마오쩌둥은 전체 당을 거대한 학교로 만들라고 주문하기도 했다. 이 전통을 창조적으로 제도화시킨 사람이 후진타오다. 그는 2002년 10월 권력 정점에 오른 지 2개월여 만에 '헌법 공부'를 하자며 지도자들을 불러 모아놓고 집단학습을 실시했다. 집단학습은 후진타오가 집권한 2002년 이후 모두 80여 차례 진행됐다.

집단학습이 열리는 곳은 베이징의 고위 지도자 집단 거주지인 중난하이(中南海)의 화이런탕(懷仁堂)이다. 한때 서태후가 살던 곳이다. 집단학습은 중국 국가권력의 핵심인 정치국 위원 25명 전원이 참석한 가운데 열린다. 중국 관영 중앙방송(CCTV)에 비친 집단학습 현장은 이렇다. 타원형 원탁 중심에 후진타오 주석이 자리 잡고, 시진핑 부주석, 원자바오 총리 등의 순으로 둘러앉는다. 머리가 희끗희끗한 그들은 주어진 자료에 밑줄을 긋기도 하고 필기도 하며 강연을 듣는다. 두 명의 초청 강연자가 주제 발표를 한 뒤 질의응답이 이어진다.[66]

중국에서는 이곳에서 강연을 하면 영광이다. 보통 학계와 연구 기관의 최고 전문가가 강연자로 불려간다. 이들이 4개월 동안 꼬박 준비하는 주제는 다양하다. '의약품 개혁'에서부터 '군(軍)·민(民) 융합 방안' '경제 전환기 적응' 등에 이르기까지 주요 현안을 책상 위에 올려놓는다. 2012년 2월 20일에 열렸던 집단학습에서는 '취업 확대'가 주제로 올랐다. 가장 많이 등장한 주제는 '글로벌 전략'이다. 80여 회의 집단학습 중 30회가 세계 정세와 관련된 것이었다. 집단학습의 주제를 보면 중국 지도부의 시각이 어디로 향하고 있는지 알 수 있다.

윗사람들이 공부하면 아랫사람들도 따라 하기 마련이다. 국무원(중앙 정부)은 부장(장관)이 참여하는 '주말대과당(周末大課堂)'을 연다. 지난 2002년부터 시작된 이 주말 공부 모임은 벌써 200회에 달하고 있다. 중앙에서 공부를 하니 지방 관리들도 책을 잡을 수밖에 없다. 중국 전역의 지방 정부에서 각급 지방 당위원회도 유사한 형식의 집단학습을 진행하고 있다.

그런가 하면 공산당은 한 해 수천 명의 공무원들을 미국, 유럽, 일본, 싱가포르 등지로 해외 유학을 보낸다. 물론 국비가 지원된다. 내가 변하기 위해서는 '세계 정세를 관찰하고(察世情), 국가 정세를 살피고(觀國情), 당 정세를 봐야 한다(看黨情)'는 논리에서다.

변화야말로 공산당의 숙명이다. 서방 국가라면 정권 교체를 통해 변화를 추구하겠지만 중국은 공산당 이외의 정치적 대안이 없다. 공산당의 자기혁신이 없다면 국가의 존립 자체가 위협을 받게 될 것이다. 이러한 위기의식이 지금의 중국 공산당 지도부를 '열공 모드'로 바꾸고 있다.

'민부 시대'의 시작

2012년 중국은 시진핑 시대 10년을 시작했다. 이 기간 동안 중국

'100년 동안 흔들리지 말라' 항저우의 한 은행 앞에 걸린 대형 포스터. 덩샤오핑은 "패권을 추구하지도 말고, 오로지 경제건설에만 전념하라"라고 했다.

공산당은 어떻게 변해갈 것인가? 이는 중국뿐만 아니라 세계적인 관심사로 등장했다. 그 답의 하나로 '관리 정당'을 들 수 있다. 강압적이기보다는 타협적이고, 명령적이기보다는 설득하려는 성향이 짙어질 것이라는 얘기다. 한마디로 말하면 '공산당의 연성화'이다.

공산당은 '혁명 정당'으로 시작했다. 마오쩌둥이 혁명을 이끌었고, 1949년 나라를 세웠다. 건국 이후에도 공산당은 무산계급 혁명을 선도하는 영도였다. 1978년 덩샤오핑의 개혁 개방 추진과 함께 당은 직접 국가 건설에 나서는 '행정 정당'이었다. 시진핑 시대에 예상되는 당의 성향은 관리 정당이다. 이를 좀 더 자세히 알기 위해서는 중국 공산당이 어떤 과정을 거치며 발전해왔는지를 살펴볼 필요가 있다.

우선 제1세대(1949~1978년)로 구분되는 마오쩌둥 시기다. 마오쩌둥 시대의 정책은 '영국을 추월하고 미국을 따라잡는다(超英趕美)'는 말로 요약된다. 1957년 마오쩌둥이 제기한 이 슬로건은 '15년 만에 영국을 추월하고, 다시 20년 안에 미국을 따라잡는다(十五年超英, 二十年趕美)'는 구체적인 시간표도 정했다. 당시 체제경쟁을 벌이던 옛 소련의 후르시초프가 '15년 만에 미국을 추월하겠다'고 나선 데 자극받아 제기된 슬로건이었다.

급진적 성장 노선으로 요약되는 이 정책에 따라 중국 곳곳에는 소규모 철강공장이 건설됐고, 중화학공업이 집중 육성됐다. 이 과정에서 농민들은 희생양이 되어야 했고 대약진 운동이 일어났지만 실패로 끝났다. 대약진 운동이 한창이던 1950년대 말 때마침 닥친 가뭄으로 전국에서 수천만 명이 굶어 죽기도 했다. 마오쩌둥은 최고의 자리에서 한 발 내려와야 했고, 그가 권력을 되찾는 과정에서 광풍의 문화대혁명이 일어났다.

덩샤오핑을 정점으로 한 제2세대(1978~1992년)의 정치 리더십 철학은 '사회주의 초급단계'로 설명할 수 있다. 덩샤오핑의 현실 인식은 이랬다.

"공산주의는 자본주의가 고도로 발전한 단계에서 내부 모순에 따라 계급투쟁이 발생해 자본가 계급이 타도됨으로써 성립한다. 그런데 중국은 자본주의 과정을 거치지 않고 곧장 사회주의로 진입했다. 사회주의는 원래 공산주의의 초급단계다. 중국은 이 사회주의에서도 또다시 초급단계에 있다. 이 단계에서는 우리가 거치지 않았지만 꼭 거쳐야 했던 역사적 단계를 경험해야 한다. 바로 자본주의 시기다. 자본주의가 무엇인가? 생산력 발전과 상품경제의 성숙단계다. 우리는 앞으로 최소한 100년 동안 이 단계를 경험해야 한다. 이것이 바로 사회주의 초급단계다. 향후 100년 동안 중국은 생산력 발전과 성숙, 상품 유통 등의 과정을 거쳐야 한다.”[67]

한마디로 말하면 앞으로 100년 동안 경제만 생각하겠다는 외침이다. 이런 철학이 있었기에 ‘사회주의 시장경제’라는 체제를 만들어낼 수 있었다. 중국은 지금도 덩샤오핑이 다져놓은 발전 노선을 걷고 있다.

덩샤오핑 시대의 정책은 ‘삼개유리(三個有利)’라는 말로 표현된다. 남순강화(南巡講話)에서 나온 이 말은 ‘생산력, 국력, 인민의 생활수준 등 세 가지 요소에 이롭다면 결국 좋은 것’이라는 뜻이다. 성장 우선주의적 표현이다. 덩샤오핑은 “먼저 부자가 되어도 좋다(先富起來)!”라고 선언해 불균형 성장을 용인하겠다는 뜻을 분명히 했다. 중국인들은 서둘러 돈을 향해 움직였고, 경기는 지나치게 과열되는 모습을 보이기도 했다. 마오쩌둥의 강권정치에서 벗어나 새로운 자유와 민주에 대한 열망도 높았다. 그래서 발생한 사건이 1989년 6월의 천안문 사태다. 탱크로 시위를 진압한 덩샤오핑은 당시 상하이 당서기로 일하고 있던 장쩌민을 중앙으로 끌어올린다.

장쩌민이 집권한 제3세대(1992~2002년)의 정치 노선은 ‘삼개대표(三個代表)’라는 말에 여실히 드러난다. 중국 공산당이 ‘선진 생산력, 선진 문화, 광범위한 인민의 이익 등을 대표한다'는 뜻이다. 여기서 '광범위한 인민의 이익을 대표한다'는 마지막 항목이 매우 중요하다. 공산당이 보호해야 할 계급이 기존의 농민·노동자에서 자본가 계급으로 확대된 것이다. 곧 당헌에 '사유재산 보장' 조항이 삽입됐고, 많은 사영(私營) 기업주가 공산당에 가입했다. 공산당이 "자본가도 이제 우리 편이다!"라고 선언했기 때문이다.

장쩌민 시대에 중국은 WTO에 가입했다. 사회주의의 나라인 중국이 서방세계가 구축해놓은 시장경제 체제로 편입된 것이다. 이때부터 엄청난 양의 상품이 중국에서 세계 편의점으로 뿌려졌고, 중국은 '세계 공장'이라는 또 다른 이름으로 불리기 시작했다.

2002년 평화적인 정권교체에 따라 권력을 거머쥔 제4세대(2002~2012년) 리더인 후진타오의 리더십은 '과학발전관(科學發展觀)'으로 특징지어진다. 성장을 이루되 과학적이고 합리적인 정책으로 지속 가능한 성장을 이루자는 게 핵심이다. 덩샤오핑 시대와 장쩌민 시대를 지나오면서 추진된 성장 우선주의 정책은 많은 문제를 야기했다. 지역 간 불균형, 빈부격차, 환경훼손 등이 대표적이다. 과학발전관은 이런 문제를 해결하면서 성장을 이루자는 게 골자다. 그러나 후진타오 시대에 들어 빈부격차는 더 벌어지고 부패가 기승을 부렸다. 부동산 가격은 폭등했고, 주식시장에는 거품이 형성됐다. 개혁의 후퇴가 낳은 현상이었다.

후진타오 시대의 가장 대표적인 사건은 2008년 베이징올림픽이다. 올림픽을 치르면서 중국인들은 '대국굴기(大國崛起)'의 자부심을 갖게 됐다. 그간 이룬 경제발전이 자연스럽게 대외정책에서 힘의 외교로 표출되기 시작했기 때문이다. 특히 2008년 가을에 발생했던 미국발 금융위기를 거치면서 위안화 국제화를 추진하는 등 국제 정치경제 무대에서 자신들의 위치를 찾아가고 있다. 'G2'라는 말은 이제 중국이 원하든 원하지 않든 국제적으로 자연스럽게 받아들여지고 있다.

중국 공산당은 2012년 가을 시진핑을 정점으로 한 제5세대 지도부를 출범시킨다. 별다른 일이 벌어지지 않는다면 시진핑 지도부는 2022년까지 지속될 것이다. 이 기간 제5세대 지도부는 지난 30여 년 처했던 환경과는 전혀 다른 도전에 직면하게 될 것이다. 성장 패턴이 도전받고 있고, 공산당 독재 체제가 위협받을 수도 있다. 이 시기를 어떻게 보내느냐에 따라 중국에는 '제6세대 지도부'라는 용어가 없어질 수도 있다.

변혁의 핵심은 역시 중산층이다. 새롭게 등장하는 중산층은 과거의 노동자 계층과는 달리 고등교육을 받았기 때문에 국제 정세에 밝다. 게다가 이들은 인터넷, 휴대전화 등 정보통신 기기로 무장하고 있다. 더 이상 관료들의 부정부패를 용납하지도 않는다. 국가의 개인 인권침해에 대해서도 과감하게 '노'라고 외칠 만큼 정치의식이 높다. 공산당에게는 도전이다. 중국이 이 도전에 어떻게 대응할지에 따라 국가의 운명이 바뀔 수 있다.

시진핑 지도부의 대응책은 '타협'일 것이다. 중산층과의 지나친 대결 구도로는 국가를 이끌기 어렵다는 것을 잘 알기 때문이다.

그 해결책이 바로 '연성 정당'이다. 좀 더 부드럽고 민주적인 정당, 소통의 정당으로 거듭나는 것이다. 정치의식을 가진 중산층이 공산당 독재를 인정하는 대신 공산당은 비공산당 정파(중국에서는 민주당파라고 부른다)와 비정부기구(NGO)의 정치 참여 폭을 넓혀주는 방식도 생각해볼 수 있다. 주고받기식 타협인 셈이다. 좀 더 부드럽고 민주적인 정당, 소통의 정당으로 거듭나는 것이다.[68]

2011년 말, 광둥성 우칸에서 발생했던 폭력시위는 중국 공산당이 생각하는 '민주주의'가 어디까지인지에 대한 단서를 제공한다. 광둥성 정부는 시위대의 요구대로 촌(村) 정부를 직접선거로 구성하도록 허용했다. 중국에서는 이미 촌 단위 선거를 실시하고 있다. 그러나 공산당의 뜻에 따라 이뤄진 기존의 촌 선거와 달리 이번 선거는 시위대가 '쟁취'한 선거라는 점에서 차이와 의미가 있다. 원자바오 총리는 2012년 3월 기자회견에서 "우칸의 모델이 성공하다면 이를 더 넓은 지역으로 확대해나갈 것"이라 밝혔다. 일간 특정한 곳에서 실시한 뒤 이를 전국으로 확산시키는 기존의 경제개혁과 다르지 않다. 공산당의 정치적 민주화 역시 그들만의 방식으로 진행될 것이다.

중산층의 부상, 내수 중심으로 성장 패턴의 전환, 공산당과 중산층의 타협 그리고 당의 연성화……. 이 같은 트렌드를 꿰뚫는 키워드는 '민부'다. 기존의 성장이 '국가 강성'에 초점이 맞춰졌다면 앞으로는 성장의 과실이 일반 국민에게 돌아가도록 짜일 것이다. 시진핑 시대 중국 공산당이 대외적으로 어떤 슬로건을 내걸지는 아직 알 수 없다. 다만 그 방향은 국가보다는 민간이 더 부유해지는 민부의 철학을 담게 될 것이다.

이는 우리에게 긍정적인 영향을 미칠 수도, 부정적인 영향을 미칠 수도 있다. 중국의 중산층 부상 및 민부의 형성은 한국 기업에 거대한 시장을 제공할 것이라는 점에서 매우 바람직한 일이다. 또 공산당의 연성화는 민주주의 체제에 한걸음 다가가는 신호라 할 수 있으므로 우리와의 체제 유사성을 높일 수 있다. 그러나 중산층 부상으로 야기될 정치적, 사회적 불안은 눈여겨봐야 할 리스크다. 과도한 임금인상으로 인한 중국 투자업체의 채산성 악화, 노동자 권리 향상에 따른 노사관계 악화 등도 우리를 위협할 수 있는 요소다. 중국 공산당 정책에 눈을 떼지 말아야 할 이유다.

03

지식계 대립으로 본 경제 노선의 향방

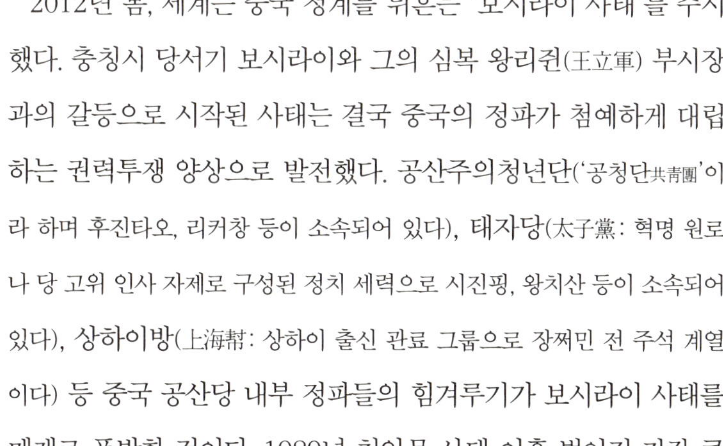

2012년 봄, 세계는 중국 정계를 뒤흔든 '보시라이 사태'를 주시했다. 충칭시 당서기 보시라이와 그의 심복 왕리쥔(王立軍) 부시장과의 갈등으로 시작된 사태는 결국 중국의 정파가 첨예하게 대립하는 권력투쟁 양상으로 발전했다. 공산주의청년단('공청단共靑團'이라 하며 후진타오, 리커창 등이 소속되어 있다), 태자당(太子黨: 혁명 원로나 당 고위 인사 자제로 구성된 정치 세력으로 시진핑, 왕치산 등이 소속되어 있다), 상하이방(上海幇: 상하이 출신 관료 그룹으로 장쩌민 전 주석 계열이다) 등 중국 공산당 내부 정파들의 힘겨루기가 보시라이 사태를 매개로 폭발한 것이다. 1989년 천안문 사태 이후 벌어진 가장 큰 공산당 권력투쟁이었다. 서방 언론은 이를 신나게 보도했고 중국 공산당은 치부를 고스란히 드러내야 했다.

　권력투쟁은 곧 봉합됐다. 보시라이는 낙마했고 지도부는 또 다른 세력균형을 맞춰가고 있다. 그러나 이번 권력투쟁의 여파는 여기서 끝나지 않을 것으로 보인다. 이전의 권력투쟁들이 그랬듯, 정계 파워게임은 경제 노선에 지대한 영향을 미칠 것이다. 보시라이 사태를 통해 향후 10년 중국의 경제발전 방향을 가늠할 수 있다는 의미다.

광둥 모델 vs. 충칭 모델

중국의 권력투쟁은 학계에서 먼저 시작된다. 학자들 사이에서 좌우논쟁이 벌어진 후 그 논쟁이 정계로 번지곤 했다. 때로는 정치 지도자들이 학계를 조종하기도 한다. 이번에도 마찬가지였다. 보시라이 사태가 터지기 전 중국 학계에서는 이미 경제정책 방향을 둘러싼 좌우 노선 투쟁이 벌어지고 있었다. 자유주의 성향의 '우파(시장파)' 학자들은 지속적인 경제개혁을 통한 성장을 강조했고, 반대편에 있던 '신좌파' 학자들은 성장보다는 분배를 강조했다. 우파가 학계 주류였다면 2000년대 중반에 들어 세력을 확대해온 신좌파는 비주류였다.

　학계의 노선 투쟁이 정책 방면으로 옮겨붙은 것은 바로 '충칭 모델'과 '광둥 모델'의 대립이었다. 태자당의 보시라이 충칭시 당 서기가 주도한 충칭 모델의 핵심은 '대정부(大政府)'와 '분배'였다. 그는 정부가 사회 동원력을 발휘해 소외계층에게 부를 재분배하는 정책을 추진했다. 빈곤층을 위한 서민주택을 건설했고, 농민공

(農民工: 농촌 출신의 도시지역 노동자)들에게는 도시 후커우(戶口: 일종의 주민등록)를 발급해 각종 사회보장 혜택을 받게 했다. 전형적인 포퓰리즘이었다. 보시라이는 충칭에서 '민생이야말로 최고의 도리다(民生才是硬道理)'라는 슬로건을 내세우며 마오쩌둥 시대의 군중 노선을 연상케 하는 홍색(紅色) 열풍을 일으켰다. 그의 정책은 신좌파 학자들의 폭넓은 지지를 얻었다.

이에 비해 공청단 소속 왕양(汪洋) 광둥성 당서기가 이끈 광둥 모델은 분배보다는 개혁을 통한 지속 성장에 중점을 뒀다. 또 정부의 간섭보다는 사회자치(社會自治)를 강조했다. 예산 공개, 인터넷을 통한 정책개발(罔羅問政) 등이 추진됐다. 그는 '민주야말로 최고의 도리다(民主才是硬道理)'라는 슬로건을 내세웠으며 자유주의 성향의 우파 경제학자들이 광둥 모델로 모여들었다.

'광둥으로 갈 것인가, 충칭으로 갈 것인가'의 논쟁은 공청단과 태자당·상하이방 세력 간 힘겨루기의 표현이기도 했다. 시진핑, 저우용캉(周永康) 정치국 상무위원 등 태자당·상하이방 소속 지도자들은 충칭을 방문해 보시라이를 치켜세웠다. 9명의 상무위원 중 충칭을 방문하지 않는 지도자는 후진타오, 리커창(李克强) 등 공청단 소속 지도자와 원자바오 총리뿐이었다. 그들은 '광둥' 편이었다. 특히 원자바오 총리는 광둥을 수시로 방문해 왕양의 민주시장 개혁에 힘을 실어줬다. 태자당·상하이방 연합세력은 충칭 모델로, 공청단은 광둥 모델로 서로 대치하고 있었던 셈이다. 이 같은 권력 암투가 진행되고 있는 상황에서 보시라이 사태가 터졌다.

‘광둥으로 갈 것인가, 충칭으로 갈 것인가’의 논쟁은 결국 시진 핑 시대 중국 경제의 향방을 둘러싼 대립이기도 하다. 이의 결론 에 따라 향후 중국의 경제 방향도 결정될 것이다. 누가 이 싸움에 서 이길 것인가? 답을 얻기 위해서는 개혁 개방 이후 계속돼온 좌 우논쟁의 역사를 살펴볼 필요가 있다. 중국의 미래를 건 대쟁론(大 爭論) 속으로 들어가보자.

경제학회의 기류 변화

베이징대학에 광화관리학원(光華管理學院)이라는 석사와 박사를 배출하는 경영대학원이 있다. 2010년 말, 이곳에서 중국 경제학 계를 뒤흔들 만한 충격적인 뉴스가 터졌다. 장웨이잉(張維迎) 광화 관리학원장이 물러난다는 소식이었다. 그러나 장 원장은 해임되 기 며칠 전까지만 해도 2011년도 광화관리학원 운용방안을 짤 정 도로 일에 애착을 보인 것으로 알려졌다. 이는 자발적으로 떠나지 는 않았을 거라는 의미였다. 이런 추측이 인터넷에 떠돌면서 그의 사퇴는 학계의 뜨거운 관심사로 떠올랐다.

당시 홍콩의 한 주간지의 보도는 대륙의 학계에 충격을 안겨줬 다. “장 원장의 자유주의적 성향에 부담을 느낀 대학 측이 그를 사 퇴시켰다. 학계에서는 이번 사건을 두고 자유주의 경제학파의 퇴 조라고 말하기도 한다.”[69] 이 보도가 사실이라면 장 원장은 자신 의 학풍으로 인해 사퇴해야 했다는 내용이 된다. 장웨이잉이 누구 길래 학계에 그리 큰 충격을 줬을까? 경제학계의 기류변화란 또 무엇을 의미하는 것일까?

1984년, 중국에는 새로운 바람이 불고 있었다. 1978년 말부터 시작된 개혁 개방은 농촌을 거쳐 도시지역으로 확대되기 시작했다.[70] 백화제방, 백가쟁명(百花齊放, 百家爭鳴)! 전국의 내로라하는 학자들은 개혁 개방에 대한 자신의 견해를 발표하게 된다. 1984년 9월, 저장성 모간산(莫干山). 높지 않은 이 산의 한 휴양소에 150여 명의 청년들이 모였다. 서로 모르는 사람들이었다. 〈경제일보 經濟日報〉의 공고를 보고 써낸 논문이 통과됐다며 9월 3일 모간산으로 오라는 통보를 받았을 뿐이다. 산상학회가 열렸던 것이다. 중국에서 처음으로 열린 전국 규모의 경제학 세미나였다. 흔히 '모간산 회의'라고 전해지는 이 세미나는 중국에서 '경제학계'라는 말이 태동하게 된 결정적인 계기가 됐다.

참석자들은 모두 30대의 젊은 경제학도들이었고 최고 수준의 전문가였다. 접수된 논문 중 최고의 작품만을 뽑아 선정했으니 당연했다. 왕치산(王岐山) 부총리, 저우샤오촨 중국인민은행장, 러우지웨이 CIC 회장, 저우치런(周其仁) 베이징대학 국가발전연구원장 등도 그 자리에 참석했다. 중국개혁기금회 국민경제연구소 부소장인 왕샤오루(王小魯) 역시 멤버였다. 당시 모간산 회의에 참석했던 경제학자들은 이후 관계와 학계로 퍼져나갔고, 그들이 중국 경제를 이끌어왔다. 모간산 회의는 그만큼 중요한 회의였다.

25세 약관의 나이에 이 회의에 참석한 청년이 있었다. 산시(陝西) 사투리를 진하게 쓰는 촌뜨기였다. 당시 테이블 한쪽에 앉아

회의 내용을 정리하던 청년 경제학자, 그가 바로 장웨이잉이었다. 그는 모간산 회의에서 논문도 발표했다. '이중가격제를 기반으로 한 가격개혁 방안'이 주제였다.

당시 도시개혁의 핵심은 가격이었다. 정부가 가격을 통제하는 시스템으로는 생산력을 끌어올릴 수 없다는 인식이 퍼져 있었던 때였다. 장웨이잉은 '궁극적으로 가격은 완전히 시장에 맡겨야 한다'고 주장했다. 다만 과도기 동안에는 정부 고시가격과 시장가격 등 두 가격 시스템을 모두 인정하자는 게 핵심이었다. 이를 '쌍궤제(雙軌制) 개혁'이라 부른다. 도로를 보수할 때 임시도로를 만들어 소통에 지장을 주지 않게 하듯, 가격개혁 역시 시장가격이 자리를 잡을 때까지 통제가격 시스템을 임시도로로 활용하자는 내용이었다.

장웨이잉은 자신의 생각을 다소 과격한 어투로 설명했다. 획기적인 생각이었다. 중국 지도부는 그의 주장에 귀를 기울였고 정책으로 채택됐다. 그리고 1980년대 후반부터 주요 물자에서 이중가격제를 실시했다. 학교 도서관에 박혀 있던 '장웨이잉'이라는 인물이 사회적으로 알려지기 시작한 건 바로 이때였다. 장웨이잉은 그해 말 저우샤오촨, 러우지웨이 등과 함께 개혁 개방의 밑그림을 그리고 있던 중국체제개혁위원회에 들어갔다. 관료의 길을 걷기 시작한 것이다.

경제학자 장웨이잉의 연구주제는 언제나 '시장'이었다. 분배는 시장에 맡겨야 한다는 게 그의 철학이었다. 그가 시장과 만난 것은 23세(1982년) 때였다. 고향 시안에 있는 시베이대학에 다니던 그는 애덤 스미스의 국부론을 읽게 된다. 마르크스와 엥겔스를 신주단지 모시듯 떠받들던 시절, 천재 경제학도에게 '보이지 않는 손'은 충격이었다. 이를 계기로 그는 시장경제에 더 깊게 빠져들었다. 자유주의 시장경제를 신봉하는 우파 경제학자는 이런 과정 속에서 만들어졌던 것이다.

이듬해 그는 일간지 〈중국청년보中國靑年報〉에 '돈의 올바른 이해(爲錢正名)'라는 글을 발표했다. 이 글에서 그는 "돈을 많이 번다는 것은 사회적 공헌이 많다는 것을 뜻한다"라고 했다. '돈 예찬'을 한 셈이었다. 곧 여기저기서 비난이 들끓었고 '배금주의자' '마오쩌둥의 사상을 오염시킨 자'라는 지탄을 받았다. 하지만 그는 굴하지 않았다. 1984년 베이징으로 간 그는 또 다른 시장주의 경제학자인 마오위스(茅于軾)를 만나 학문의 깊이를 더해갔다. 바로 이 과정에서 그는 모간산 회의에 참석하게 됐고 중국체제개혁위원회에서 근무하게 되는 행운을 잡았다.[71]

1980년대는 온갖 사상과 사고가 거침없이 분출되는 시기였다. 지식인들은 '어떻게 하면 중국의 현대화를 앞당길 것인가'를 놓고 씨름했다. 덩샤오핑이 주도하는 개혁 개방에 모두 동참했던 것이다. 당연히 자유주의적 사고를 가질 수밖에 없었다. 마오위스는 "당시 우리 모두는 자유주의 시장학파였다"라고 말했다.

정치 권력과 지식 권력의 연합

1989년 6월, 천안문 사태가 터졌다. 지식인들은 천안문 광장을 피로 물들인 탱크를 봐야 했다. 그들은 크게 좌절했고 여기저기로 흩어졌다. 일부는 비즈니스의 길을 택했고, 일부는 지방으로 내려갔고, 또 일부는 해외로 유학을 떠났다. '중국은 어디로 갈 것인가.' 지식인들은 방향을 잃고 있었다.

장웨이잉이 선택한 길은 해외 유학이었다. 그는 영국 옥스퍼드 대학으로 갔다. 그곳에서 그는 노벨상 수상자였던 제임스 멀리스(James Mirrlees)를 만나 산업조직과 기업발전을 연구했다. 1994년 박사학위를 받은 그는 다시 중국으로 돌아와 베이징대학에 둥지를 틀었다.

당시 중국은 덩샤오핑의 남순강화(1992년) 이후 다시 개혁 개방의 기치를 높이 들고 있었다. 덩샤오핑은 사회주의 시장경제 노선을 공식 채택하기도 했다. 정치적으로는 상하이방의 세상이었고, 장쩌민-주룽지 체제가 형성되고 있었다. 장쩌민 지도부는 개혁 개방을 추진할 새로운 지식인 그룹이 필요했다. 해외에 나가 있던 학자들이 돌아올 수 있는 여건이 조성된 것이다. 1990년대 중반 천안문 사태 이후 해외로 떠났던 많은 해외 유학파들이 대거 귀국했다. 그들의 머릿속에는 당시 서구에서 풍미했던 신자유주의 사상이 충만해 있었다. 이들이 바로 '신우파'다.

장웨이잉 등 해외 유학파들은 귀국 후 국내에서 활동하고 있던 우징롄, 리이닝(歷以寧), 마오위스 등 원조 시장파 학자들과 다시 만나게 된다. 왕치산, 러우지웨이 등 관계에 진출해 있던 옛 동료들과도 교류를 늘려갔다. 시장파 경제학자들은 학계와 관계에 영향력을 넓혀가기 시작했다. 이들 덕택에 1990년대 중국 경제계에는 자유주의 사조가 활발하게 타오르게 된다.

이들의 주장은 '국가는 빠지고 시장에 맡겨야 한다'는 논리의 '국퇴민진'이었다. '정부의 시장 간섭을 줄이고 국유기업은 민영화해야 한다'는 신우파의 철학은 정책에 그대로 반영됐다. 주룽지 총리는 국유기업에 칼을 댔다. 한 해 수백만 명이 직장을 잃기도 했다. 대신 민영기업은 붐을 이뤘다. 관료생활을 그만두고 창업하는 관리들도 많았다. 당시 창업을 뜻하는 '샤하이(下海)'라는 말이 유행하기도 했다.

대표적인 우파 경제학자로는 우징롄을 꼽을 수 있다. 그는 덩샤오핑에게 개혁 개방의 이론적 틀을 제시한 인물로 알려져 있다. 이 밖에 해외에서 공부한 린이푸 세계은행 부총재, 저우치런, 마오위스, 쉬샤오녠, 런즈창, 장웨이잉 등이 서구 자유주의 경제학을 중국에 옮겼다. 예일대학 종신교수로 활동하고 있는 천즈우(陳志武)는 장웨이잉과 절친한 관계로 역시 자유주의 사조를 중국에 전파하고 있다.

자유주의 성향의 이들 경제학자들이 공산당 권위주의 체제를 곱게 받아들일 리 없다. 그러나 이들은 공산당 독재 체제를 인정하는 대신 당은 '정부의 개입을 줄이고 시장의 역할을 강조하는 자유주의 사조를 받아들이라'는 요구를 관철시켰다. 당은 또 지식인들의 소득을 높여주고, 그들을 정책 과정에 참여시켰다. 당과 신우파 경제학자들이 손을 잡은 것이다.[72] 공산당과 지식인의 연합이기도 했다. 그 철학이 정치적으로 표현된 게 바로 장쩌민 주석이 제기한 '3개 대표이론'이다. '자본가도 이제부터 우리 편'이라는 이 이론으로 공산당은 기업인을 끌어안을 수 있었다. 당 관료와 지식인, 기업인 등 3자가 손을 잡고 지배층을 형성한 것이다.

1990년대 중국 경제는 자유주의의 전성시대라 할 만했다. 민영기업이 크게 늘어난 대신 국유기업은 축소됐다. 이런 변화는 신우파 경제학자의 전성시대를 입증해줬다.

천안문 사태의 두 테제

1994년 겨울, 한국 지식인들의 필독서였던 〈창작과비평〉에 한 중국 학자의 논문이 실렸다. '중국 사회주의와 근대성 문제'라는 제목의 글이었다. 글을 쓴 이는 왕후이(汪暉)라는 이름의 학자였다.[73]

그는 논문에서 "중국이 빠르게 서구 자본주의 체제로 편입되고 있다"라고 비판했다. 중국이 정치, 경제, 사회, 문화 등 모든 면에서 자본과 시장의 제약을 받기 시작했다는 분석이다. 그는 또 미국 등 서구에서 공부하고 온 학자들이 그 운동을 주도하고 있다고 지적했다. 빠르게 진행되고 있는 중국의 '자본주의화' 성향을 지적한 내용이었다.

중국 지식인이 한국의 좌편향 잡지에 논문을 발표한 이유는 무엇일까? 그 이유를 추적하면 신우파와 대치점에 있는 또 다른 학

'천안문 사태.' 1989년 봄부터 시작된 대학생 시위는 6월 4일 무력 진압으로 끝나게 된다. 시위를 이끌던 학생들이 요구 조건을 낭독하고 있다. 당시 광장에는 '민주'와 '민생'이라는 두 테제가 존재하고 있었다.

파를 만나게 된다.

베이징의 천안문 광장을 피로 물들였던 천안문 사태는 분명 민주화 시위였다. 민주와 자유를 외치는 대학생들이 일으킨 시위였기 때문이다. 그러나 그게 전부는 아니었다. 천안문 사태에는 또 다른 세력이 있었다. 바로 노동자였다. 그들은 천안문 광장이 체제에 대한 항거의 공간으로 변하자 그곳으로 모여들었다. 겉으로 드러난 시위대들은 학생이었지만 그들에게 호응하고 박수쳤던 상당수 사람들은 시골에서 일자리를 찾아 도시로 올라온 노동자들이었다.

이렇듯 천안문 광장에는 두 개의 테제가 있었다. 그 중 하나는 민주화 시위였다. 대학생들은 공산 권위주의 체제로부터 민주화를 요구했고, 부패 관리의 척결을 외쳤다. 다른 하나는 민생투쟁이었다. 노동자들은 치솟는 물가로 생활고에 찌들어 있었고, 점점 커져가는 빈부격차에 항거하기 위해 천안문 광장으로 모여들었다. '돈만 향해 달려가는' 개혁 개방이 낳은 경제 불평등에 대한 항거였다. 광장에서 두 목소리는 하나가 되기도 했고 서로 갈라져 흩어지기도 했다.

천안문 광장에서 탱크에 깔린 것은 '자유와 민주'뿐만이 아니었다. 평등과 복지를 주장하던 노동자들의 목소리도 탄압당했다. 시위대 중에는 왕후이라는 청년이 있었다. 〈창작과비평〉에 논문을 발표한 바로 그 사람이다. 당시 그는 난징대학에서 문학석사 학위를 받은 후 베이징으로 올라와 중국사회과학원에서 연구원으로 활동하고 있었다. 그 역시 1989년 봄, 천안문 광장 시위대에 섞여 민주화를 외쳤다. 그러나 그가 현장에서 주목한 것은 노동자였다. 빈부격차에 신음하는 노동자들의 목소리를 그곳에서 듣게 됐던 것이다. 민주화를 위해 뛰어든 광장에서 그가 본 것은 '상대적 박탈감에 시달리던 노동자들의 절규'였다.

"노동자들은 급진적 시장개혁이 야기한 인플레이션과 빈부격차에 강한 불만을 품었고, 그래서 시위에 참여했다. 그들은 대학생들이 요구하는 민주화와 자유화에는 별 관심이 없었다. 그들이 원한 것은 물가안정, 사회적 안전, 부패와 투기의 척결 등이었다."[74]

이것이 왕후이가 생각하는 천안문 사태의 본질이다. 민주화를 외쳤던 시위 주도세력과는 다른 세상을 보았던 것이다. 천안문 사태 이후 왕후이는 중국에 남았다. 산으로 들어가 2년을 은신했고 민초들의 삶을 봤다. 그는 "노동자, 농민과 함께하며 규제되지 않은 자유시장은 공정성을 유지할 수 없다"는 확신을 가졌다고 당시를 회고했다. 천안문 사태는 그렇게 한 젊은이를 좌파의 길로 들어서게 했다.

중국 좌파의 역사는 길다. 마오쩌둥 시대에는 좌파가 주류였고, 덩샤오핑 시대에는 소수였지만 개혁파를 견제할 만큼의 역량은 있었다. 이들은 마르크스 공산주의 이론을 제시하며 개혁 개방의 발목을 잡기도 했다. 후차오무(胡喬木), 덩리췬(鄧力群) 등은 원조 좌파를 대표하는 인물이다. 왕후이와 같이 천안문 사태 이후 등장한 좌파는 이들 원로 좌파와 구분해 '신좌파'로 불린다. 개혁 개방을 반대하지 않는다는 점에서 1970~1980년대 원조 좌파와 구분된다.

신우파 경제학자들이 장(장쩌민)-주(주룽지) 체제와 손잡고 시장경제를 주창하기 시작했던 1994년, 왕후이는 시장개혁을 비난하는 논문을 썼고 이를 한국의 좌편향 잡지에 발표했다. 당시에는 주목받지 못했던 그의 논문은 2000년대 중반에 들어와서야 빛을 보게 된다. 중국의 학술지였던 〈톈야天涯〉가 '당대 중국의 사상 상황과 현대성 문제(当代中國的思想狀況与現代性問題)'라는 제목으로 이 논문을 다시 실었고 이어 미국의 〈소셜텍스트Social Text〉, 일본의 〈세계世界〉, 홍콩의 〈21세기二十一世紀〉 등 국제 학술지에도 발표됐다. 그만큼 호응을 얻었다는 의미다. 신좌파가 활동할 공간이 드디어 열리기 시작한 것이다.

신좌파의 공세

2003년, 후진타오 주석은 '과학발전관'이라는 국정 슬로건을 제시했다. "한 분야의 발전이 아닌 전체적인 발전, 특정 계층의 발전이 아닌 사회 전체의 조화로운 발전, 미래에도 영위할 수 있는 지속 가능한 발전 등을 이뤄야 한다"라는 내용이었다. 과학발전관은 2007년 가을에 열린 17기 당대회에서 당헌에 삽입되면서 '마오쩌둥 사상-덩샤오핑 이론-장쩌민 3개 대표론'을 잇는 당의 지도 노선으로 자리를 잡았다. 격차 해소, 사람이 중심이 되는(以人爲本) 성장, 지속 가능한 성장 등이 핵심이 되는 지도 노선이었다. 성장 제일주의에서 벗어나자는 그의 선언은 사회적 조화를 뜻하는 '허셰(和諧)사회'라는 개념으로 발전했다.[75]

이는 성장과 경쟁, 시장만을 강조하는 신우파의 머리에서는 도저히 나올 수 없는 논리들이었다. 후진타오의 과학발전관 노선에 이론적 틀을 제공한 사람들은 다름 아닌 왕후이와 같은 신좌파 지식인들이었다. 시장과 경쟁이 낳은 사회 불평등문제를 치유하지 않으면 중국의 미래가 없다는 이들의 주장은 후진타오 시대에 들어오면서 힘을 얻기 시작했다. 장쩌민 시대가 신우파의 시대였다면, 후진타오 시대는 신좌파에게 방점을 찍었다.

신좌파는 '시장병'을 공격한다. 그들은 경제가 발전할수록 노출

되는 빈부격차, 도시와 농촌 간 격차, 노동자의 소외 등 자본주의의 병폐에 주목했다. 열악한 작업환경을 이기지 못한 노동자들이 잇따라 자살을 하고, 거의 매일 부패 관리들이 쇠고랑을 차는 사회 현상에 관심을 가졌다. 신좌파는 이를 '시장병'이라 했다. 이를 치유하기 위해서는 성장보다는 분배를, 시장보다는 국가의 조정을, 경쟁보다는 균형을 그리고 사유보다는 공유를 중시해야 한다는 게 이들 신좌파의 이론이었다.[76]

2008년 터진 미국발 금융위기 이후 월가의 몰락을 목격한 신좌파 학자들의 공세는 더욱 날카로워졌다. 양빈(楊斌) 중국사회과학원 교수는 "지나친 서방화 정책으로 중국은 지금 자본주의 진영의 주변국으로 전락하고 있다"라고 지적하며 '탈서구'를 외치고 있다. 왕후이 역시 "시장 숭배주의가 빈부격차, 부정부패 등 고질적인 문제를 낳았다"면서 "이제 국가가 나서야 할 때"라고 강조했다. '국진민퇴'를 주장하고 있는 것이다.

이는 정치적 분위기와도 맞물렸다. 후진타오가 장쩌민으로부터 권력을 넘겨받은 건 2001년이었다. 이듬해 3월, 전인대에서 원자바오가 총리에 오름으로써 '후(후진타오)-원(원자바오) 체제'가 시작됐다. 후진타오 주석의 정치적 배경은 공청단이다. 공청단 소속 지도자들은 주로 내륙 지역에서 정치적 역량을 쌓았다. 이들은 도시보다는 농촌을, 기업인보다는 농민을, 연안보다는 내륙에 더 많은 관심을 가졌다. 대중적 성향이 강한 신좌파의 논리는 이러한 공청단 그룹 지도자들의 정책 철학과 맞아떨어졌다.

그렇다고 신좌파 지식인들의 목소리가 하나로 모아진 것은 아니다. 성향이 '좌파'라는 점에서 공통점을 가질 뿐 주장은 여러 갈래다. 성장보다는 복지를 중시하고, 국가의 개입을 강조한다는 큰 틀에서의 입장은 같지만 구체적으로는 환경보호, 문화혁명으로의 회귀 등 다양한 목소리를 내고 있다.

신우파 학자들은 시대가 바뀌었어도 여전히 목소리를 높이고 있다. 우파 경제학자의 거두 우징롄 교수는 "빈부격차, 부정부패 등의 문제는 권력에 기대 시장의 이권을 빨아먹는 '권귀병(權貴病)'에서 비롯된 것일 뿐"이라며 "국가의 시장 개입을 줄여 시장을 발전시키는 것만이 지속적인 발전을 이룰 수 있는 길"이라 역설하고 있다. 공정성과 투명성을 확보해 시장을 더욱 발전시켜야 한다는 논리다. 천즈우 예일대학 교수는 "중국의 발전은 서방이 구축해놓은 시장경제 체제가 있었기에 가능했다"라며 "신좌파 성향 지식인들의 생각대로라면 중국은 국제사회에서 고립될 수밖에 없고 결국은 발전의 한계에 직면할 것"이라 말하기도 했다.[77] 쟁론불휴(爭論不休)! 학자들의 논쟁은 끝이 없었다.

이 논쟁이 뜨겁게 달아오르고 있을 때 불거진 일이 바로 장웨이잉 베이징대학 광화관리학원장의 사퇴였다. 호사가들은 이 사건을 '신좌파의 또 다른 승리'라고 말한다. 장웨이잉을 물러나게 한 '외압'의 실체가 바로 신좌파라는 것이다. 이들의 주장이 맞든 틀리든 장웨이잉의 사퇴는 후진타오 시대에 들어 좌파 성향의 학자들이 득세했음을 보여주는 하나의 사건이었다.

학계가 신좌파와 신우파의 논쟁에 뛰어들고 있던 2007년 12월, 두 정치인이 자리를 옮긴다. 한 명은 충칭에서 광둥성 당서기로 자리를 옮긴 왕양이고, 다른 한 명은 왕양이 비운 충칭의 당서기를 채운 보시라이 당시 상무부장이었다. 이들은 전혀 새로운 방식의 발전 전략을 제시했는데, 이것이 바로 '충칭 모델'과 '광둥 모델'이었다. 학계의 논쟁은 이제 정책 논쟁으로 그리고 정치 권력 투쟁으로 번져나가고 있었다.

광둥으로 가는 열차

충칭 모델과 광둥 모델은 크게 3개 분야에서 뚜렷한 차이를 보인다. 우선 정부 운영 시스템 개혁에 관한 차이다. 충칭은 기존 공산당의 권위주의 통제 시스템을 지키려 했고 또 강화했다. 정부가 나서서 무엇인가를 하려 했다. 기존의 운영 시스템에 손을 대지 않았다는 의미다. 이것이 보수적이라는 평가를 받는 이유다. 반면 광둥은 시스템 개혁을 부단히 추구했다. 정부 예산을 공개했고, 인터넷을 통한 정책개발 등에 나섰다. 이들의 개혁은 덩샤오핑이 주창한 '사상 해방을 통한 개혁'을 연상케 했다.

두 지역 모두 민생을 강조했지만 그 방법은 달랐다. 충칭은 강한 정부였다. 빈곤층 주택문제를 해결하기 위해 서민주택을 의욕적으로 건설하고 정부가 부를 분배하겠다며 직접 나서기도 했다. 국가의 시장 개입이었다. 그러나 광둥은 시장 지향적 정책을 중시했다. 정부가 나서서 대규모 사업을 벌이거나 빈곤층 우대정책을 실시하는 것은 중국 최고의 개방지역인 광둥에서는 어울리지 않았다. 민간 역량을 중시하는 정책이었다.

선전 부분도 달랐다. 충칭은 포퓰리즘에 호소했다. 마오쩌둥 시대를 연상케 하는 노래(紅歌)를 부르면서 군중의 단합을 유도했고, 조직폭력배 단속으로 민심을 사려 했다. 반면 광둥은 민주를 선택했다. 언론 간섭을 줄여 사상에 대한 통제 수준을 낮췄다. 이러한 민주적 정치의식은 〈남방주말南方周末〉과 같은 자유주의 성향의 매체가 나올 수 있는 이유가 됐다. 광둥성 우칸에서는 직접선거가 치러지기도 했다. 민주주의에 대한 새로운 실험이었다.

신좌파 학자들이 충칭을 칭송한 반면 우파 학자들은 광둥을 지지했다. 이렇게 중국의 학계와 정계는 좌우로 나뉘어 힘겨루기를 해왔다.[78] 보시라이의 몰락은 충칭 모델의 실패를 의미하기도 한다. 개혁이 보수를 이겼고, 시장이 정부를 이겼고, 민주가 포퓰리즘을 이겼다는 얘기다. 중국의 경제 노선에 대한 이 같은 이분법적 사고가 정확한 분석이라고는 말할 수 없다. 다만 보시라이 사태는 향후 중국의 경제발전 방향이 '충칭 모델'보다는 '광둥 모델' 쪽으로 흘러갈 것임을 시사하고 있다. 우징롄 교수는 "시진핑 시대 중국 경제는 시장화·법치화의 큰 물결을 탈 것"이라고 단언했다.

중국의 정치 흐름과 관련해 우리가 주목해야 할 또 다른 사항은 보수와 개혁의 노선 투쟁 색채가 점점 옅어지고 있다는 점이다. 공산당 지도자들은 그가 공청단이든 상하이방이든 아니면 태자당이든 개혁 개방만이 살길이라는 점을 잘 안다. 보다 적극적으로 개혁정책을 추진하고 세계화의 물결에 합류해야 한다는 생각이다. 보시라이 사태는 이 같은 흐름을 더욱 굳히는 결과를 낳을 것이다. 잠시 흔들렸던 지도부 내 개혁 마인드가 다시 부활할 것이라는 점에서 그렇다.

충칭 모델은 사실 경제발전 모델이라고도 할 수 없다는 것이었다. 붉은 깃발로 애국심을 고취시키고, 투입에 의존한 기존의 성장 패턴을 답습했을 뿐이다. 보시라이 개인의 열망이 낳은 '정치쇼'일 수도 있다. 보시라이 몰락이 중국 경제에 주는 함의는 '이제 우리는 모두 광둥으로 간다'는 것이다. 한때 충칭 모델을 찬양했던 태자당·상하이방 소속 지도자들은 이제 충칭에서 벗어나 옛 모습 그대로 다시 시장화·개방화 길로 접어들 것이다. 브루킹스 연구소의 리청(李成) 박사가 말했듯, 보시라이 사태는 개혁에 다소 미온적이었던 공청단 지도자들을 적극적으로 끌어들이는 효과를 낳았다.[79] 이번 사태가 시장화·법치화를 바라는 중국 경제에 오히려 보약과 같은 역할을 했다는 의미다.

광둥 모델은 중국이 중진국 함정을 돌파할 수 있는 길을 제시하고 있다. 창신을 통한 산업고도화, 인터넷을 통한 인민들과의 소통, 다양한 언로를 통한 민주화, 시장에 대한 믿음 등이야말로 중국에게 시급히 요구되는 것들이다. 앞서 언급했던 '국가자본주의의 연성화'와 같은 맥락이다. 이번 보시라이 사태는 이 당위성에 힘을 실어줬다.

공산당의 연성화는 이미 시작됐다. 보시라이가 파멸로 빠져들던 2012년 3~4월, 굵직한 개혁 조치들이 잇따라 발표됐다. 원자바오 총리는 2012년 3월, 전인대가 끝나자마자 "국유은행의 독점을 타파해야 한다"라고 말하며 민영기업의 총본산으로 알려진 원저우를 금융개혁 시범도시로 선정했다. 돈이 국유 부문에만 돌고, 민영기업은 굶어야 하는 상황을 더 이상 볼 수 없다는 말이었다. 개혁안은 원저우 사채업자들에게 '투자회사' 설립을 허용했다. 이는 어둠에서 이뤄지던 사금융을 양성화하겠다는 것으로 볼 수 있다. 이 밖에도 환율의 하루 변동폭을 기존 0.5퍼센트에서 1퍼센트로 확대했고, 예대 금리도 은행 자율로 결정할 수 있는 폭을 늘렸다. 외국인의 중국 증시 투자 한도 역시 기존 300억 달러에서 800억 달러로 크게 올렸다.[80]

중국 경제계 전문가들은 시진핑 시대에는 더 많은 친(親)민영기업 정책이 잇따라 나올 것으로 예상하고 있다. 국유기업의 독점 분야였던 에너지, 건설, 통신 등에 대한 민간자금의 투자가 허용되고 민영기업의 해외투자에 대한 규제 역시 크게 풀리고 있다. 이 같은 정책은 동부 연안의 개방도시에서 정치적 역량을 키워왔던 '태자당 시진핑'과도 잘 어울린다. 경제 분야 개혁은 앞으로 더욱 힘을 받을 것이다. 한때 충칭에서 기웃거렸던 시진핑 역시 '광둥행 기차'에 몸을 실을 것이다.

04
중화 DNA, 아시아를 위협하다

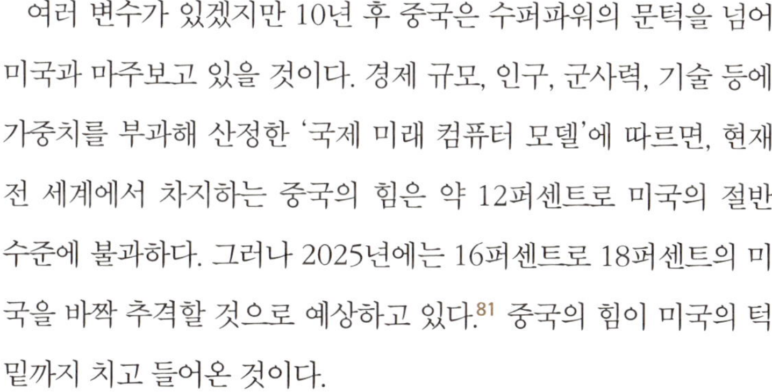

　여러 변수가 있겠지만 10년 후 중국은 수퍼파워의 문턱을 넘어 미국과 마주보고 있을 것이다. 경제 규모, 인구, 군사력, 기술 등에 가중치를 부과해 산정한 '국제 미래 컴퓨터 모델'에 따르면, 현재 전 세계에서 차지하는 중국의 힘은 약 12퍼센트로 미국의 절반 수준에 불과하다. 그러나 2025년에는 16퍼센트로 18퍼센트의 미국을 바짝 추격할 것으로 예상하고 있다.[81] 중국의 힘이 미국의 턱밑까지 치고 들어온 것이다.

　중국 학자들은 중국이 강대국으로 부상하더라도 역사상의 수퍼파워와는 다른 나라가 될 것이라 주장한다. 힘이 강해지면 헤게모니 장악을 위해 패권적 성향을 보이는 게 일반적인 강대국의 모습이지만 중국은 그렇지 않을 것이라는 지적이다. 중국 외교정책의 실력자 중 한 명인 장윈링(張蘊嶺) 중국사회과학원 국제학부 주임은 "중국은 패권을 추구하지 않고 세계와의 조화를 이루며 살 것"이라 말했다. 화평굴기(和平崛起)할 것이라는 얘기다.

그의 말이 맞는다고 해도 아시아에서는 다른 양상이 펼쳐질 수 있다. 수퍼파워의 지위를 더욱 굳히게 될 2020년, 중국은 스스로 '아시아의 주인'이라 생각할 것이 분명하다. 그야말로 '중화 DNA'의 부활이다. 브레진스키 전 미국 백악관 외교안보보좌관은 "중국은 주변국에 대한 패권 행사를 역사적 운명으로 생각하고 있다"라고 분석한다.[82] 공산당 스스로 '과거 화려했던 중화민족의 영광을 다시 일으키는 주체'로 생각한다는 지적이다.

사회주의 이데올로기가 점차 퇴색해가고 있는 지금 중국은 통치의 정당성을 확보하기 위해 갈수록 민족주의에 의존하고 있다. 한 나라가 민족주의에 호소하거나, 대중이 민족주의에 끌려가는 것은 위험한 일이다. 대중은 세계를 바라보지 않으며, 심지어 자기 나라의 균형된 이익도 주시하지 않는다. 오로지 자존심만을 내세우며 자국의 명예가 모욕당했다고 생각되면 분기탱천한다. 2008년 올림픽 이후 중국인들은 여러 면에서 그런 성향을 보였다. 일본과 센카쿠열도(중국명 '댜오위다오') 문제로 충돌할 때면 여지없이 극렬한 반일(反日) 시위가 중국 전역에서 벌어진다. 이 같은 민족주의는 아시아 질서에 대한 제국주의적 인식과 결합해 이웃 국가에 엄청난 스트레스를 주고 있다.

옛 영광으로의 부흥

마오쩌둥이 공산주의의 바이블이라는 《자본론》을 읽었는지는 분명치 않다. 다만 《자치통감》 《25사》 《수호지》 등 왕조 시대 제왕들의 통치술과 권력투쟁에 관한 책이 그의 서재를 가득 메웠다는 점은 분명하다. 세계적인 마오쩌둥 연구가인 하버드대학 로스 테릴(Ross Terrill) 교수는 "마오쩌둥은 20세기 세계 지도자 중 최고의 독서가이자 저술가였지만 과학기술이나 경제경영, 정치사상, 민주주의, 사회주의, 공산주의 등을 포함한 서구의 정치사상 서적에는 별 흥미를 느끼지 못했다"라고 밝히고 있다. 중화인민공화국의 '국부'로 추앙받고 있는 마오쩌둥은 과거 왕조 역사에서 신중국의 경영을 배운 것이다.

마오쩌둥이 그랬듯, 중국인들은 과거와 끊임없이 교류하면서 살아간다. 현실의 문제 해결을 위해 전통에서 지혜를 구한다. 그들은 '국가'보다는 오히려 '문명'을 더 중시한다. '중화인민공화국의 국민'이라는 생각 대신 '용의 후손(龍的傳人)'이라 여긴다. 중국인들은 자국의 성장을 '새로운 수퍼파워의 등장'으로 보지 않는다. 대신 '옛 영광으로의 부흥(復興之路)'이라 생각한다. 그들이 꿈꾸는 과거의 영광, 그것이 바로 아시아의 맹주다. 중국인들은 자국의 힘이 강해질수록 '아시아는 원래 중국에 조공을 바치던 권역'이라는 옛 왕조 시대의 '조공 패러다임'을 되살리고 싶어 한다.[83]

중국은 중화 질서에 반발하는 나라에 대해서는 물리력 동원도 불사한다. 이미 경험했던 일이다. 2010년 9월, 센가쿠열도에서 중국은 일본과 충돌했다. 중국 어부들의 고의성이 높아 보였지만 중국은 적반하장으로 오히려 일본을 협박했다. "원래 중국 땅인 곳에서 왜 너희들이 선량한 어민들을 체포하느냐?"라는 것이었다. 중국은 베이징 주재 일본 대사를, 그것도 새벽에 몇 차례 소환했고 나중에는 희토류를 무기삼아 일본을 압박했다. 결국 일본은 무릎을 꿇어야 했다. '하나의 산봉우리에 두 마리 호랑이가 살 수는 없는 법(一山不容二虎)', 아시아의 또 다른 경제대국인 일본과의 헤게모니 싸움은 피할 수 없어 보인다. 중국은 일본이 "따거!" 하고 고개를 숙이고 들어오길 바랄 것이다. 이러한 태도가 바로 중국인들의 마음속 깊이 새겨져 있는 조공 패러다임의 일단이다.

한편 베트남, 필리핀 등과는 남사군도에서 영유권 분쟁을 벌이고 있다. 한때 그곳이 '황제의 땅'이었다는 논리로 '내 땅'이라 외치고 있다. 물론 속셈은 남중국해의 해상 수송루트를 확보하자는데 있다. 경제적으로 그곳은 중국이 반드시 장악해야 할 지역이다.[84] 중국이 항공모함을 만들고, 스텔스기를 만들고 있는 것도 모두 이것과 연관되어 있다. 그들은 이제 한국의 이어도까지 넘보고 있다.

원교근공(遠交近攻) 전략이다. 먼 곳에 있는 나라와는 친하게 지내지만 가까이 있는 나라에게는 공세를 편다. 춘추전국시대에 등장했던 중국의 외교술이다. 역대 중국의 전략가들은 "힘의 영역이 닿을 수 없는 곳은 외교적인 방법으로 친구관계로 만들어놓지만 언제 어떻게 바뀔지 모르는 근접 국가는 힘으로 제압해야 나라의 안녕을 얻을 수 있다”라고 말하고 있다. 현대에도 이어지고 있는 중국의 이 같은 힘의 외교는 아시아 지역의 가장 큰 불안요소가 될 것이다.

《중국이 세계를 지배하면When China Rules the World》의 저자이자 영국의 중국 전문가인 마틴 자크(Martin Jacques)는 중국은 국력이 커지면 커질수록 중화(中華)의 전통 질서로 회귀하려는 성향을 보일 것이라 분석하고 있다. 그는 “중국인들에겐 아시아의 주인이 돼야 한다는 생각, 중화 질서를 회복해야 한다는 생각이 자리 잡고 있다”며 “중국이 강해지면 강해질수록 과거 아시아의 조공 시스템이 어떤 형태로든 부활될 것”이라 말했다.[85]

중국은 그동안 서방세계가 구축했던 자유시장 체제에 수렴하는 듯한 모습을 보였다. 그럴 수밖에 없었다. 자유시장 체제에 따르고 순응하는 것은 곧 13억 인구의 밥그릇을 만드는 것이었기 때문이다. 중국은 서방의 이념 공격에도 수세적인 입장을 보여왔다. 경제력이 약했고, 경제를 키우기 위해서는 안정적인 환경이 필요했기 때문이다. 덩샤오핑이 국제문제를 언급하면서 “절대로 우두머리가 되지 마라(不要當頭)”라고 한 이유다. 그러나 이제는 수렴이 아닌 발산의 모습을 보이고 있다. 국제문제에서도 자신들의 목소리를 내고 있다. 특히 문제가 동아시아 주변국과 관련된 것이라면 그들의 목소리는 매우 거칠어진다.

‘부흥의 길’ ‘중화 DNA’ ‘조공 시스템’. 이것들은 아시아 강국을 향해 중국이 달리고 있는 길목에 놓인 이정표들이다. 이렇듯 국가

2005년 5월에 중국 전역으로 퍼진 반일시위. 학생들이 상하이의 일본 총영사관 주변으로 몰려가 시위하고 있다. 당시 시위대는 거리의 일제 자동차를 뒤엎고 일본 식당을 공격하기도 했다.

의 권력기구를 장악하고 있는 공산당에게서는 황제 이미지가 겹쳐진다. 공산당은 과거 왕조 시대 황제권력을 대체했다. 황제의 귀환(Return of Emperor)이었던 셈이다. 돌아온 황제는 다시 아시아를 지배했던 황제 시대로의 회귀를 꿈꾸고 있다.

중국의 부상은 아시아 지역경제에 커다란 성장 동력이었다. 그러나 시대에 맞지 않는 호전적인 중화주의로는 아시아의 리더가 될 수 없다. 존경받지 않는 맹주는 갈등만 야기할 뿐이다. 이미 센카쿠열도에서, 남중국해에서 격랑의 파고가 일고 있다. 중국에 위협을 느낀 주변 국가들이 힘의 균형을 유지하기 위해 미국을 끌어들이고 있다. 인도, 일본, 필리핀, 심지어 한때 전쟁을 치르기도 했던 베트남까지 미국을 부르고 있다. 미국도 이를 틈타 아시아에서의 영향력 강화를 공언하고 있다.[86] 아시아의 평화는 요원해질 수도 있다. 아시아의 공동 번영이냐 아니면 갈등이냐, 90세의 '21세기 황제' 공산당은 이제 답을 찾아야 한다.

FTA와 조공 시스템

동남아시아는 전통적으로 일본의 힘이 강한 곳이다. 그러나 2000년대에 들어 중국의 영향력이 커지면서 중국의 남진정책과 일본의 서진정책이 '十'자로 충돌하기 시작했다. 동남아시아 문제에 정통한 이선진 전 인도네시아 대사는 "게임은 끝났다"라고 말한다. 중국이 경제력을 앞세워 동남아 각국 경제를 장악했다는 설명이다. 중국 정부는 아세안 국가에 막대한 달러를 지원하고, 기업은 현지 화교 기업들과 손을 잡고 시장을 잠식해나가고 있다. 영토분쟁에도 불구하고 동남아시아는 아주 빨리 '조공 권역'으로 편입되고 있다.

광시(廣西)성 난닝(南寧)은 그 전초기지다. 난닝에 3제곱킬로미터 규모의 '아세안 국제비즈니스센터(東盟國際商務區)'라는 곳이 있다. '아세안 10+3(10개 아세안 국가 및 한중일)의 작은 타운'으로 조성된 비즈니스 단지다. 당사국들이 쓸 수 있는 연락처 사무실이 있고 회의실, 전시장, 호텔 등이 조성되어 있다. 중국은 이곳이 아세안을 향한 중국 전략의 시발점임을 숨기지 않는다. 광시 자치구 해외투자 유치국의 중수린(鐘樹林) 부국장은 "지금은 아세안 관련 회의가 주로 싱가포르나 자카르타 등에서 열리지만 10년 후에는 난닝에서 열릴 것"이라 자신한다. 지금도 난닝의 아세안비즈니스센터에서는 매년 대규모 아세안 상품전시회가 열린다. 중국 파트너를 구하기 위해 각국 비즈니스맨들이 몰려드는 전시회다.

중국의 '동남아시아 품기'를 단적으로 보여주는 것이 '범아시아 고속철도'다. 중국은 동남아시아를 거미줄처럼 연결하는 고속철도망 건설을 추진하고 있다. 중국 노선을 포함한 총 연장길이는 1만 5,000킬로미터. 12차 5개년 계획 마지막 해인 2015년까지 기본 공사를 마무리한다는 목표다.[87] 해당국과 공사비 협상을 벌이겠지만 상당 부분 중국이 부담할 것으로 알려져 있다. FTA를 체결한 중국과 아세안 사이에 고속철도까지 들어선다면 동남아시아 경제의 중국화는 더욱 빠르게 진행될 것이다.

윈난(雲南)성 쿤밍(昆明)과 미얀마의 양곤을 잇는 서선(중국-미얀마 고속철도)을 가장 빨리 건설할 예정이다. 중국 측 공사는 이미 착공했고, 미얀마 역내에서도 시작됐다. 중국-미얀마 공사가 끝나면 중국은 말라카 해협을 통과하지 않고도 중동산 석유를 들여올 수 있게 된다. 중국 석유 수송 루트에 혁명적인 변화가 일어나는 것이다. 2011년 4월에는 윈난성 다리(大理)와 라오스 수도 비엔티안, 태국 방콕을 연결하는 중선 공사가 착공됐다. 2015년 이 노선이 완공되면 베트남 등을 거치지 않고도 말레이시아를 통해 싱가포르까지 이르게 된다.

난닝이 동남아시아를 향한 관문이라면 창춘은 동북아시아의 거점 도시다. 매년 가을 창춘에서는 '동북아 전시회'가 열린다. 필자가 창춘을 방문했던 2011년 9월에도 그랬다. 시내 샹그릴라 호텔에서는 〈인민일보人民日報〉 주최 '한중일 기자 원탁 토론회'가 열렸고, 이웃의 한 호텔에서는 '동북아 경제인 대회'가 개최되고 있었다. 이와는 별도로 '한중일 경제 당국자 회의'가 같은 시기에 열렸고, 컨벤션센터에서는 '동북아 무역투자 박람회'가 한창이었다. 동북아 관련 행사가 동시다발적으로 열린 것이다. 창춘이 마치 동북아시아 문제를 논의하는 도시라는 생각이 들 정도였다.

중국이 말하는 동북아는 우리가 생각하는 지역과는 개념의 차이가 있다. 우리에게 동북아는 한국, 중국, 일본을 의미하지만, 중국에게는 동북 3성(지린, 랴오닝, 헤이룽장)과 일본, 한국, 몽골, 북한 등을 포함한 지역을 의미한다. 그들에게 동북아는 전체 중국이 아닌 동북 3성만 대상이었던 것이다. 이 동북아시아의 중심은 창춘이어야 한다는 게 그들의 생각이다. 이러한 발상에서 시작된 작업이 바로 창지투(長吉圖: 창춘-지린-투먼 집중개발계획) 프로젝트다.

그동안 중국의 동북 3성 발전 축은 다롄-선양-창춘-하얼빈으로 연결되는 우상향 라인이었다. 지금 이 라인에는 고속철도 공사가 한창 진행 중이다. 그런데 중국 국무원은 2009년 말, 정부 프로젝트인 창지투 건설을 확정하면서 창춘에서 시작해 지린-엔지-훈춘 등에 이르는 우하향 축을 제시했다. 중국 국경 밖으로는 몽골의 울란바토르와 북한의 나진선봉 항구로 연결된다. 몽골-동북 3성-북한으로 이어지는 육상개발 라인에 일본과 한국을 바다로 연결하자는 게 창지투 개발의 핵심이다. 다시 말하면 동북 3성 지역의 화물을 나진선봉으로 가져와 해로를 이용해 한국과 일본으로 보내는 물류망 개발이다. 창지투 건설의 목적은 동북 3성 진흥이 아닌 '동북아 경제의 허브'였던 셈이다.

현지 당국자들은 창지투 건설이 동북아를 겨냥하고 있으며, 창춘은 동북아의 중심지 역할을 할 것이라고 힘주어 말한다. 특히 2020년 출범할 제6세대 지도부의 핵심 인물로 꼽히는 쑨정차이(孫政才) 지린성 당서기는 이렇게 말했다.

"창춘은 자동차를 비롯한 강력한 배후 산업이 있고, 미래 최고 산업으로 부각할 농산물이 풍부하다. 산업 기초가 튼튼하다는 얘기다. 창춘은 그 힘으로 창지투 프로젝트의 머리가 됐고, 북한의 나선항구를 이용해 일본, 북한, 한국 등과의 해상 물류망도 틀 것이다. 창춘이야말로 동북아의 중심지가 되기에 부족함이 없다."

중국은 머지않아 "어지간한 동북아 관련 회의는 베이징으로 올 필요도 없다. 그냥 창춘에서 해결하라"라고 말할지도 모른다. 중국의 경제가 더 성장하고 국력이 더 커져 동아시아 국가들의 대중국 의존도가 높아질수록 이웃 국가들은 베이징 땅을 밟아보지도 못하고 난닝 혹은 창춘에서 현안을 논의해야 할 상황이 올 수도 있다.

봉건 왕조 시대 중국인들의 '세계'는 오늘 우리가 말하는 '글로벌(Global)'과는 거리가 멀다. 그들이 생각한 세계는 중국의 주변,

즉 아시아가 전부였다. 천자(天子)가 버티고 있는 중원 땅은 그 세계의 중심이었다. 자신들은 천하의 중심에 자리 잡고 있는 문화의 중심이요, 주변의 나라와 민족은 오랑캐였을 뿐이다.[88] 그들은 오랑캐가 말을 듣지 않으면 '버릇을 고쳐준다'며 군대를 파견했다. 중국인들은 이를 '침략'이라 부르지 않는다. 다만 '문명을 전수하기 위해 정벌단을 보냈을 뿐'이라 말한다. 고구려에 대한 그들의 인식도 그렇다.

그런데 오랑캐가 고분고분 말을 잘 들으면 "아이구, 내 새끼" 하면서 다독인다. 중국의 문화적 위계를 인정하며 조공을 바치면 정치적 독립을 보장해주는 것이다. 여기에 책봉을 더하게 되면 완벽한 '조공-책봉' 체제가 된다. 중국은 받은 것보다 더 두둑이 줘 조공단을 돌려보내곤 했다. 그리고 자신들이 천자의 큰 은혜를 베풀었다고 생각했다. "중화의 품에 안겨라. 그러면 내가 너에게 황제의 은혜를 선사하리라"라는 식의 태도였다.

이와 같은 인식은 오늘날 FTA 협상에도 투영되고 있다. 중국이 아시아 지역에서 국가 대 국가로 FTA를 체결한 것은 아세안이 유일하다. 중국은 2004년 협상에서 통 크게 양보하는 모습을 보였다. 상품 수입액의 약 40퍼센트에 해당하는 품목을 '조기수확프로그램(EHP: 민감하지 않은 품목의 조기 개방 프로그램)'으로 분류해 시장을 거의 일방적으로 열어준 것이다. 물론 아세안 국가를 우군으로 만들겠다는 전략이겠지만 그 근저에는 '황제 나라로서 아시아를 품겠다'는 감성적 중화의식이 깔려 있다.

여기서 우리는 조공의 속성을 분명히 알 필요가 있다. 조공은 정치적·경제적·군사적 측면에서 두 당사자의 이익에 기초한 합목적적 정치 행위였다.[89] 변방국이 대륙 정권보다 강했을 경우 조공을 바치는 측(변방국)의 필요에 의해 조공·책봉이 진행되기도 했다. 이 경우 중국은 오히려 공물을 바쳐가면서 형식적 조공관계를 유지하려고 애쓰기도 했다. '황제'는 그렇게 약자에게는 강하면서도, 강자에게는 약한 모습을 보였다. 조선이 굴욕적인 조공관계를 유지해야 했던 이유는 나라의 힘이 약했기 때문이지 조공의 속성이 원래 포악했던 때문은 아니다.

이 구도는 21세기에도 크게 다르지 않을 것이다. 우리의 전략적 가치가 높다면 '황제'는 공주를 바쳐서라도 '친구 하자'고 달려올 것이다. 또한 우리 기업의 기술 경쟁력이 그들을 압도한다면 중국 기업은 합작하자고 손을 내밀 것이다. 우리의 문화 수준이 높다면 중국은 한국을 배워야 한다고 나설 것이다. 그들이 IMF 시절 한국의 금 모으기를 칭송하고 나섰듯 말이다. 한창 논의 중인 한중 FTA도 마찬가지다. 중국이 한국과의 FTA협상에 적극적으로 나서는 것은 정치적으로든, 경제적으로든 전략적 가치가 높다고 판단했기 때문이다. 우리가 이를 충분히 활용한다면 협상에서 더 많은 것을 얻어낼 수 있다.

우리는 대륙이 통일됐을 때 한반도가 위험에 빠졌던 역사를 기억하고 있다. 지금 대륙에는 또다시 '통일 왕조'가 힘을 모아가고 있는 중이다. 우리의 전략적 가치를 지켜내지 못한다면, 기업의 기술 경쟁력이 떨어진다면, 문화적 우위성을 잃는다면 중국은 한국을 거들떠보지도 않을 것이다. FTA는커녕 옛 왕조시절의 포악한 조공국으로 다가올 수도 있다.

중국은 크다. 게다가 그들에게는 왕조시절의 중화 DNA가 흐르고 있다. 이런 그들과 함께 살아가려면 우리 특유의 날카로움을 잃지 말아야 한다. 외교관들은 동아시아에서 차지하는 대한민국의 전략적 가치를 높일 방안을 짜내고, 기업인들은 중국보다 한발 앞선 기술 수준을 유지하기 위해 치열하게 싸워야 한다. 그들에게 '한국이라는 나라를 잘못 삼켰다가는 낭패를 볼 수 있다'는 인식을 심어줘야 한다. 날카로움을 잃어버리면 10년 후 우리는 중국에 눌려 정치적, 경제적 자존심을 지키지 못할 수도 있다.

Chapter 3

무엇이 그들을 최강으로 만들었나

중국에서 뛰고 있는 '붉은 자본가(Red capitalist)'들의 셈법이 달라지고 있다. 비교우위로 치자면 노동력이 많은 중국은 셔츠를 만들고, 기술 수준이 높은 미국과 유럽은 비행기를 만들어야 한다. 그러나 중국 기업인들은 '나도 이제 비행기를 만들어야겠다'고 한다. 그래서 개발된 것이 바로 중국상용항공기유한공사(COMAC, 中國商飛)가 만든 민간항공기 C919이다. 중국은 이제 세계 항공업계를 에어버스(A)와 보잉(B) 그리고 중국(C)이 정립하는 'ABC' 구도로 짜고 있다. 제갈량이 천하를 삼분했듯 말이다. 우주 정거장을 쏘아올리고, 우주선 도킹에 성공하는 나라에서 못 만들 게 무엇이 있겠느냐는 자신감이다. 붉은 자본가들은 그렇게 자신들만의 비즈니스 세계를 만들어가고 있다.

01
상하이의 디오르 여인
로마의 원저우 상인

로마 취재에서 돌아오는 길, 레오나르도다빈치 공항을 빠져나올 때였다. 큼지막한 광고판이 시선을 끌었다. '크리스찬 디오르' 광고판이었다.

한 여인이 핸드백을 들고 있다. 물론 디오르 핸드백일 것이다. 여인은 어디론가 떠나고 싶은 눈치다. 옆 신사가 여인의 팔을 잡는다. "가긴 어딜 가. 보낼 수 없어"라고 말하는 듯하다. 그런데 배경이 심상치 않다. 상하이 푸둥(浦東)이다. 이탈리아 공항의 광고판에 웬 상하이?

광고판 앞에서 상념에 빠지게 된다. 무릇 모든 그림에는 스토리가 있는 법, 이 광고의 제작 의도가 궁금했다. 특히 배경 그림 푸둥

이탈리아 레오나르도 다빈치 공항의 크리스찬디오르 광고판. 사진 속의 여인은 어디론가 떠나고 싶다는 표정을 짓고 있다.

상하이 홍차오 공항에 걸려 있는 디오르 광고. 다빈치 공항에서 그녀가 가고 싶어 했던 곳이 상하이였다는 인상을 준다. (ⓒ 중앙일보 김형수 기자)

이 무엇인가를 암시하는 듯하다. "뭐, 느끼는 것 없어?"라고 옆 동료에게 물어본다. 그는 "바티칸 그림을 너무 많이 봤나? 이제 광고판을 보고도 별 걸 다 생각하네"라고 핀잔이다.

여행은 끝났다. 다빈치 공항의 광고판은 내 머릿속에서 사라졌다. 그러나 '디오르 여인'은 전혀 다른 곳에서 다시 내 앞에 나타났다. 로마에서 돌아온 지 3개월 후, 한 세미나 취재를 위해 상하이에 갔을 때였다. 베이징을 거쳐 훙차오(紅橋) 공항에 도착하니 공항에서 낯익은 여인이 눈길을 잡는다. 벽에 걸린 커다란 광고판이었다.

'아니, 이 여인이 여길 어떻게?' 그 핸드백, 그 표정 그대로였다. 반가웠다. 3개월여 만에 아름다운 여인을 상하이에서 재회했으니 말이다. 로마에서 신사의 만류를 뿌리치고 어디론가 떠나고 싶어 했던 그 여인이 간 곳이 바로 상하이였던 것이다. 다빈치 공항 사진의 배경은 여인이 꿈꿨던 곳이 어디였는지를 보여주고 있었다. 그것이 바로 이탈리아 레오나르도다빈치 공항의 크리스찬디오르 광고판의 비밀이었다.

다빈치 공항의 광고판이 던지는 의미는 분명해 보였다. 세계 명품 브랜드가 지금 중국시장으로 달려가고 있다는 의미다. 디오르 여인이 상하이로 왔듯 말이다. 2010년 중국에서 팔린 보석, 화장품 등 명품 브랜드 제품은 약 107억 달러로 전 세계 소비액의 27.5퍼센트에 달했다. 일본에 이은 세계 2위다. 통계를 집계한 세계사치품협회(WLA)는 "중국의 명품 소비액은 향후 2~3년 이내 일본을 누르고 세계 최대 럭셔리 소비국으로 등장할 것”이라 전망했다. 소비시장의 꽃이라는 명품 브랜드 시장에서조차 중국이 세계 최대 규모로 성장하고 있는 것이다.[90]

명품 브랜드의 움직임은 글로벌 소비시장의 트렌드를 보여준다. ‘세계 공장’이라던 중국이 이제는 ‘세계 백화점’으로 등장하고 있는 것이다. 루이뷔통이든 디오르이든, 프라다이든 명품 브랜드는 이제 중국시장에서 운명을 건 한판 승부를 벌여야 할 판이다.

거꾸로 이탈리아로 달려가는 중국인도 있다. ‘중국의 유대인’이라는 원저우 상인들이 그들이다. 다시 로마 취재길, 기차를 타려고 로마의 중앙역인 테르미니 역으로 가기 위해 뒷골목을 지나는데 한자로 된 광고판이 눈에 띄었다. 화교들이 운영하는 옷가게였다. 가게로 들어가 ‘어디 출신이냐’라고 물으니 ‘할아버지가 원저우에서 왔다’라고 답한다. 말로만 듣던 원저우 화교를 유럽에서 만나게 된 것이다. 골목으로 접어드니 거리 양쪽으로 중국 상품 도매시장이 줄을 이었다. 이곳에서 이탈리아 전역으로 중국 상품이 퍼져나간단다. 로마 시내 쇼핑센터 초호화 매장 건너편에는 여지없이 값싼 중국산 제품이 즐비했다. 경기 탓인지 고급 백화점보다 사람도 많고 훨씬 잘 팔리는 듯 보였다. 중국 붉은 자본가들의 세계시장 침투가 어느 정도인지를 금방 알 수 있었다.

이탈리아는 레오나르도 다빈치와 미켈란젤로의 나라다. 이들의 천재성은 오늘날에도 이어져 ‘프라다’ ‘페라가모’ ‘구찌’ 등 명품을 만들어냈다. 그런데 이 명품의 나라에 중국산 저가 제품이 판을 치고 시장을 잠식해나가고 있는 것이다. 결국은 일자리문제다. 이탈리아의 수공업자들은 중국산 저가 제품에 밀려 일감이 점점 떨어질 수밖에 없다. 하급 브랜드 제품부터 하나둘 중국에 시장을 내줬을 것이다. '중국 제품이 혹시 이탈리아를 재정위기로 몰아간 것은 아닌가?'라는 생각까지 하게 된다.

차이나 머니도 이탈리아로 가고 있다. 2012년 1월, 세계적인 호화 요트 제조업체인 페레티(Ferretti)의 주인이 바뀌었다. 세계 부호들의 로망이었던 이탈리아의 페리티 브랜드를 가져간 새 주인은 중국의 산둥중공업. 이 회사는 페레티의 지분 75퍼센트를 3억 7,400만 유로(약 5,520억 원)에 매입했다. '아시아 신흥 부호를 겨냥하겠다'라는 게 적자에 시달리던 페레티를 인수한 이유였다.

중국의 유럽 기업 인수는 지난 2008년 금융위기 이후 가파르게 증가했다. 2008~2010년 중국 기업의 유럽 투자는 약 439억 달러에 달해 2003~2005년 투자치의 50배가 넘었다.[91] 중국 기업이 대주주 자격으로 지배권을 행사하고 있는 유럽 기업도 120여 개에 이른다. IBM의 컴퓨터 부문을 인수했던 레노버(Lenovo)가 대표적인 사례다. 레노버는 2011년 6월 독일의 컴퓨터 가전업체인 메디온(Medion)의 지분 37퍼센트를 인수했다. 경영권 장악이 최종 목적이다. 자동차업체 지리(吉利)가 포드로부터 볼보를 인수한 것도 잘 알려진 일이다. 이 밖에 체코의 담배회사, 네덜란드의 제약회사, 영국의 목재가공업체 등도 중국의 쇼핑 리스트에 올라와 있다. 기술이 인수 목적이다. 유럽에는 미국과 일본에 견줄 수 있는 고급 기술 기업이 많다. 유럽은 미국에 비하면 중국에 대해 호의적이고 일본처럼 폐쇄적이지도 않다. 게다가 유럽 경제가 흔들리면서 더 많은 먹잇감이 시장에 나오고 있다.

중국은 이제 재정위기로부터 유럽을 구해줄 구세주로 등장했을 정도다. 3,700억 달러의 국부펀드를 움직이고 있는 러우지웨이 CIC 회장이 유럽에 나타났다는 뉴스만으로도 유럽 주가가 급등세를 보인다. 이탈리아는 2012년 4월 EU의 방침을 깨고 중국에 대해 시장경제 지위를 인정한다고 발표해 서방을 놀라게 했다. 중국의 자금을 유치하기 위해 중국이 요구하고 있는 시장경제 지위를 인정해준 것이다.[92] 재정위기 극복을 위해 차이나 머니를 끌어들여야 한다는 절실함의 표현이었다.

디오르 여인은 상하이로 가고, 원저우 상인은 로마로 진출하고, 중국 기업은 이탈리아 기업을 인수하고 있다. 명품은 중국의 고급 소비자들을 유혹하고, 중국 제품은 명품의 나라 이탈리아의 대중 소비자들을 겨냥하고 있다. 재정위기에 빠진 이탈리아는 차이나 머니를 갈구하고 있다. 그 사이 더 많은 유럽 기업과 기술이 중국의 품에 안기고 있다. 레오나르도다빈치 공항은 이 움직임의 비밀을 모두 알고 있다. 디오르 여인의 광고판에 숨겨졌던 '다빈치 코드'는 'C-H-I-N-A'였던 것이다.

02

천하삼분지계

텐진에 빈하이(濱海) 신구라는 경제개발구가 있다. 텐진시 정부는 '상하이에 푸둥이 있다면 텐진에는 빈하이가 있다'고 말한다. 푸둥을 잡으려면 하세월이겠지만 텐진은 빈하이 신구를 띄운다. 그 빈하이에 에어버스 공장이 있다. 유럽의 자존심이라는 에어버스 공장이 왜 거기에 있을까? 내력은 이렇다.

2006년 10월, 자크 시라크 프랑스 대통령은 중국을 방문한다. 기업인들도 대거 대동했다. 이때 루이 갈루아(Louis Gallois) 에어버스 회장도 왔다. 텐진시와의 투자 프로젝트 계약 체결 때문이었다. '텐진에 에어버스 공장을 만들어 2009년부터 양산에 들어간다'는 내용의 계약 체결과 함께 이때 또 다른 뉴스가 타전된다. 중국이 '에어버스 항공기 170대를 추가로 구입하기로 했다'는 것이다. 중국이 톈진 에어버스 유치를 대가로 크게 한턱 쏜 것이다. 그렇게 에어버스는 톈진행 루트를 타게 됐다.

시장의 힘이다. 앞서도 지적했듯, 중국의 항공 여객 수요는 매년 12퍼센트 안팎으로 늘어나고 있다. 2029년까지 약 4,330기의 항공기를 새로 구매해야 한다. 한 해 약 227대꼴이다. 보잉과 에어버스는 중국시장을 놓고 사생결단을 벌여야 할 처지다. 칼자루를 쥔 쪽은 중국이다. 중국은 두 회사를 때로는 경쟁시키기도 하고 때로는 고의로 배척하기도 한다.

항공업계의 A, B 그리고 C

중국은 2000년대에 들어 보잉과 에어버스를 상대로 칼을 휘두르기 시작했다. 중국에 와서 조립생산을 하라는 압력이었다. "우리나라에서 그렇게 많이 벌어가는데 당신네들도 뭔가 줘야 하는 것 아니냐?"라는 논리였다. 두 회사는 찜찜했다. 기술 유출 우려 때문이었다. 그러나 시장의 힘을 당해내지 못했다. 말굽자석에 철가루 끌리듯 끌려갈 수밖에 없었다. 에어버스가 먼저 손을 들었다. 중국을 보잉을 이길 수 있는 기회의 땅으로 여긴 것이다(보잉은 거절했다. 미국 정부의 엄격한 대중국 첨단기술 유출 억제 정책으로 인해 원래부터 불가능한 일이었다). 대신 조건이 있었다. 모든 부품을 유럽에서 가져오고 중국에서는 100퍼센트 조립만 한다는 내용이었다.

그렇게 에어버스는 톈진으로 향했다. 애초에는 상하이로 가고 싶었으나 원자바오 총리가 방향을 틀었다. "내 고향 톈진으로 오라"라고 했다. 그렇게 2006년 10월 조인식이 이뤄졌고, 3년여가 흐른 2009년 6월, 톈진 공장에서 중단거리 모델인 A320 항공기가 첫선을 보였다. 지금도 에어버스 공장에서는 조립작업이 한창이다. 한 달에 3대를 생산해내는 체제로 1년이면 약 36대의 비행기가 만들어져 중국 하늘을 날게 된다.

에어버스는 유럽의 자존심이다. 프랑스, 독일, 영국, 스페인 등이 합작해 만든 회사다. 조립공장은 프랑스 툴루즈, 독일 함부르크, 스페인 세비야 등에 있다. 이런 에어버스가 처음으로 공장을 비유럽 지역에 설립했고 그곳이 바로 톈진이었다. 공장이 오면 당연히 일자리도 따라온다. 톈진의 한 노동자가 에어버스에서 일자리를 찾는 순간 유럽의 한 노동자는 밥그릇을 잃는다.

중국의 항공산업은 이것이 끝이 아니었다. 2009년 11월 말, 상하이 국제공업전시회에 출품된 기계 하나가 유독 언론의 관심을 끌었다. 품목명은 'SF-A.' 커다란 엔진이었다. 제품 옆에는 다음과 같은 설명서가 붙어 있었다.

국산 대형 상업용 여객기의 엔진(國産大型客機的發動機). 에너지 효율이 기존의 서방 항공기 엔진보다 12~15퍼센트 높고, 신재료 사용으로 무게도 낮췄다.

중국에서 비행기 엔진을 생산한다고? 세계 항공업계가 놀랄 만한 일이었다. 3개월 전인 2009년 9월, 중국은 홍콩에서 열린 국제항공전시회에 특별한 전시품을 하나 내놓았다. 중국 국유 항공기 제작회사인 COMAC가 만든 비행기 모형이었다. 모델명은 'C919.' 전시회 참가자들은 모두 놀랐다. 중국이 2008년 말부터 자체적으로 개발하기 시작했다는 자국산 여객기의 모습이 처음으로 공개됐기 때문이다. 중국은 항공기 C919 동체를 만들고, 이를 위한 엔진 개발까지 끝내고 홍콩과 상하이 전시회에서 그 모습을 당당히 공개한 것이다. 190석짜리의 여객기였다. 톈진 에어버스 공장에서 만들어지고 있는 A320(177석)보다 좌석수가 많았다. 이 항공기는 2014년에 제작을 모두 끝내 2016년 항공사에 인도될 계획이며, 2016년 인도분 20대의 주문까지 이미 받아놓은 상태였다.[93]

비교우위로 치자면 인구가 많은 중국은 셔츠를 만들고, 기술 수준이 높은 미국이나 유럽은 비행기를 만들어야 한다. 1달러짜리 셔츠 1억 장을 만들어 수출하고, 그 돈으로 에어버스 한 대 사와야 하는 게 경제논리에 맞는 얘기다. 그러나 이제 중국은 '그렇게는 못하겠다'고 한다. 그 산물이 바로 C919다. 가능한 일일까?

충분해 보인다. 시장이 있으니까 말이다. 굳이 수출하지 않아도 내수만으로도 버틸 수 있다. 중국은 초기에 연간 20대 생산 규모로 C919 생산에 들어갈 계획이다. 그 후 20년 동안 2,355대를 조립할 계획이라 한다. 보잉이 예상한 향후 20년 중국의 항공기 수요(3,700대)와 큰 차이가 나지 않는다. 중국시장에서 매년 수백억 달러를 거둬갔던 에어버스와 보잉으로서는 민감할 수밖에 없다.

경영 효율성을 따진다면 에어버스나 보잉에 턱없이 뒤질 것이다. 적자를 볼 수도 있다. 그러나 이 항공기를 만드는 궁극적인 주체는 민영기업이 아닌 국가다. COMAC라는 국유기업을 내세웠을 뿐이다. 혹시 적자를 보더라도 항공기 개발 사업은 지속될 것이다. 중국은 돈이라면 얼마든지 있는 나라다. 국가의 의지가 중요할 뿐이다.

문제는 기술이다. 이것 역시 가능해 보인다. 중국은 2010년 이미 70~100석 규모의 항공기를 만들어 시험 비행을 끝냈다. ARJ-21 모델이 바로 그것이다. 중국은 'ARJ-21에서 엔진을 제외한 나머지는 모두 중국의 자주 기술'이라 말하곤 했다. 엔진은 GE 것을 빌려 썼다. 상하이에서 전시된 SF-A 엔진은 그 부족함을 메운 것이다. 1950년대 중반 이후 전투기를 생산해왔던 나라가 중국이기도 하다.

중국의 구상은 세계 항공업계 판도를 'ABC' 구도로 짜는 것이다. 에어버스(A)와 보잉(B) 그리고 중국의 COMAC(C)이 시장을 삼분하는 구도다. 제갈량이 천하를 정립구도로 짰듯 말이다. 내수시장에서 성장해 글로벌시장으로 나오겠다는 게 그들의 기본 구상이다. 그들의 꿈이 어느 정도 실현될지는 아직 알 수 없다. 분명한 것은 중국이 셔츠 대신 비행기를 직접 만들겠다고 나섰다는 점이다. 중국이 휘두르는 칼에 세계 산업계가 떨고 있다.

자주창신 전략

2010년 6월 9일, 톈진 에어버스 공장에서 제작한 A320 비행기가 고객에게 인도됐다. 11번째 비행기였다. 이 비행기는 '중국의 날개(中國翼)'라는 별명이 붙었다. 비행기 날개를 중국 기업이 직접 만들었기 때문이다. 애초에 중국과 에어버스는 부품은 100퍼센트를 유럽에서 가져와 중국에서 조립하기로 계약을 맺었다. 그러나 11번째 비행기부터는 중국산 부품을 사용한 것이다. 그들의 계약이 바뀐 건지 경비절감 차원에서 중국산을 쓴 건지는 정확히 알 수 없다. 다만 날개 부분을 통째로 중국 기업이 만들었다는 사실이 중요할 뿐이다.

날개는 비행기에서 정밀함과 견고함이 요구되는 중요한 부품 중 하나다. 이것을 중국 기업이 만든 것이었다. 이는 에어버스가 요구하는 기술 수준을 모두 충족시켰기에 납품할 수 있었다. 이미 톈진 에어버스 공장 부근에는 50여 개 항공기 부품 제작업체들이 들어서 있다. 톈진 빈하이에 중국 항공산업이 싹트고 있는 것이다.

그렇다면 10년 후, 톈진 에어버스 공장의 모습은 어떻게 변해 있을까? 이 물음에 대한 답을 얻기 위해 현대자동차가 베이징 쑨이(順義)에 공장을 설립했던 10년 전으로 돌아가보자. 항공산업은 앞서 달리는 자동차산업의 길을 비슷하게 따라갈 가능성이 크기 때문이다.

현대자동차가 베이징에서 본격적으로 승용차를 생산하기 시작한 것은 2003년 초였다. 공장 가동 초기부터 생산했던 쏘나타는 아

장쑤성 옌청(鹽城)의 기아자동차 공장 모습. 옌청 공장은 국내 공장보다 더 선진화된 설비를 갖추고 있다. 현대 기아는 중국에서 연간 100만 대 이상의 자동차를 생산 판매하고 있다.

직도 베이징 현대자동차의 주종 모델이다. 그러나 바뀐 게 하나 있다. 10년 전만 해도 베이징 공장에서 생산되는 쏘나타에 들어간 부품 중 중국 내 조달 비율은 40퍼센트에 불과했다. 나머지 60퍼센트 부품은 모두 한국에서 가져와야 했다. 중국에서는 기술 요구 수준을 맞춘 부품이 그만큼 없었기 때문이다. 그러나 지금은 다르다. 전체 부품 중 90퍼센트 이상을 중국에서 공급받고 있다. 엔진도 중국에서 만든 것을 쓴다. 중국의 자동차 부품기술이 높아졌다는 얘기다.

톈진 에어버스도 베이징 현대자동차와 같은 길을 걷게 될 것이다. 에어버스도 중국 내에서의 부품 조달률을 점차 높일 것이다. 물론 자동차보다 시간은 더 걸릴 수 있겠지만 말이다.

'재봉틀에서 비행기로' 중국의 개혁 개방 30년, 기술 발전의 역사를 함축하는 말이다. 재봉틀을 돌리던 중국 노동자들의 손에는 이제 비행기 부품이 쥐어져 있다. 그 역사를 들여다보자.

1978년 말, 덩샤오핑이 개혁 개방을 시작했을 때 중국은 돈도, 기술도 없었다. 가진 것이라고는 지천에 깔린 사람뿐이었다. 덩샤오핑은 화교를 대상으로 자본 유치에 나섰다. 그리고 호소했다. "여기 저임금 노동력이 넘쳐나고 있으니 와서 공장을 세워라." 이 과정을 통해 홍콩과 대만, 동남아의 화교 자본은 중국 땅으로 갔고 이어 일본, 한국 등이 뒤를 이었다. 1980년대의 얘기다.[94]

그러나 재봉틀 공장(소규모 임가공 공장)으로는 한계가 있었다. 제대로 된 '굴뚝'을 끌어와야 했다. 그 일환으로 1980년대 말부터 유행한 말이 '시장으로 기술을 바꾼다(以市場換技術)'였다. 이 말은 '시장 줄 테니 기술 다오'였다. 진출 기업에게는 중국 내수시장 진입 특혜가 주어졌다. 특히 자동차가 그랬다. 자동차회사를 유치해, 그들을 통해 기술을 배우겠다는 속셈이었다. 1986년 폴크스바겐(Volkswagen)이 중국으로 갔다. 1990년대에는 가전, 정보기기, 화공, 철강 등에 이르는 수많은 서방 기업이 그 뒤를 따랐다. 실제로 이 과정에서 일부 기술이 중국으로 넘어갔다.

그러나 2000년대 들어 학계를 중심으로 '기술과 시장을 바꾼다'는 전략에 비판적 시각이 제기됐다. '외국 기업이 시장은 다 먹으면서 핵심 기술은 이전하지 않는다'는 지적이었다.[95] 자동차가 특히 그랬다. 업계에서는 엔진 등 핵심 기술은 모두 해외 본사에서 개발하고, 중국에는 하급 기술만 넘긴다는 불만을 터트렸다. 게다가 모델도 '구닥다리'였다.

'이제 믿을 것은 우리뿐'이라는 분위기가 자연스럽게 형성됐다. 그 연장선에서 2002년 집권한 후진타오 주석이 내놓은 것이 바로 '자주창신' 전략이다. 독자적으로 기술을 개발하겠다는 의지였다. 정부와 기업은 대대적으로 기술 개발 투자에 들어갔다. 지난 10여 년 동안 연구개발(R&D) 투자는 매년 20퍼센트 안팎으로 증가했다. 2000년 GDP 대비 0.9퍼센트에 그쳤던 R&D 투자는 현재 1.5퍼센트까지 높아졌다. 2015년에는 선진국 수준인 2.3퍼센트까지 끌어올리겠다는 게 중국 정부의 계획이다.

해외투자를 받아들이는 조건도 '기술을 얼마나 넘겨줄 것이냐'에 초점을 맞추고 있다. 시장을 무기로 구미에 맞는 서방 기업만 골라 받고 있는 것이다. "중국시장에 들어오려면 기술을 가져와라"라는 식이다. 기술력 없는 기업은 아예 중국 갈 생각도 할 수 없는 시대가 됐다. 현대자동차가 2002년 말 중국에 진출할 수 있었던 것도 다른 자동차 기업보다 기술 이전 약속을 많이 했기 때문이다.

그러나 노력해도 흡수가 안 되는 기술이 있다. 그 경우 중국은 해당 기업을 통째로 사들인다. 상하이자동차(上海自動車)가 쌍용자동차를 집어삼켰듯 말이다. 이렇게 중국은 2000년대에 들어 국가와 기업이 똘똘 뭉쳐 기술 독립을 외쳤다. C919는 바로 '자주창신'을 상징하는 개발품이었다.

풀세트(Full-set) 공업구조

중국이 '자주창신' 정책을 추진한 것은 산업구조를 바꾸겠다는 뜻이다. 한마디로 말하면 제품 생산 공정을 자국 내에서 모두 처리하는 '풀세트 공업구조'를 구축하겠다는 것이다. 생산의 중국 내 통합을 의미한다.

중국의 기존 산업 형태는 분절된 구조였다. 높은 기술 수준이 요구되는 부품은 주로 일본, 한국, 대만 등에서 수입하고 중국에서는 조립만 담당했다. 기술력이 뒷받침되지 않은 상황에서 저임 노동력이 풍부한 중국이 선택할 수 있는 산업구조였다.

소니의 우시(無錫) TV공장이 그 대표적인 사례다. 소니는 우시에서 생산한 LCD TV를 미국으로 수출할 때 'Made in China'라는 마크를 단다. 그러나 TV를 뜯어보면 중국산으로 보기 어렵다. LCD 모니터는 한국 파주에서, 광학필름, 컬러필터 등은 일본에서, 외장 박스는 태국에서 만들어졌다. 우시 공장은 이 부품들을 수입해 싼 노동력으로 조립할 뿐이다. 생산 공정별로 동아시아 여러 나라가 참여하는 생산공유(Production sharring) 또는 생산분절(Fragmentation of production) 구조다.[96] 따라서 우시 공장 TV에는 'Made in Asia'라는 라벨이 붙어야 맞다.

주변국으로 찢어진 생산 과정을 중국으로 통합하자는 것이 자주창신의 목표다. 이제까지는 기술이 없어 중간재를 해외 기업에 의존했지만 앞으로는 중국에서 생산할 수 있도록 기술개발을 적극 지원하겠다는 얘기다. 자국의 힘으로 안 되는 기술이 있다면 아예 관련 외국기업을 사들여서라도 중간재를 국내에서 조달하겠다는 의지를 보이고 있다.[97]

통합의 결과는 '클러스터'다. 부품에서 완제품에 이르는 과정이 중국 내에서 모두 완결되면서 중국 각지에는 클러스터가 형성되고 있다. 각 제품별로 거대한 산업 집적이 이뤄지고 있는 것이다.[98] 상하이 주변의 노트북 클러스터가 대표적인 케이스다. 쿤산(昆山), 쑤저우, 항저우 등 상하이 일대는 전 세계 노트북 컴퓨터의 80퍼센트를 생산하고 있다. 삼성전자의 노트북은 100퍼센트 이곳에서 생산된다. 삼성전자 쑤저우 공장 관계자는 "약 2,000개에 달하는 노트북 부품 중 약 70퍼센트를 주변에서 조달하고 있다"라며 "컴퓨터 관련 부품업체들은 이제 상하이로 넘어오지 않고는 견딜 수 없을 것"이라 말했다. 단순 조립에서 시작된 중국 컴퓨터 산업이 이제 고부가 부품을 생산하는 체제로까지 발전했다는 설명이다. 내 회사가 노트북 관련 제품을 생산한다면 이제는 상하이로 가야 한다는 말이다.

그나마 에어버스는 행복한 편이다. 중국을 압도하는 기술력이 있기에 중국의 환영도 받고, 중국시장을 차지할 수 있으니 말이다. 남들보다 일찍 중국시장에 뛰어들어 성장의 혜택을 함께 누리고 있는 현대자동차 역시 즐거운 비명을 지르고 있다. 이들은 커나가는 시장에 합류했기 때문에 성공했다.

그러나 기술력이 없는 기업들에게는 중국시장으로 가는 장벽이 점점 높아지고 있다. 중국은 합류의 기회도 주지 않는다. 아무리 큰 규모의 투자라도 자기네 경제에 적합한지 심사부터 하는 등 배짱을 부린다. "너희들 아니어도 오겠다는 기업은 많다"라는 식이다. 그들을 압도할 만한 기술이 없으면 중국시장에서 외면당할 수밖에 없는 게 현실이다. 기술력이 없는 기업에게 중국시장은 '그림의 떡'일 뿐이다.

03
짝퉁 나라의 기술 비약

'짝퉁' '싸구려' '두뇌 없는 세계 하청공장.' 중국의 기술 수준을 얘기할 때 빠지지 않고 등장하는 단어들이다. 한 수 아래로 깔보는 시각과 '중국산=저질'이라는 도식은 쉽게 깨지지 않는다. 그러나 과연 그럴까?

2010년 말, 서방 IT업계를 긴장시킨 뉴스가 스웨덴 스톡홀름에서 타전됐다. 중국 통신장비 회사인 화웨이(華爲)가 스웨덴의 4세대 통신망 구축사업을 따냈다는 소식이었다. 스웨덴은 이 분야 세계 최고 기술을 자랑하는 에릭슨(Ericsson)을 키운 나라다. 화웨이가 수주전에서 마지막까지 접전을 벌인 상대도 에릭슨이었다. "중국 회사가 선진국 시장에서, 그것도 세계 최고 기술업체와 겨뤄서 이겼다고?" 세계 통신장비업계들이 경악한 건 당연했다.

화웨이를 보면 그리 놀랄 만한 일도 아니다. 10년 전만 해도 광둥성 선전의 평범한 통신기기 회사였던 화웨이는 현재 세계 통신기기시장 20퍼센트 안팎을 차지하는 글로벌 기업으로 성장했다. 에릭슨, 노키아지멘스네트워크(Nokia Siemens Networks)에 이은 세계 제3위다. 덕택에 중국은 통신설비기술 강국 반열에 오를 수 있었다. '화웨이 현상'이라는 말까지 생겼다. 업계 관계자들은 '화웨이가 제시한 가격이 쌌기 때문일 것'이라 추측하지만 그렇지 않다. 적절한 기술 수준이 있었기에 가격이 먹힌 것이라고 보는 게 옳다.

태양광업계의 치킨 게임

IT뿐만이 아니다. 중국은 신산업 분야에서도 괄목할 만한 도약을 이루고 있다. 다음 사례를 보면 그것을 알 수 있다.

중국은 예선 탈락으로 2010년 남아프리카공화국 월드컵에 출전하지 못했다. 지구촌 축제의 아웃사이더였다. 그러나 64회 치러진 모든 게임에 출전한 중국 선수가 있다. 대회 공식 스폰서였던 '잉리솔라(Yingli Solar)'가 바로 그 주인공이다. 경기장 정면에 설치된 '中國·英利' 광고판은 TV 화면을 통해 지구촌 곳곳을 파고들었다. 월드컵을 시청한 세계인들은 영어 일색의 광고판에서 네 글자의 중국어를 봐야 했다. "웬 중국어? 도대체 어떤 회사야?"라는 질문이 나오는 것은 당연했다.

잉리솔라는 중국 허베이(河北)성 바오딩(保定)에 본부를 둔 태양광 전문기업이다. 태양전지 분야 중국 4위, 세계 6위로 2007년 6월 뉴욕증권래소에 상장됐다. 잉리솔라가 막대한 찬조금을 내고 월드컵에 출전한 이유는 분명했다. "제품이 독일, 이탈리아, 스페인, 프랑스, 그리스, 미국, 한국 등 축구 강국에 수출되기 때문"이라는 게 먀오롄셩(苗連生) 회장의 설명이다. 잉리솔라에게 월드컵은 최적의 타깃마케팅 장소였던 셈이다. 당시 언론에 비친 그는 '월드컵 효과'에 싱글벙글했다. 월드컵 경기 시작일인 2010년 6월 7일, 8.41달러였던 이 회사의 주가는 끝날 무렵 14달러를 기록했다. 50퍼센트나 상승한 가격이었다. 같은 기간 다우지수가 약 2퍼센트 상승에 그쳤다는 점을 고려하면 놀라운 성과였다. 잉리솔라가 남아공 월드컵의 최대 수혜 기업이라는 얘기가 나올 만했다.

잉리솔라뿐만 아니다. 선테크파워(無錫尙德), LDK 등을 포함해 9개의 중국 태양광 전문기업이 뉴욕 증시에 상장되어 있다. 중국 태양광의 4대 천왕으로 불리는 선테크파워(2010년 세계 업계 순위 1위), JA솔라(2위), 트리나(4위), 잉리(6위)의 세계시장 점유율은 약 40퍼센트를 차지하고 있다.[99] 세계 10위 내 업체 중 4개 업체가 중국이고 잉리솔라는 그 중 꼴찌였을 뿐이다. 기술적으로도 중국은 햇볕 수집에서 배전에 이르는 태양광 관련 일관 기술을 확보하고 있다. '태양광 강국'인 셈이다.

업계에서는 "불과 10년 사이에 어떻게……"라는 탄식과 찬사가 나왔다. 국가의 힘이었다. 2007년 세계 태양광업계에는 발전시설의 핵심 소재인 폴리실리콘 공급 부족 현상이 발생했다. 폴리실리콘을 사려면 부르는 게 값이었다. 중국이 태양광산업 육성에 나선 것은 바로 이때였다. 중국 정부는 국유 상업은행을 독려해 관련 기업에 자금을 대출해주도록 했다. 이때부터 다른 민영기업은 국유은행의 싸늘한 외면을 받았어도 태양광업체는 따뜻한 지원을 받았다.

세계 태양광업계는 지금 극도의 불황기를 맞아 '치킨 게임'을 벌이고 있다. 이 불황에서 견디는 자만이 살아남는 비정한 경쟁이다. 태양광 모듈의 핵심 소재인 폴리실리콘은 2011년 초, 킬로그램당 80달러 수준이었으나 연말에는 50달러, 2012년 상반기에는 30달러 선으로 미끄러졌다. 이 가격전쟁에서 이긴 자만이 전쟁 이후 재편될 산업 판도에서 전리품을 얻을 수 있게 된다. 특히 유럽의 재정위기와 함께 유럽계 태양광업체들이 비실거리면서 판도가 급격하게 바뀌고 있다.

과연 승자는 누가 될까? 많은 사람이 중국 기업을 꼽는다. 중국의 태양광업체들은 셀, 모듈 제품의 핵심 경쟁력인 광 변환 효율 면에서 18~20퍼센트의 고효율 생산기술을 갖추고 있다. 게다가 다른 나라로서는 상상도 못할 정부 지원이 제공되고 있다. 중국은 2015년까지 태양광 설치량을 20GW까지 늘린다는 목표로 2011년부터 발전차액지원제도(FIT) 등 다양한 지원책을 추진하고 있다.[100] 가능성이 있다고 판단되는 업계 대표 기업에게는 국유기업이든 민영기업이든 가리지 않고 정부(지방 정부 포함) 차원의 자금 지원을 아끼지 않고 있다. 그래서 화웨이가 나왔고, 잉리솔라가 등장했다. 이들 기업은 정부의 지원을 받고, 세계 자본시장에서 자금을 조달하고, 선진국을 뛰어다니며 기술업체를 사냥하고 있다. 그야말로 기술 '비약(Leap frogging)'이다.

중국은 전통산업 분야에서는 선진국 기술을 단순히 추격하는 모습만 보여왔다. 그러나 태양광, 녹색산업, 바이오 등 신흥산업 분야에서는 발달 과정을 서너 단계 뛰어넘어 일약 선진국 수준에 도달하는 비약을 이뤄냈다.[101] 사례는 많다. 구글을 중국 땅에서 몰아낸 검색사이트 업체인 바이두(Baidu), 2009년 말 뉴욕 증시에 상장된 줄기세포 전문업체 차이나코드블러드(China Cord Blood) 등이 이를 대표하는 기업들이다. 시장을 미끼로 해외 첨단기술을 끌어들이고 그 기술을 중국 산업에 이식시키던 중국이 이제는 신흥산업을 중심으로 기술적 비약을 이루고 있는 것이다.

결국 속도의 문제다. 중국은 현재 한국보다 훨씬 빠른 속도로 기술을 추격하고 있다. 삼성경제연구소의 분석에 따르면, 중국 기업의 연평균 총요소생산성(노동, 자본, 중간재 등 총요소 투입 단위당 산출량 증가) 증가율은 4.46퍼센트로 한국(3.36퍼센트)보다 높은 것으로 나타났다. 특히 선도기업의 기술진보율은 3.87퍼센트로 한국 선도기업의 기술진보율 2.12퍼센트를 웃돌았다.[102] 중국 기업이 맹렬한 속도로 우리나라 기술을 추격하고 있는 것이다. 중국은 전자, 자동차 분야 등에서 한국과의 기술격차를 줄이고 있고 제약, 태양광, 전기자동차 등 신산업 분야에서는 이미 한국을 추월했다는 게 삼성경제연구소의 결론이다. 그럼에도 중국에 대한 우리의

인식은 아직도 '짝퉁 나라'에 머물러 있다. 객관적인 눈을 가져야
중국이 제대로 보인다.

중국으로 몰려든 석학들

미국 프린스턴대학에서 분자생물학을 연구하던 한 중국인 교수
가 있었다. 세포의 사망 과정에 관한 연구로 암 치료의 새 장을 연
이 분야 최고 권위자였다. 프린스턴대학은 그에게 연간 200만 달
러의 예산을 배정할 만큼 지원을 아끼지 않았다. 그는 하워드휴
스의학연구소(HHMI)가 수여하는 2008년 연구기금 수상자로 선
정되기도 했다. 상금만 100만 달러에 달하는 최고 권위의 상이었
다. 그런데 정작 그는 수상을 포기했다. 이유는 귀국이었다. 안락
한 생활, 부족함이 없는 연구 환경 등 미국의 유혹을 거부하고 모
국인 중국으로 가겠다고 선언한 것이다.

스이궁(施一公) 칭화대학 생명과학대학원 학장. 그는 그렇게 미
국 생활을 접고 중국으로 왔다. 그는 지금 중국의 바이오 학계를
이끌며 산업 발전에 기여하고 있다.

그의 경쟁자이자 베이징대학 생명과학대학원 학장인 라오이(饒
毅)의 경력도 비슷하다. 유학 후 노스웨스턴대학 신경학과 교수로
활동하던 라오 교수도 모든 것을 버리고 중국으로 왔다. 그는 남
들이 갖고 싶어 안달인 미국 국적까지 포기했다.

무엇이 이들을 중국으로 부른 걸까. 스이궁은 '애국심'을 말한
다. "중국에 무엇인가 빚진 마음이었다. 공헌해야 할 것 같았다"

라며 너스레를 떤다. 그게 전부는
아니다. 더 큰 요인은 '돈'이다. 중
국은 2008년부터 국가 차원의 인
재 사냥에 나섰다. 그래서 나온
게 '천인계획(千人計劃)'이다. 향후
5~10년 동안 세계적인 수준의
학자 2,000명을 영입한다는 게 이

스이궁 칭화대학 생명과학대학원 학장

계획의 핵심이다. 대상자에게 일시 보조금으로 100만 위안(약 1억
7,000만 원)이 주어지고, 연구 경비는 '요구하는 만큼' 지원된다. 각
계 세계적인 석학 340명이 이 계획에 따라 이미 중국의 대학과 기
업 연구개발센터에 둥지를 틀었다. 스이궁도 그 중 한 명이었다.

중국으로 온 과학 분야 석학들은 많다. 2008년 노벨의학상 수
상자인 프랑스의 뤽 몽타니에(Luc Montagnier) 박사는 약 400만
달러를 받고 상하이교통대학으로 자리를 옮겼다. 수학 분야 최
고 권위의 필즈상 수상자인 하버드대학 야우싱퉁(丘成桐) 교수는
2009년 칭화대학 수학과학센터 주임으로 초빙됐다. 매사추세츠
공과대학(MIT)에서 박사학위를 받고 펜실베이니아대학에서 학생
을 가르치던 식물유전학의 대가 마홍(馬紅) 교수는 복단대학 생명
과학학원 원장으로 일하고 있다.[103]

중앙 정부가 천인계획을 추진하자 지방 정부는 '백인(百人)계획'
을 내놓았다. 지방 차원의 해외 인재 유치 프로젝트였다. 기업도
움직였다. 상하이 증권업계는 월가를 돌며 금융인재를 쓸어갔고,

자동차업체들은 디트로이트에서 채용 설명회를 갖기도 했다. 5년 내 GDP 대비 연구개발비 투자 비율을 선진국 수준인 2.3퍼센트까지 끌어올리겠다는 중국 정부의 과학기술 투자가 세계 과학인재들을 대륙으로 불러 모으고 있는 것이다.

'두뇌 없는 세계 공장' '짝퉁 천국'이라는 오명을 들어왔던 중국. 그러나 현재 중국의 연구실에서는 나노기술이 개발되고 있고 생명공학이 자라고 있다. 기업 R&D센터에서는 4세대 이동통신과 초고속 열차가 모습을 드러내고 있다. 단순한 '기술 추격'이 아닌 '기술 비약'이 이뤄지고 있는 것이다. 미국 조지아연구소는 "중국은 10~20년 안에 연구 성과를 상업화하는 능력에서 미국을 앞설 것"이라 전망했다. 세계에서 가장 빠른 컴퓨터(수퍼컴퓨터)를 개발한 나라도 바로 중국이다.

문제는 우리다. 한국이 그동안 중국에 대해 자존심을 가질 수 있었던 것은 '기술 우위'가 있기에 가능했다. 그러나 그 우위가 깨지고 있다. 삼성경제연구소가 2011년 11월 발표한 '한중 인재경쟁력 비교' 연구보고서에 따르면, 한국의 과학기술 분야 인재 경쟁력은 양적인 면에서뿐만 아니라 질적인 면에서도 중국에 크게 뒤처지고 있는 것으로 나타났다. 중국은 자동차, 조선, 석유화학 등의 분야 R&D 인력이 한국보다 3~4배 많았고 환경, 에너지, 바이오, 제약 등 미래산업 분야에서도 7~10배 능가했다. 전 산업에 걸쳐 대중국 기술 우위가 위협받고 있는 것이다. 더 큰 문제는 질적인 면에서도 중국에 뒤처지고 있다는 점이다. 세계 10대 학술지에 실린 과학기술 분야 논문을 보면 중국은 정보통신 2위, 소프트웨어 4위, 환경·에너지 분야 3위를 기록했으나 한국은 각각 10위, 17위, 15위에 그쳤다. 전공별 세계 100대 대학 순위에서도 중국은 컴퓨터공학 분야에 7개 대학이 올랐으나 한국은 2개 대학에 머물렀다. 공학기술이 우수한 대학은 중국이 9개인 반면 한국은 2개 대학에 그쳤다.[104]

알량하게나마 유지했던 자존심을 우리는 언제까지 지킬 수 있을까? 중국 연구실을 채워가고 있는 수많은 '스이궁'을 보면서 스스로 던져보는 질문이다.

04
레드 캐피털리스트

지식 자체가 파멸을 불러오는 시대였다. 집에 돈이 있다는 이유로, 책을 많이 읽었다는 이유로 끌려가 두들겨 맞아야 했다. 1966년에서 1976년에 이르는 문화대혁명의 광풍은 그렇게 수많은 중국인들의 삶을 유린했다. 당시 쑤저우에 살던 고등학생 쑹정환(宋鄭還)의 가정 역시 그랬다. 36대째 의사 가업을 이어왔던 그의 가족은 홍위병의 먹잇감이 됐다. 누군가가 '국민당에 협조한 봉건주의자'라고 허위 밀고하는 바람에 타도의 대상이 되고 말았다.

"집에 책이 많으면 반동이었습니다. 홍위병들은 동네를 돌며 책을 빼앗아갔습니다. 우리는 스스로 책을 태웠지요. 위기를 모면해야 했으니까요. 대부분 의서(醫書)였습니다. 우리가 태운 책 중에는 중의학 관련 희귀본도 많았지요. 골동품도 내다 버리거나 숨겨야 했습니다.”

상하이 근교 쿤산의 사무실에서 만난 쑹정환 하오하이즈(好孩子) 회장은 문화혁명 시절의 기억을 담담하게 털어놓았다. 그는 “중국인이라면 모두 겪어야 했던 흔한 일”이라 표현했다.

문화혁명 시절 홍위병의 핍박에 시달리고 지방으로 쫓겨 육체노동을 강요당했던 ‘의사의 아들’은 지금 세계 최대 유모차 회사 하오하이즈를 이끌고 있다. 하오하이즈는 중국 유모차시장의 약 80퍼센트, 미국시장의 약 43퍼센트를 차지하고 있으며 ‘유모차 대왕’으로 불리고 있다.

문화혁명 시절의 ‘반동분자’에서 세계적인 기업가로⋯⋯. 신중국이 설립된 1949년에 태어난 ‘해방둥이’ 쑹정환의 일생에는 중국 기업가의 역사가 그대로 녹아 있다.

지난 30년, 중국 경제의 성장세는 거침이 없었다. 성적표도 화려하다. 세계 2위 경제대국이요, 〈포천〉 글로벌 500대 기업 중 61개가 중국 업체이며, 세계 톱10 컨테이너 항구 중 6개가 중국에 있다. 이 기적을 만든 장본인들은 바로 쑹정환과 같은 기업인이다. 이들은 중국인 특유의 인내로 무장했고, 중국식 접근으로 세계시장을 공략하고 있다. 중국 기업인, 그들은 과연 어떤 존재들인가? 경제발전 과정에서 탄생한 중국 기업인 ‘5대 문파(門派)’를 통해 그들의 역사를 추적해보자.

풀뿌리파: 인내는 나의 힘

덩샤오핑이 개혁 개방의 기치를 든 1970년대 말, 당시 중국은 기술도 자본도 없었다. 지천에 깔린 사람만이 유일한 자원이었다. 문화혁명 시절 지방으로 쫓겨났던 청년들은 도시로 돌아왔지만 일자리가 없었다. 그저 할 일이 없어 빈둥거릴 뿐이었다. 그러나 먹고 살려면 무엇인가 해야 했기에 그들은 거리에 좌판을 펼쳐놓고 팔 수 있는 것은 다 내다 팔았다. 소형 점포를 뜻하는 '거티후(個體戶)'가 이때 등장했다.

1980년 봄, 쓰촨성 청두의 한 거리에 라디오 수리점이 등장했다. 류융싱(劉永行), 류융하오(劉永好) 형제가 운영하는 거티후였다. 그런데 놀랄 만한 일이 벌어졌다. 설 명절 전후 7일 동안 이들이 벌어들인 돈은 300위안이었다. 이 돈은 당시 교사로 일하던 류융하오의 월급보다 10배나 많은 거금이었다.[105] 이들은 이때 '자본주의'에 눈을 뜨게 됐고 곧 장사에 대한 궁리를 시작했다. 1982년, 형제는 다니던 직장을 아예 그만두고 경상(經商)의 길로 접어들었다. 첫 아이템은 메추라기였다. 메추라기를 부화시켜 키우면 알도 얻고 식용으로도 팔 수 있었다. 여러 가지 어려운 일도 많았고, 메추라기만 받고 도망친 소비자 때문에 손해를 본 일도 있었다. 그러나 그들은 묵묵히 일했다. 새벽 4시에 시장에 나가 나팔을 불며 호객을 했다.

이후 메추라기 장사로 시작된 이들의 사업은 사료사업으로 발전했고 '시왕(希望)'이라는 회사 이름도 갖게 됐다. 시왕은 1992년

국무원으로부터 민영기업 승인을
받았다. 중국 제1호 민영기업이었
다. 중국 최초의 민영은행인 민성
은행(民生銀行)을 설립한 이도 그
들이었다. 류융싱, 류융하오 형제
와 같은 제1세대 기업인들은 무
(無)에서 유(有)를 창조한 사람들
이다. 대부분 거리 좌판에서 시작
해 지금은 거대한 부를 일구고 있
다. 류융싱, 류융하오 형제는 현재

풀뿌리파 기업인, 류융싱

계열 분리로 회사를 나눴지만 아직도 재계 순위 20위권에 올라
있다.

저장성 항저우에서 자전거 수리로 사업을 시작한 루관추(魯冠
球) 역시 풀뿌리파 기업인이다. 그는 지금 글로벌 자동차 부품업체
로 성장했다. 민영기업 도시 원저우에서 목공으로 시작한 기업인
왕전타오(王振滔)는 중국 최고의 패션구두업체인 아오캉그룹을 이
끌고 있다. 선전위양(深圳宇陽)그룹 회장은 천웨이룽(陳偉榮) 광둥
성 모래밭의 작은 기업을 세계적인 가전업체로 키워냈다. '유모차
대왕' 쑹정환 회장 역시 풀뿌리파 기업인으로 분류된다.

이들은 아주 작은 이문에도 기꺼이 뛰어들고, 아무리 어려운 일
이 있어도 참고 기다릴 줄 안다. 근면, 검소, 인내는 풀뿌리파 기업
인들의 성공 DNA다. 이 같은 근면성이 있었기에 산업의 토대를

구축할 수 있었다.

92파: 현대 경영의 시작

1992년, 중국은 아직 천안문 사태의 후유증에 시달리고 있었다. 보수세력들은 "개혁 개방이 자본주의의 폐해만 불러왔다"라며 개혁파를 공격했다. 이 분위기를 역전시킨 건 덩샤오핑의 남순강화다. 그는 "시장은 자본주의의 전유물이 아니다. 사회주의 국가도 필요하다면 시장 시스템을 이용할 수 있다"라며 개혁의 기치를 다시 들었다. 덩샤오핑의 카리스마는 보수파의 공세를 꺾기에 충분했다. 봄동산에 불길 번지듯 중국 전역에서는 창업 붐이 일었다. 공직을 떠나 창업 대열에 합류한 젊은이는 그해에만 10만 명을 넘었다. 이러한 분위기 속에서 탄생한 기업인 그룹이 바로 '92파(九二派)'다. 1992년에 탄생했다고 붙여진 이름이다.

당시 남순강화를 듣고 창업을 결심한 청년 중에는 상하이 푸단대학에서 연구원으로 활동하고 있던 궈광창(郭廣昌)도 있었다. 그는 주변 친구들과 돈을 모아 작은 컨설팅업체를 차렸다. 지식이 그의 힘이었다. 그가 제시하는 브랜드 전략과 마케팅 노하우 컨설팅은 고객을 감동시켰고 사업은 번창해갔다. 얼마 후 그는 서방에서 유행하던 인수합병을 시도했고, 이를 통해 부동산, 금융, 바이오 분야 등으로 영역을 확대해 푸싱그룹(復星集團)을 일궈냈다. 2007년에는 홍콩 증시 상장에 성공해 홍콩 최대 중국 민영기업이 되었다. 이렇듯 '92파' 기업인들은 주먹구구식으로 기업을 경영했

던 풀뿌리파와는 달리 현대적 경영 기법을 도입했다.[106]

92파 기업인, 궈광창

우한에서 공무원 생활을 하던 청년 펑룬(憑侖)은 부동산 그룹인 완퉁(萬通)을 경영하고 있고, 중앙 정부에서 일하고 있던 궈판성(郭凡生)은 최대 주식거래 사이트인 후이충왕(慧聰罔) 회장으로 일하고 있다. 이 밖에 판스이(潘石屹) 소호그룹 회장, 류샤오광(劉曉光) 서우두(首都) 창업그룹 회장 등 스타급 기업인들이 92파에 폭넓게 포진해 있다.

1990년대 중국은 개혁의 열기가 충만했다. '돈 버는 것은 그만큼 사회에 공헌을 많이 하는 것이다'라는 사조가 풍미했다. 그만큼 기업 경영인들의 활동 범위가 높았던 때이기도 했다. 1990년대 새롭게 사업을 시작한 92파 경영인들은 현대적 경영 기법으로 이 사조를 주도했다. 이들은 서방의 경영 기법을 중국에 들여와 조직을 짰고, 인사관리를 했다. 진정한 의미의 비즈니스 시대를 열어간 것이다.

회귀파: 기술 혁신의 선구자

1989년 천안문 민주화 시위는 탱크로 진압됐다. 당시 무력 진압에 발끈했던 '정의의 사도' 미국은 중국에 대해 각종 제재 조치를 단행했다. 그 중 하나가 중국 유학생에 대한 영주권 부여였다. 그 덕택으로 많은 유학생들이 미국에서 둥지를 틀 수 있었다. 수리에 밝은 중국 유학생들이 모인 곳은 실리콘밸리. 당시 미국에서 불던 IT 붐에 합류한 것이다. 천안문 사태가 진압된 지 10여 년쯤 지난 1990년대 말, 미국으로 유학을 떠났던 이들이 대거 중국으로 돌아왔다. 이들은 한 손에는 기술을, 다른 한 손에는 자금을 들고 귀국 대열에 합류했다.

중국의 투자은행업체인 한넝(漢能)의 천훙(陳宏) 회장도 이 물결의 선두에 섰던 인물이다. 1962년 시안에서 태어난 그는 15세에 중학교를 졸업하고 고등학교 과정을 건너뛰고 바로 대학에 진학했다. 서부 명문인 시안교통대학 컴퓨터공학과에 입학한 그는 천재라는 소리를 들었다. 19세에 대학을 졸업한 뒤에는 잠시 학교에 남아 교사로 일하다 1985년 미국으로 유학, 뉴욕주립대학에서 다시 컴퓨터공학을 전공했다. 졸업과 함께 실리콘밸리로 건너가 인터넷 통신 관련 업체인 GRIC을 설립했다. IT 천재의 사업은 승승장구했다. 사업 3년 만에 중국인 기업 최초로 나스닥 상장에 성공했다. 14달러에 상장된 GRIC의 주가는 첫날 42퍼센트가 올라 20달러 선을 돌파하기도 했다.

2003년, 그는 돌연 베이징행 비행기를 탄다. 중국에서의 벤처 사업에 매력을 느꼈기 때문이다. 그래서 창업한 기업이 한넝이다. 직원 100명 규모의 한넝은 재무컨설팅, 기업공개(IPO), 인수합병 등의 부문에서 골드만삭스, 모건스탠리에 맞서고 있으며 '중국

IB(Investment Bank)업계의 다윗'
으로 불리고 있다.

중국 IT업계에는 이들 유학파
CEO들이 주도하고 있다. 최고 검
색사이트인 바이두의 리옌홍(李
彦宏) 사장은 뉴욕주립대학 출신
이고, 포털업체 소후의 장차오양
(張朝陽) 회장은 MIT에서 공부했
다. 중국의 반도체 기술을 세계적
인 수준으로 끌어올린 덩중한(鄧
中翰) 중싱웨이(中星微)전자 사장 역시 버클리대학 유학파다.

회귀파 기업인, 천홍

회귀파(回歸派) 덕택에 중국의 인터넷 기술은 미국과의 기술 격
차를 크게 줄일 수 있었다. 이들이 미국에서 개발한 것이 최첨
단 제품이었기 때문이다. 이들은 또 벤처투자 비즈니스를 중국에
소개하면서 중국 기업인들에게 국제화의 중요성을 인식시켰고,
2000년대에 시작된 중국 기업의 글로벌 전략에 촉매 역할을 했
다. 천안문 사태가 중국 IT업계를 발전시킨 아이러니가 연출된 것
이다.

국유파: 국가가 키운 CEO

후진타오 주석이 집권했던 2002년 이후 중국 업계는 '국유기업
전성시대'가 되었다. '작은 국유기업은 민영화시키고 큰 기업만을

집중적으로 키운다(抓大放小)'는 정책으로 국유기업의 대형화가 이뤄졌기 때문이다. 이 과정에서 국유기업 분야에서도 스타 CEO가 등장하기 시작했다. 국유기업의 CEO들은 관료적일 것이라는 통념과 달리 현장 경험이 뛰어난 정통 엔지니어 출신이 많았다.

세계적인 철강업체로 성장한 바오산강철의 쉬러장(徐樂江) 회장이 국유파(國有派)의 대표적인 기업인이다. 그는 1982년 장시이공대학 졸업과 함께 바오산강철과 인연을 맺었다. 정부의 인력 배치에 따라 바오산강철에 신입사원으로 입사한 후 쉬러장 회장은 이 회사를 떠나지 않았다. 2004년에는 총경리(CEO)에 올랐고, 2008년에는 그룹 회장으로 임명됐다. 말단 직원으로 들어와 중국 최고 그룹의 회장에 임명된 그는 '살아있는 철강 신화'로 칭송받고 있다.

국유기업인 제일자동차그룹의 쉬젠이(徐建一) 회장도 마찬가지다. 1972년 지린대학 자동차학과를 졸업한 쉬젠이 회장 역시 졸업과 함께 이 회사와 인연을 맺어 2007년 총경리, 2010년에는 회장 자리에 올랐다. 이 밖에 보잉과 에어버스가 양분하고 있는 민간 항공기시장에 도전장을 내민 COMAC의 진촹룽(金壯龍) 회장, 세계적인 석유 메이저로 등장한 CNPC의 장지에민(蔣潔敏) 회장 등도 서방에 잘 알려진 국유파 기업인이다.

이들이 회사 내에서 성장할 수 있었던 것은 공산당 내부의 독특한 '인재 양성' 프로그램 덕분이다. 공산당은 기업 내 경쟁을 통해 능력 있는 사람을 발굴하고, 이들을 집중적으로 키운다. 중국 국무원이 관리하는 117개 대형 국유기업의 회장 중 55퍼센트가 내부 승진을 거쳐 임명됐다는 사실이 이를 말해준다. 같은 업계에서 자리를 옮겨 총수에 오른 사람까지 포함하면 약 85퍼센트가 업계 전문인 출신이다. 또 이들 중 15퍼센트 정도는 해외 유학을 다녀왔다.[107] 현재 〈포천〉 글로벌 500대 기업에 포함된 중국 국유기업은 38개. 국유파 CEO들의 성적이다.

태자파: 권력의 후광을 업은 귀족 경영인

중국 업계에는 시대를 초월해 각 산업에서 굳건한 세력을 구축한 유력 CEO들이 곳곳에 포진해 있다. 고위 인사의 자제들 모임인 태자당으로 분류되는 태자파(太子派) 기업인들이 그들이다. 이들은 부모의 후광을 등에 업고 막강한 부와 권력을 휘두르고 있다.

태자파의 활약이 가장 두드러진 분야는 전력이다. 홍콩 증시 상장 업체인 중국전력의 총수는 리펑(李鵬) 전 총리의 딸 리샤오린(李小琳)이다. 그의 오빠 리샤오펑(李小鵬)은 국유 전력회사인 화넝국제그룹(華能國際集團) 회장으로 일하다 최근 관직으로 옮겼다. 이들 남매는 한때 중국 전력 공급의 15퍼센트를 장악하기도 했다. 이는 전력부 부장으로 일했던 리펑의 후원이 있었기에 가능한 일

태자파 기업인, 리샤오린

이라는 말이 공공연하다.

금융업계를 대표하는 태자파 CEO로는 중국 최대 투자은행인 중국국제금융공사(CICC)의 주윈라이(朱雲來) 회장을 꼽을 수 있다. 주윈라이 회장은 주룽지 전 총리의 아들이다. 그는 중앙 정부의 튼튼한 '꽌시(關系)'를 무기로 주요 기업의 IPO 물량을 따내고 있다. CNPC, 시노펙, 중국공상은행 등 대형 국유기업의 상장은 CICC가 독차지했다. 중국 최고의 정책은행인 국가개발은행을 이끌고 있는 인물은 1940년대 후반 상하이 시장을 지낸 혁명원로 천윈(陳雲)의 아들 천위안(陳元)이다. 베이징의 국가개발은행 로비에 세워져 있는 마오쩌둥, 덩샤오핑, 천위안 등 3인의 흉상은 태자파 기업인의 위세를 보여주고 있다.

현 권력 서열 1, 2, 3위 지도자의 자제 역시 업계에서 활약 중이다. 〈뉴욕타임스 *The New York Times*〉 보도에 따르면 후진타오 주석의 아들인 후하이펑(胡海峰)은 공항, 항구 등에 보안검색 시스템을 독점적으로 공급하는 회사를 운영하고 있다. 권력 서열 2위 우방궈(嗚邦國) 전인대 상무위원장의 경우 사위가 중국공상은행과 메릴린치의 220억 달러짜리 합작사업에 관여해 이득을 취한 것으로 알려져 있다. 원자바오 총리의 아들인 원윈쑹(溫雲松)은 아시아

최대 위성통신사로 꼽히는 중국위성통신그룹 회장이다.[108]

　중국 업계에는 '돈이 되는 곳이면 반드시 태자파 기업인이 있다'는 말이 공공연하게 나돌고 있다. 중국 비즈니스의 가장 큰 힘은 역시 권력과의 '꽌시'라는 의미다.

05

대나무 네트워크

홍콩은 중국 성장의 영양분을 제공해주는 존재다. 1980년대 초, 홍콩 화교들은 서방 자본이 거들떠보지도 않았던 중국에 대거 투자했고 선진 기술을 옮겼다. 개혁 개방 초기 해외 직접투자의 80퍼센트가 이들 몫이었다. 홍콩은 중국으로 가는 관문이기도 했다. 덩샤오핑이 개혁 개방의 첫 삽을 선전에서 뜬 것도 홍콩이 있었기 때문이다. 홍콩이 중국의 경제성장을 이끌고 밀어준 것이다.

지금은 반대다. 홍콩 경제는 중국의 손에서 움직인다. 2000년대 초 홍콩 경제가 부동산 가격 폭락으로 비틀거릴 때 이를 바로잡아준 게 바로 '따거' 중국이다. 해법은 간단했다. 대륙인의 홍콩 여행을 자유화한 것이다. 긴밀경제협력협정(CEPA) 체결로 개인의 자유로운 홍콩 여행이 가능해지자 연간 홍콩을 여행하는 대륙인수는 약 4,000만 명으로 늘어났다. 이들은 홍콩의 주요 쇼핑센터를 돌며 싹쓸이 쇼핑을 즐긴다. 2000년대 초 사경을 헤매던 홍콩 경제가 2003년 CEPA 체결을 계기로 벌떡 일어난 것이다.

CEPA는 완성된 협정이 아니다. 중국과 홍콩은 매년 CEPA 보충 협약을 맺는다. 부족한 게 있거나 확대할 게 있으면 서로 협상해서 삽입한다. 7차 부속 협상이었던 2010년 협상에서는 중국 증시에서 홍콩 상장종목을 대상으로 한 상장지수펀드(ETF)를 허용했고, 홍콩 의사가 상하이, 충칭, 광저우 등에서 병원을 개업할 수 있도록 허용했다. 2011년 8차 회의에서는 홍콩의 위안화 역외시장 기능을 강화하는 내용이 포함됐다. 중국과 홍콩은 이런 식으로 매년 개방 폭을 넓혀가고 있다.

홍콩은 예전이나 지금이나 중국으로 가는 관문이다. 중국 경제가 국제화되면서 그 기능은 더 중요시되고 있다. 우리가 홍콩을 더 치밀하게 연구하고 활용해야 할 이유다.

포도밭 없는 '와인 허브'

홍콩에는 포도밭이 없다. 당연히 포도가 생산되지 않는다. 그런데 지금 홍콩은 아시아 최고의 포도주 중심지(Wine-hub)로 알려져 있다. 세계 최대 포도주 경매가 이뤄지고 있는 곳이 바로 홍콩이기 때문이다. 2010년 홍콩의 포도주 경매 매출액은 1억 6,400만 달러에 달해 뉴욕을 제치고 세계 최고를 기록했다. 프랑스의 유명 포도주 메이커들은 이제 홍콩으로 온다. 가격을 높게 받을 수 있기 때문이다.

  포도밭 없는 홍콩이 어떻게 '와인 허브'로 자리 잡게 된 것일까. 그 원인은 중국에 있다. 홍콩에는 요즘 와인펀드가 성행하고 있다. 이 돈의 주인이 바로 중국의 거부들이다. 이들이 고급 와인 사재기에 나서면서 경매가격이 높아지고 있다. 실제로 2011년 여름에 벌어진 프랑스 1990년산 '로마네 꽁티' 포도주는 약 30만 달러에 가격이 형성됐다. 같은 종류 포도주 중 경매 사상 최고의 가격이었다. 이는 중국 자금이 있었기에 가능한 일이었다.

  유럽, 뉴질랜드, 호주, 칠레 등의 세계적인 와인 제조업체들은 대부분 홍콩에서 사무실을 운영하고 있다. 홍콩에 가면 아시아 구매상들을 만날 수 있기 때문이다. 한국의 와인 유통업체들도 와인을 사기 위해 유럽까지 갈 필요가 없다. 홍콩에 가면 아시아인들이 좋아할 만한 포도주를 쉽게 구할 수 있다. 그것도 유럽에서 사는 것과 같은 가격에 살 수 있다. 이를 간파한 홍콩 정부는 2008년, 와인에 대한 관세를 완전 철폐했다

  포도주는 문화상품이다. 아무리 돈이 많아도 사기 힘든 게 포도주다. 우선 포도주의 품질을 가릴 줄 알아야 하고 역사를 알아야 한다. 중국인들은 돈이 있어도 포도주 문화를 모른다. 프랑스 와인 제조업체는 돈이 아무리 많아도 무식한 '쩐주'에게는 안 판다. 어쩌겠는가, 홍콩을 통해 와인산업에 접근하는 수밖에 없다. 반면 오랫동안 영국의 지배 속에 있었던 홍콩인들은 포도주 문화를 안다. 중국인 대신 세계로 나가 고급 와인을 사올 수 있다. 중국이 장

구 치면 홍콩은 북을 치고……. 그렇게 홍콩은 와인 허브가 됐다. 와인산업에 중국과 홍콩의 역학관계가 고스란히 드러난다.

어디 포도주 산업뿐이겠는가. 중국의 WTO 가입을 계기로 홍콩은 중국이 해외로 나가는 관문으로 변했다. 자본시장이 그렇다. 현재 홍콩 증시에서 거래되고 있는 주식의 대략 60퍼센트(시가총액 기준)는 중국 업체 주식이다. 중국공상은행이 2006년 당시 세계 최대 규모의 IPO 기록(219억 달러)을 세우면서 자금을 모집한 것도, 중국농업은행이 2010년 그 기록을 갱신(221억 달러)하면서 서방 자금을 끌어들인 것도 홍콩 증시가 있었기에 가능했다.[109] 중국 기업들은 홍콩 증시에서 서방 자금을 조달할 뿐만 아니라 기업 자금운용, 해외 자본시장 진출 등에 대한 노하우도 배우고 있다. 홍콩이 중국 기업의 국제화 관문으로 등장한 것이다.

홍콩은 중국 위안화 국제화의 테스트베드(Test-bed) 역할도 하고 있다. 2011년 중국의 위안화 무역 결제액은 약 2조 800억 위안으로, 이 중 70~80퍼센트가 홍콩과의 거래로 이뤄졌다. 위안화가 홍콩에 풀리면서 홍콩에는 자연스럽게 위안화 역외시장이 형성되고 있다. 세계 많은 기업들이 딤섬본드 발행을 위해 홍콩으로 몰려들고 있다. 맥도널드, 캐터필러, 포드자동차 등 세계적인 기업이 딤섬본드를 발행해 중국 투자사업을 위한 자금을 마련했다. 2010~2011년에는 한 달에 약 3~5억 달러 규모의 딤섬본드가 발행됐다.[110] 중국이 딤섬본드를 통해 조달한 위안화의 자국 내 유입 규제를 크게 완화하면서 딤섬본드는 인기가 더욱 높아지고

있다. 2020년까지 위안화 채권시장은 6~7조 위안 규모로 늘어날 것으로 예상된다.[111]

홍콩은 거꾸로 중국 자본시장으로 가는 통로이기도 하다. 세계에서 유일하게 해외에서 축적한 위안화로 직접 중국 증시에 투자할 수 있는 곳이 바로 홍콩이다. R-QFII(위안화 공인외국인기관투자가) 펀드가 대표적인 상품이다.[112] 하루 2만 위안까지 홍콩 달러를 위안화로 바꿀 수 있는 홍콩인들은 R-QFII 펀드를 통해 상하이와 선전 증시에 투자할 수 있다. 중국에 투자하려는 외국의 기관투자가나 일반 기업, 개인 등은 위안화를 마련하기 위해 홍콩으로 가야 한다. 홍콩이 위안화의 허브이기 때문이다. 이제는 위안화로 주식을 발행하기도 한다. 2011년 4월, 중화권의 최고 갑부 리카싱(李嘉誠) 회장이 이끄는 허치슨 왐포아(Hutchinson Whampoa) 및 청쿵실업(長江實業)의 베이징 부동산투자신탁인 '후이셴(匯賢)'이 홍콩 증시에서 첫 위안화 상장에 성공했다.

중국은 홍콩을 위안화 국제화의 시발점으로 여기고 있다. 이를 기점으로 동남아, 동아시아 그리고 전 세계를 대상으로 위안화 국제화에 나설 것이다. 중국과 홍콩은 이렇게 서로 이끌고 밀어주면서 엄청난 시너지 효과를 발휘하고 있다.

동남아시아의 '따거'

중국은 홍콩뿐만 아니라 세계 각지의 화교도 챙기기 시작했다. 이들 국가에 '따거'로서의 아량을 베풀고 있다. 동남아를 연결하는 고속철도를 깔아주는가 하면 홍콩과 대만과는 경제 국경을 사실상 철폐함으로써 성장 동력을 제공하고 있다. 화교 기업은 동남아 국가 경제의 근간이다. 중국이 이들을 흡수한다는 것은 곧 동남아 경제를 접수하겠다는 것과 다르지 않다.

1949년 공산화와 함께 중국 대륙에는 '죽의 장막(Bamboo curtain)'이 드리워졌다. 외부와 폐쇄된 체제였고 많은 기업인들이 대만, 홍콩, 동남아 등으로 빠져나갔다. 이들은 화교의 특징인 가족경영으로 작은 사업을 시작했고 그 중 많은 회사가 거대 기업으로 성장했다. 홍콩뿐만 아니라 말레이시아, 인도네시아, 태국 등에서도 화교 기업은 무시 못할 존재가 되었다. '죽의 장막'이 사라진 지금 이들은 다시 하나가 되고 있다. 구심점은 대륙이다. 중국을 중심으로 전 세계로 화교 네트워크가 형성되고 있는 것이다. 이를테면 '대나무 네트워크(Bamboo network)'다.

중국인들은 해외에 가면 꼭 한곳으로 모인다. 그래서 어지간한 도시에는 꼭 차이나타운이 있다. 밀어주고, 당겨주면서 이들은 끈끈한 네트워크를 형성한다. 대나무가 서로 뿌리를 얽어가며 크듯 말이다. 중국 지도자들은 해외 방문길에 꼭 차이나타운에 들러 "고국이 여러분 곁에 있음을 잊지 말라"라고 호소한다. 아예 '대나무 군락지' 조성을 위해 발 벗고 나서는 모습이다.

문제는 이 같은 움직임이 이 지역에서 우리나라 기업의 입지를 더욱 좁힐 것이라는 데 있다. 그들의 '꽌시망'을 뚫기가 쉽지 않고, 차별도 심해질 것이기 때문이다. 금융 분야에서는 중국과 홍콩이

밀착되어 있고, 제조업 분야에서는 중국과 대만이, 자원 개발 등의 분야에서는 중국과 아세안 화교들이 뭉쳐 있다. 특히 중국의 생산 능력과 대만의 제조업 기술이 합쳐진 '차이완(ChinaWan)' 기업의 탄생은 우리나라 기업의 중국 비즈니스를 위협하고 있다. 중국-대만 간 경제협력기본협정(ECFA) 체결로 당장 국내 기업의 정보기술, 통신 분야 중국시장 점유율이 떨어지고 있는 상황이 이를 잘 보여주고 있다. 대나무 뿌리가 엉킬수록 우리 기업이 중국시장에 파고들 틈이 점점 줄어들고 있는 것이다.

대나무밭에서는 다른 나무가 살기 어렵다. 우리 기업이 '대나무 뿌리'에 포위되는 상황은 상상만으로도 끔찍하다.

대만에 간 소녀시대

20년 전 우리는 중국을 선택했다. 그리고 대만을 버렸다. 헌신짝 쓰레기통에 버리듯 내쳤고 미련 없이 떠났다. 지난 20년, 대만은 우리에게 그렇게 잊혀져갔다. 과연 그래도 되는 것인가?

'배신자.' 단교 20여 년이 지났어도 대만인들의 마음 깊은 곳에는 아직도 한국인의 '배신에 대한 앙금'이 깔려 있다. 믿을 만한 유일한 혈맹이라고 여기고 있던 한국이 새장가 들겠다고 조강지처를 내치고 떠났으니 속이 편할 리 없다. 그래서 더욱 대만은 한국에 지기 싫어한다. 그런데 상황은 영 달리 돌아가고 있다. 이혼하고 가더니 더 잘산다. 대만은 한국보다 더 부유하던 나라였다.

그런데 2000년대 이후 역전이 되더니 지금은 오히려 한국의 소득수준이 더 높아졌다. 삼성전자의 갤럭시는 세계 스마트폰 시장을 휩쓸고 있고 현대자동차, 포스코, 대우조선해양 등 글로벌 기업을 보면 무력감마저 느끼게 한다. 그래서 꼬투리만 잡으면 한국을 욕하고 한국을 비난한다. 심지어 정치권도 한국에 대한 비난 여론을 활용하기도 한다. 내 문제를 외부로 돌리고 싶을 때 한국을 끌어들이는 것이다.

그러나 이것이 전부는 아니다. 지금 대만에서는 한류 붐이 일고 있다. 특히 젊은 층은 소녀시대에 열광하고, 2NE1에 환호하고 있다. 한류 드라마는 대만 유선 TV를 장악한 지 오래다. 한류 붐을 타고 한국 음식점은 성황이다. 택시 운전사들도 한국에서 왔다고 하면 말을 걸고 친근감을 표시한다.

나를 버리고 떠난 그가 밉다. 그런데 나와 헤어진 후 더 잘살고 그들의 문화는 황홀할 정도로 멋지다. 옛 사랑의 추억이 더 간절히 생각난다. 한국을 바라보는 대만의 심사는 이렇게 복잡하다. 미워질수록 더 가까워지고 싶은 애증의 심리가 그들 마음을 가득 채우고 있다.

대만인들은 한국과 친구가 되고 싶어 한다. 옛정을 회복하고 싶어 한다. 같이 한 지붕에서 살지는 못하더라도 오가며 오손도손 친구처럼 지냈으면 하는 바람이다. 현실적으로 주변에서 친구할 만한 나라는 없다. 중국은 자신들을 못 잡아먹어 안달이고, 일본은 너무 멀리 가 있고, 동남아시아는 같이 비교되는 것 자체가 자존심 상하는 일이다. 그래서 더욱 한국과 친구로 지내고 싶다. 젊은이들이 한류에 열광하는 것은 이런 심리와 무관하지 않다.

그런데 정작 배신자는 대만을 눈곱만큼도 생각하지 않는다. 그들의 머리에 대만은 아예 없다. 오로지 중국뿐이다. 정치인들은 대만 가기를 꺼린다. 심지어 "대만에 자주 드나들면 중국 눈 밖에 나는 것 아니야?"라고 말하는 정치인도 있다. 무식한 소리다. 중국 공산당과 대만의 집권 여당은 지금 서로 왕래하며 회동을 갖고 있다. 일본 국회의원들은 지난 2011년 10월 10일 건국기념일에 46명이 다녀갔다. 그래서 중국과 일본이 정치적으로 문제가 됐다는 얘기는 들어보지 못했다. 대만은 한국 정치인들도 초청했다. 그러나 고작 한 명만 갔을 뿐이다. 소녀시대는 가는데 정치인들은 가지 않는다.

기업인들 관심 역시 중국뿐이다. 그들의 안중에 대만은 없다. 숱한 초청에도 대기업의 주요 간부들은 대만에 발을 들이지 않는다. 그들은 대륙을 드나들며 경영회의를 하면서도 대만은 애써 외면한다. '그까짓 대만, 중국에 비하면 새 발의 피'라는 시각이다.

그러나 실상은 다르다. 우리의 최대 교역 파트너는 중국이다. 그리고 미국과 일본이 뒤를 잇고 있다. 그다음이 바로 대만이다. 물론 통계로는 홍콩과 싱가포르가 앞서고 있지만, 이 지역 수출의 대부분은 거쳐갈 뿐 최종 시장은 아니다. 대만이 한국의 제4위 수출시장인 셈이다. 더 중요한 것은 교역구조에 있다. 2011년 양국 교역량은 약 285억 달러에 달했다. 우리가 12억 달러 흑자다. 거의 균형이다. 우리가 대만에 파는 만큼 또 사오는 것이다. 국제무역에서 이같이 환상적인 구조가 또 어디에 있겠는가.

품목을 보면 더 완벽한 하모니다. 한국이 대만에 가장 많이 파는 품목은 반도체다. 가장 많이 사오는 것도 반도체다. 비메모리 반도체를 팔고 메모리 반도체를 사오는 식이다. 10대 수출입 품목을 보면 반도체, 석유화학, 철강, 기계 등 대부분 겹친다. 결국 한국과 대만은 같은 업종에서 서로 주고받기식 교역을 하고 있는 것이다. 무역에서 가장 바람직한 상생구조가 형성되고 있는 곳이 바로 대만이다.

정치인은 대만을 무시하고, 기업인들은 '중국 바라기'가 되어 있다. 대만인들로부터 '천박한 자본 논리'라는 비난을 들을 만하다. 어쨌든 대만에게 우리는 배신자다. 배신자가 먼저 손을 내밀어야 한다. 혈맹 대만을 살려내야 한다. 그것만이 그동안 대만에 진 빚을 갚는 길이다. 지금 머뭇거리면 150억 달러의 수출시장을 품에 안을 수 있는 기회는 영영 오지 않을 수도 있다. 대만과의 관계 강화는 또한 중국에 대한 우리의 또 다른 협상카드가 될 수도 있다.

Chapter 4

흔들리는 세계 공장

중국이 G2 반열에 올라서고, 3조 달러의 외환보유고를 앞세워 세계 자원과 기술을 쓸어 담는 괴력을 발휘할수록 내부의 문제는 더 커지고 있다. 고속성장의 후유증은 그 어느 나라보다 심각하다. 도시 중산층은 공산당 권위주의 체제에 피로감을 느끼기 시작했고, 빈부격차로 인한 상대적 박탈감은 곳곳에서 시위로 폭발되고 있다. 체제 유지비용이 더 높아질 수밖에 없다. 여기에 자원, 식량 부족문제 등은 언제든지 중국 경제의 발목을 잡을 수 있는 복병이다. 지난 30년 쉬지 않고 돌았던 세계 공장은 화려한 성장의 이면에 감춰진 문제로 그 기반 자체가 흔들리고 있다. 중국은 과연 이런 문제들을 어떻게 극복할 것인가.

01

패자 독식의 경제

　중국의 시장경제 역사는 이제 겨우 30여 년이다. 그동안 숨 가쁘게 달려왔다. 문제가 없을 수 없다. 중국 경제를 위협하는 가장 큰 문제는 '진정한 불황을 경험해보지 않았다'는 점이다. 우리는 그래도 IMF 때 곤두박질쳤다가 바닥을 치고 일어난 경험을 갖고 있다. 경제 체질을 바꾸고, 산업구조 조정을 단행해 재성장의 기틀을 마련했다. 경제 각 분야 모럴 헤저드(도덕적 해이)도 많이 제거했다. 그러나 중국은 그럴 기회가 없었다. 경제가 조금 나빠질 기미를 보이면 정부가 나서서 돈을 푼다. 그 돈으로 다시 투자를 하고 경기는 언제 그랬냐는 듯 살아났다. 1장에서 언급한 '활-난 사이클' 구조다. 그렇게 위기는 지나가는 것처럼 보인다. 그러나 이는 위기를 잠시 뒤로 미룬 것일 뿐 근본적으로 해결된 것은 없다. 위기는 미루면 미룰수록 악성으로 변하게 된다. 언젠가는 곪아 터져 치유 불가능 상태로 빠져들 수 있다.

'중국병'의 근원은 시장경제 시스템 유지에 꼭 필요한 자율과 견제의 기능이 약하다는 데 있다. 정상적인 시장경제 시스템이라면 각 경제 주체는 서로에게 영향을 주고받으며 이해관계의 타협점을 찾는다. 그러나 중국은 그게 안 된다. 자신의 이익행위가 사회 전체의 경제적 발전과 합치되지 않는다. 그래서 짝퉁이 성행하고 온갖 부정부패가 판을 치는 것이다. 이들을 몰아낼 수 있는 시장의 자정기능은 턱없이 부족하다.

자율과 타협이 실종된 중국 시장경제 체제는 쉽게 '패자 독식'의 구조로 빠지고 만다. 이긴 놈이 다 먹는 식이다. 센 놈이 약자의 것을 끊임없이 빼앗아갈 수 있는 제도적 틀이 자리 잡고 있다. 약자는 죽어라 일해 모은 부를 자기도 모르게 빼앗긴다. 시장이 원활하게 돌아가도록 관리하고 유도해야 할 국가는 오히려 이익행위의 당사자가 되기도 한다. 국유기업을 앞세워 산업을 독점하고 국유은행을 매개로 자본을 장악한다. 이로 인해 민영기업들은 산업의 변두리에서 허덕이게 되고 힘없는 노동자들은 빈곤의 악순환에서 벗어나지 못하고 있다.

거대한 도박장

우선 은행을 보자. 중국은 금리 자유화가 안 됐다. 정부가 틀어쥐고 있다. 1996년만 하더라도 예금이자는 10퍼센트 안팎에 이르렀

푸동의 국제금융센터에서 찍은 휘황찬란한 상하이 금융가의 밤 풍경이다. 중국 정부의 금융규제 및 시장개입이 금융기관을 살찌우고 있다. (ⓒ 중앙일보 김경빈 기자)

다. 그런데 점차 낮아지기 시작하더니 1999년 말 2퍼센트대로 떨어졌다. 이후로는 계속 그 수준이다. 2012년 6월 말 현재 기준금리로 통하는 1년 만기 예금금리는 3.0퍼센트, 대출금리는 6.0퍼센트다.

중국에는 돈이 넘쳐난다. 무역흑자로 중국에 들어온 달러는 중국인민은행 금고로 들어가고 대신 위안화가 풀려 나온다. 투기 목적의 핫머니도 홍콩과 중국의 경제 국경을 넘어 대륙으로 넘어온다. 돈이 많으니 부동산시장에 불이 붙고 증시는 출렁인다. 금리가 낮을 수밖에 없다. 누가 덕을 보겠는가? 기업이다. 싼 값으로 돈을 끌어다 쓸 수 있으니까 말이다. 중국은행, 농업은행, 건설은행, 공상은행, 교통은행 등 5대 상업은행이 금융권 대출 자산의 70퍼센트를 차지한다. 이들 은행은 주로 국유기업을 상대한다. 민영기업은 안중에도 없다. 국유은행은 정부의 지시에 따라 국유기업에 턱없이 낮은 금리로 돈을 내주기도 한다. 결국 저금리로 가장 크게 혜택을 받는 대상은 국유기업이다.

국유은행도 짭짤하게 돈을 챙긴다. 일반 서방 국가의 상업은행의 예대마진율은 1~2퍼센트포인트 선이다. 선진국일수록 낮다. 그러나 중국은 일부 금리 자유화가 이뤄지고 있다고는 하지만 3퍼센트포인트에 가깝다. 이는 공식 예대마진율일 뿐, 일부 지방 중소은행은 6퍼센트에 이르는 곳도 있다. 돈 놓고 돈 먹기 식이다. 14개 상장은행의 순익이 전체 상장기업 총 순익의 거의 절반을 차지하는 실정이다.[113] 2011년 중국은행들이 벌어들인 순이익은 1조 412억 위안으로 2010년에 비해 36.3퍼센트나 증가했다. 2008년(5,834억 위안)에 비하면 3년 만에 거의 두 배가 늘어났다. 그 중에서도 국유은행의 영업은 누워서 떡먹기다. 알짜 국유기업에 돈을 대출해주고 이자만 받으면 된다. 5대 국유 상업은행이 전체 은행업계 순익의 65퍼센트를 차지한다. 국가, 국유기업, 국유은행의 '3각 결탁'이 이뤄지는 것이다.

중국 은행은 세계 은행업계 덩치 순위에서도 1, 2, 3위를 휩쓸었다. 2011년 말 현재 세계 10대 은행(시가총액 기준)을 보면 중국공상은행이 시가총액 2,250억 달러로 1위를 차지했고, 2위에는 중국건설은행, 3위는 중국농업은행이 차지했다. 중국은행은 7위이었다(골드만삭스 분석). 이들은 '중국의 4대 국유 상업은행'으로 분류되는 은행들이다. 이들은 언젠가 '세계 4대 은행'으로 불릴 수도 있다. 중국인들은 자국 은행의 위용에 자부심을 느낄지 모르겠지만 실상은 '국가의 비호를 받는 거대한 고리대금업자'라는 비난을 면하기 어렵다. 이것이 세계 최대 은행인 중국공상은행의 영업 비밀이다.

그렇다면 누가 피해를 볼까? 돈이 생기면 본능적으로 은행으로 달려가는 순진한 개인들이다. 그들은 심지어 인플레로 인해 실질 예금금리가 마이너스로 떨어졌는데도 은행에 돈을 맡긴다. 그래도 믿을 것은 은행밖에 없다는 생각에서다.

경제위기가 발생하면 피해자는 고스란히 중소 민영기업 몫으로 돌아간다. 중소기업은 은행 문턱이 높아 은행돈 구경하기가 쉽지 않아 지하금융에 의존한다. 저장성, 푸젠(福建)성 등 민영기업이 발전한 곳에는 지하금융이 특히 성행하고 있다. 중국의 지하금융 규모는 GDP의 약 20퍼센트에 달하는 10조 위안에 달할 것으로 전문가들은 추산하고 있다.[114] 이 중 절반은 정부의 통제에서 벗어난 불법 사금융 형태로 운영된다(중국인민은행 추산). 지하금융은 신용으로 거래되는 경우가 대부분이다. 한 번 흔들리면 위기는 걷잡을 수 없이 확산된다. 2011년 하반기 원저우에서 벌어진 주요 민영기업의 야반도주는 이러한 과정에서 발생한 사건이다.

　주식시장도 마찬가지다. 중국 경제의 '양심'으로 불리는 우징롄 교수는 2001년 중국 증시를 '거대한 도박장'이라 표현했다. 내부자거래, 불법 허위공시 등이 판을 치는 부패의 온상이라는 것이다. 10년이 지난 지금도 변한 것이 없다. 그들은 시도 때도 없이 출몰하며 개미들의 주머니를 털어간다.

　선전 증시에 '하이푸루이(海普瑞)'라는 종목이 있다. 화학·의약 관련 중소기업으로 2010년 5월 180위안에 상장되어 돌풍을 일으킨 업체다. 그러던 이 주식이 상장 1년여가 흐른 2011년 4월 하순 폭락하기 시작했다. 주가는 125위안에서 보름도 되지 않아 30위안으로 주저앉았다. 이유는 거짓말 때문이었다. 이 회사가 상장 때 자사 신제품이 '미국 FDA의 판매 승인을 받았다'는 말이 허위로 드러났던 것이다. 애꿎은 투자가들은 또 그렇게 주머니를 털렸다.

　이런 '난장판' 증시에서 최후 승자는 국유기업이다. 이는 증시의 태생과 관련이 있다. 중국이 1990년 말 증시를 설립한 첫 이유는 국유기업 개혁이었다. 당시 중국은 기업의 소유 형태를 기존 '국영(국가경영)' 체제에서 '국유(국가소유)' 형태로 바꿨다. 이때 국가는 지분의 형태로 기업을 소유했고, 이 과정에서 주식이 생겼다. 중국은 국가가 갖고 있던 국유기업의 주식을 민간에 팔기로 했다. 주식시장을 만든 이유다. 주식시장에서 기업 상장은 민간의 자금이 국가로 흘러가게 된다는 것을 의미했다. 국유기업의 주인이 국가이기 때문이다.

중국 증시는 국유기업 중심으로 구성되어 있다. 선전시장을 중심으로 민영기업의 상장이 늘고 있긴 하지만 아직도 중국 주식시장의 80퍼센트(시가총액 기준) 이상은 국유기업이 차지하고 있다. 주가가 오르면 오를수록 국유기업이 돈을 버는 구조다. 일반적으로 상장기업의 발행가격은 주가수익률(PER)의 10배 수준에서 결정되는 게 적정하다. 그러나 2000년 이후 중국 주식 발행가는 가장 낮은 경우가 PER의 20배였다. 2009년 이후에는 40배에 달하기도 했다. 2010년 설립된 차스닥은 초기에 100배를 넘었다. 중국은 2010년 7월, 농업은행 상장으로 220억 달러를 조달했다고 자랑했다. 이 말은 민간의 부가 그만큼 국고로 들어갔다는 것을 의미한다. 국유기업의 배만 불리고 있는 것이다.

칸막이 경제

투기와 버블로 얼룩진 부동산시장에서도 '패자 독식'의 구조는 뚜렷하다. 중국에 주택거래제도가 도입된 것은 1990년대 말이었다. 중국 부동산시장의 역사는 이제 10년이 조금 넘었다는 얘기다. 이전에는 국가나 기업(국유기업)이 개인에게 주택을 나눠주는 형태였다. 하지만 이 시스템으로는 부동산산업을 일으키기가 불가능했다. 그래서 선택한 제도가 바로 사고파는 '상핀팡(商品房)'이었다. 주택을 시장에서 거래되는 상품으로 전환한 것이다.

국가는 우선 개인에게 분배해줬던 주택을 싼 가격에 해당 거주자에게 팔았다. 이후 그 주택은 상품처럼 시장에서 사고팔렸다.

집이 없는 사람, 특히 신혼부부는 주택을 시장에서 사야 했다. 주택거래를 허용하자 부동산시장이 형성됐고 건설 붐이 일었다. 이 과정에서 부는 다시 국가와 기업에게 쏠리게 됐다.

과정은 이렇다. 정부(지방 정부)는 땅을 팔아 부를 챙긴다. 원래 국가 소유였던 땅을 부동산 개발 명목으로 기업에 파는 것이다. 2000년 이후 전국 토지의 민간(주로 기업) 양도 규모를 보면 매년 거의 두 배씩 급속하게 늘었다.[115] 토지 판매는 지방 정부 예산 수입의 절반 이상을 차지했다. 정부가 땅장사로 돈을 모은 것이다. 땅값이 하락세를 보이면 여지없이 정부의 재정위기가 언론에서 제기되는 것도 이 때문이다.

부동산 개발업체는 업계 '폭리구조'의 핵심이다. 업체는 우선 은행에서 돈을 빌려 지방 정부로부터 개발 부지의 토지(사용권)를 산다. 일단 땅을 사면 그때부터는 일사천리다. 그 땅은 개발 용지로 형질이 변경되면서 땅값이 뛰기 시작한다. 물론 지방 정부가 형질 변경을 도와준다. 기업은 그 부지를 담보로 다른 은행에서 다시 돈을 대출받아 은행 빚을 갚는다. 그래도 돈이 남는다. 그러면 그 돈으로 아파트를 건설하기 시작한다. 아파트를 3분의 1 정도 지으면 분양에 들어가고 개발업자의 주머니에 다시 돈이 들어오기 시작한다. 그야말로 봉이 김선달 식 비즈니스다.

아파트 값이 오르면 주민들은 어떻게 해서든 집을 사야겠다고 마음을 먹는다. 그래서 은행에서 대출을 받아 아파트를 산다. 하지만 주택 가격은 소득에 비하면 터무니없이 높다. 도시지역 평범한 샐러리맨이 30년 동안 월급 전부를 꼬박 모아도 만들기 어려운 돈이다. 어쨌든 이 구조를 통해 부동산시장의 개인 자금은 부동산 개발업체로 들어가고 다시 지방 정부로 몰린다. 이 과정에서 소외된 개인들은 부동산시장에서 벌어지고 있는 광란의 투기 파티에 마음이 아플 수밖에 없다.

경제의 분절구조가 낳은 현상이다. 중국 경제는 동부지역과 서부지역이 서로 분절되어 있고, 같은 도시에서도 부자와 가난한 자가 나뉘어 있다. 산업 내에서도 국유기업과 민영기업 사이에 칸막이가 쳐져 있다.

국유기업은 전국에 약 15만 4,000개 정도에 불과하지만 에너지, 통신 등 기간산업을 독점하고 있다. 이들 핵심 산업에는 민영기업이 들어오지 못한다. 칸막이가 쳐져 있기 때문이다. 대신 민영기업은 임가공 제조업 분야에 많다. 동부 개발지역에 흩어져 있는 수많은 제조업체가 그들이다. 민영기업은 고용의 90퍼센트 이상을 차지하고 있고, 수출의 70퍼센트를 차지하고 있지만 국가 산업정책에서 철저히 외면당하고 있다.

금융 자금은 국유 분야에서만 움직일 뿐 칸막이를 넘어 민영기업으로 흐르지 않는다. 민영기업은 돈이 없어 사채를 끌어 쓰기에 바쁘지만 국유 분야에는 여전히 자금이 풍성하다. 한국의 경우는 대기업과 중소기업이 발주-하청관계로 엮여 있다. 그러나 중국의 국유기업과 민영기업은 규모로 볼 때는 대기업과 중소기업으로 나뉘지만 둘 사이 공급사슬은 거의 없다. 소위 노는 물이 다르기 때문이다.

칸막이 경제의 최대 피해자는 노동자들이다. 이들은 수출 제품 원가절감을 위해 많이 일하고 적게 가져가야 했다. "먹는 것은 돼지보다 적지만 일은 소보다 많이 해야 하고(吃得比猪少, 干得比狗多), 잠은 개보다 늦게 자지만 닭보다 일찍 일어나야 한다(睡得比狗晚, 起得比鷄早)." 짐승만도 못한 공장 노동자들의 힘겨운 삶을 풍자한 말이다. 이 같은 종류의 글이 인터넷과 휴대전화를 타고 돌면서 노동자들의 불만 수위는 점점 높아가고 있다.

주가 따로, 증시 따로

중견 기업에 다니는 김모 과장은 스스로를 '중국 바라기'라고 말한다. 즉 '차이나 플라워(China-flower)'다. 해바라기가 하루 종일 해를 따르듯 자신은 중국만 바라본다는 얘기다. 이유는 주식투자 때문이다. 그가 국내 한 투자운용사가 만든 인사이트펀드에 가입한 것은 2008년 초. '세계 투자 자금이 중국으로 몰리고 있다'는 한 증권사의 광고를 보고 목돈을 부었다. 그러나 펀드는 속절없이 떨어졌다. 2008년에 반 토막 나더니 4년이 지났는데도 아직 원금 회복이 안 됐다. 국내 투자가들이 코스피지수 2,000포인트 돌파로 파티를 벌이고 있을 때 그는 축 처진 상하이 주가 그래프를 보며 쓴맛을 봐야 했다.

경제 상황만 보면 그의 펀드는 대박을 내야 했다. 중국 경제는 세계 경제가 금융위기로 휘청거리던 2008~2009년에도 9~10

퍼센트의 성장세를 보였고, 이후에도 여전히 8퍼센트 안팎의 성
장세를 유지하고 있기 때문이다. 세계 최고 수준이다. 그럼에도
주가 그래프는 누워 있다. 팔아버리고 싶어도 화려한 경제지표의
유혹을 떨칠 수 없어 기다리고 참았다. 그러기를 4년. '중국 바라
기'는 고독한 싸움을 계속하고 있다.

'주가 따로 증시 따로.' 전문가들은 그 원인을 국가에서 찾는다.
주가가 오르면 국가가 시장에 나타나 돈을 거둬들인다. 우유에 뜬
치즈 걷어가듯 말이다. 첫 번째 '치즈 걷기'는 2005년 하반기에
시작된 비유통주 개혁이었다.[116] 당시만 하더라도 상장기업 주식
중 시장에서 유통되는 비율은 30퍼센트에 불과했다. 나머지 70퍼
센트는 국가가 움켜쥐고 있었다. 세상에 상장기업 주식의 70퍼센
트를 국가가 쥐고 있는 시장은 없다. 중국이 비유통주 개혁에 나
선 이유다. 국가가 보유하고 있는 유통주를 시장에 푸는 대신 기
존 주주에게 손실 보전 차원에서 무상주(또는 현금)를 지급한다는
게 핵심 내용이었다. 시장의 충격을 줄이기 위해 매각 시기를 주
식에 따라 1~2년 유예했다.

시장은 두려움에 떨었다. 70퍼센트의 주식이 시장에 쏟아질 것
이라는 공포가 주가를 짓눌렀다. 개혁을 포기해야 한다는 여론이
일었다. 2005년 6월 27일 당시 개혁을 주도한 샹푸린(尚福林) 증
권감독위 주석이 기자회견을 자청해 한마디했다. "한 번 쏜 화살
은 다시 돌아오지 않는다(開弓沒有回頭箭)!" 어떤 어려움이 있어
도 물러서지 않겠다는 선언이었다. 그의 밀어붙이기 식 정책 추진

에 따라 비유통주 개혁은 온갖 역풍에도 불구하고 일정대로 추진됐다. 당국의 추진력은 믿음을 줬고 주가는 당시 세계적인 유동성 폭발과 맞물리면서 폭등세로 돌변했다. 2005년 6월 1,000포인트였던 상하이 주가는 2007년 10월 6,000포인트를 뚫기도 했다.

개혁에 따라 비유통주에서 해제된 주식이 본격적으로 시장에 풀린 것은 2007년 말이었다. 2008년에 들어 비유통주 해제 물량이 늘어나더니 그해 전체 물량이 약 3조 2,000억 위안에 달했다. 시가총액(2007년 말 유통주 기준)의 약 3분의 1에 해당하는 물량이었다.[117] 당연히 주가는 폭락했다. 6,020포인트를 쳤던 상하이 지수는 1년여 만에 1,700포인트까지 주저앉았다. 아찔한 롤러코스터였다.

김 과장이 인사이트펀드에 가입한 시기는 2008년 초였다. 상하이 지수가 정점을 치고 폭락을 시작하던 바로 그때였다. 기름을 안고 불에 뛰어든 꼴이었다. 궈진증권(國金證券)의 시장분석가인 장샹(張翔)은 "2008년 폭락에는 여러 요인이 있지만 그 중에서도 비유통주 출하가 가장 큰 충격이었다"라며 "그 여파는 2011년까지 이어졌다"라고 말했다. 비유통주 개혁에 정확한 판단만 있었어도 김 과장과 같은 피해는 막을 수 있었을 것이다.

비유통주의 주인은 국유기업이고 국유기업의 주인은 국가다. 비유통주가 시장에서 풀렸다는 얘기는 증시 자금이 국가 주머니로 흘러갔다는 말과 같다. 주식시장에서도 국유 체제가 이익을 독차지하는 '패자 독식'의 현상이 벌어지고 있는 것이다.

두 번째 치즈 걷기는 2009년 하반기에 시작됐다. 2008년 말에 실시된 4조 위안 규모의 내수부양 조치로 상하이 주가는 2009년 다시 오르기 시작했다. 그러나 상승세는 1년을 버티지 못했다. 주가는 2010년 또다시 급락하더니 2년 동안 약 30퍼센트가 밀렸다. 같은 기간 뉴욕 증시 다우지수가 약 25퍼센트, 코스피지수가 약 17퍼센트 오른 것에 비하면 초라한 실적이다.

이번에는 과도한 증자가 문제였다. 중국 증권당국은 2008년 폭락기에 신규 IPO를 막았다. 그러나 2009년 주가가 오르자 기다렸다는 듯 다시 허용했다. 막았던 둑을 트니 밀렸던 상장 및 증자가 봇물을 이뤘다. 2009년 하반기 증시 조달 자금은 약 5,115억 5,000만 위안에 달했다. 2010년에는 무려 9,971억 8,000만 위안에 이르렀다. 시가총액(2010년 말 상하이, 선전 유통주 기준)의 약 5퍼센트에 해당하는 수치다. 덕분에 홍콩, 선전, 상하이 등 중국 증시는 세계 IPO(금액 기준) 순위에서 각각 1, 2, 4위를 차지했다.[118] 2009년도 크게 다르지 않았다. 이 같은 '공급 폭탄'에 김 과장의 펀드가 당한 것이다.

중국 증시의 IPO는 증권감독위가 지역별, 업종별, 규모별 등을 따져 허가한다. IPO 급증은 결국 정부의 뜻이다. 상장은 국유기업 위주로 진행된다. 상하이와 선전 증시 상장 주식의 70퍼센트 이상이 국유주다.[119] '증시자금이 국가로 흘러간다'는 말이 나오는 이유다. 중국 정부는 이를 두고 '민영화'라고 주장하지만, 투자가들은 '국가가 시장 돈을 긁어가고 있다'며 원망하고 있다.

조강호 하나대투증권 IB본부장은 "중국 증시는 시장보다는 정책에 따라 주가가 움직이는 정책시(政策市)의 성격이 뚜렷하다"라며 "국가라는 '큰손'이 있는 한 주가 상승에는 한계가 따를 것"이라고 분석했다.

강방천 에셋플러스자산운용 회장은 "국가 말고도 치즈를 떠가는 또 다른 주체가 있다"라고 말한다. 바로 기업 종업원이다. 그는 "새롭게 성장하는 국가의 경우 기업 성장의 혜택이 투자가에까지 미치는 데는 많은 시간이 필요하다"라며 "중국의 노동자 임금이 최근 20퍼센트 안팎으로 급등한 것은 기업 이익을 종업원이 가져가기 시작했음을 보여준다"라고 말했다. 주식투자자가 기업 성장의 혜택을 누리기에는 수년 더 기다려야 할 것이라는 게 그의 분석이다. 4년을 버틴 김 과장의 고독한 '중국 바라기'는 아직도 그 끝이 보이지 않는다.

02

13억 인구의 패러독스

　다음 사진을 보자. 2009년 11월 충칭의 한 고가도로다. 택시들이 꼬리에 꼬리를 물고 똬리를 틀고 있다. 공항에서 손님 태우려고 기다리는 것일까? 아니다. 그들이 장사진을 연출한 것은 다름 아닌 기름(액화가스) 때문이다. 당시 충칭 등 일부 지역에 닥친 액화가스 공급난으로 인해 벌어진 현상이다.

　어쩌다 생긴 일이 아니다. 중국의 주요 도시는 자주 자동차 주유에 제한을 가하고 있다. 석유 공급이 원활하지 못하기 때문이다. 중국에서 한 해 팔리는 자동차는 약 1,800만 대다. 우리나라 전체 자동차 보유 대수와 같은 물량이 중국에서는 1년 사이에 뚝딱 만들어져 굴러다닌다.

　자원 차원에서 본다면 자동차는 석유 먹는 기계일 뿐이다. 한 해

'똬리 튼 충칭 택시.' 기름을 넣기 위해 주유소로 가는 택시들이 장사진을 연출하고 있다. 충칭시 정부는 자동차용 천연가스가 부족하자 제한 공급을 했다. 중국 에너지난의 현 주소를 반영하고 있다. (ⓒ Imaginechina)

1,800만 대가 새로 굴러다닌다면 그만큼 석유 소비도 늘어난다. 중국은 1993년 이후 석유 순수입국이 됐다. 지금도 50퍼센트 이상을 수입에 의존하고 있다. 2030년이 되면 석유의 80퍼센트를 해외에서 들여와야 할 판이다.[120] 경제대국 중국의 등장이 세계 석유시장에 큰 충격을 줄 것은 불 보듯 뻔하다. 2010년 전 세계적으로 새로 발생한 석유 수요의 약 20퍼센트는 중국 몫이었다. 당연히 기름값이 오를 수밖에 없다. 지난 수년간 유가가 급등한 데에는 중국의 수요 증가가 큰 몫을 했다.

이러한 현상이 의미하는 바는 분명하다. '13억 함수'가 이제 거꾸로 작용하기 시작했다는 것이다. 그동안 세계는 중국의 거대 인구가 주는 '풍요'를 누려왔다. 저장성의 허름한 공장에서 하루 10시간 재봉틀을 돌리는 '샤오제(小姐, 소녀)'의 희생이 있었기에 세계 소비자들은 싼 값에 셔츠를 입을 수 있었다. 그러나 중국인들은 이제 '노!'라고 말한다. 더 이상 싼 값에 노동력을 팔지 않겠다는 것이다. 대신 그들은 원자재시장에서 자원을 쓸어가는 존재로 변했다. 서방에 풍요를 줬던 13억 인구가 이제는 고통을 주기 시작한 것이다. 13억 함수의 패러독스다.

돼지 경제학

흔히 중국인들은 자신들의 나라를 '지대물박(地大物博)의 나라'로 표현한다. 땅이 크고 물산이 풍부하다는 뜻이다. 그러나 턱도 없는 소리다. 인구와 경제 규모를 비교해볼 때 중국이야말로 전형적인 자원 빈국이다. 중국이 세계 경제에서 차지하는 비중은 10퍼센트 정도다. 그러나 중국은 이미 세계 시멘트의 절반, 철광석의 약 3분 1, 구리의 40퍼센트를 먹어 치우고 있다. 중국은 2010년 미국을 제치고 세계 최대 에너지 소비국으로 등장했다. 상하이에 건설되는 빌딩의 숫자에 따라 국제 철강 가격이 좌우된다는 말이 나올 정도다. 2010년 중국의 에너지 소비량은 22억 5,000만 톤(석유 환산)으로 미국보다 4퍼센트 많았다.[121]

물도 문제다. 655개 주요 도시 중 400개 도시가 물 부족에 시달리고 있고, 절반은 수돗물이 제대로 공급되지 않는다. 전력 사정도 열악하다. 상하이, 광둥 등에 진출한 한국 중소기업들은 자주 '개사정삼(開四停三)' 처분을 받는다. 일주일에 4일만 전기를 공급하고 나머지 3일은 아예 끊겠다는 통보다. '전력난'으로 기업인들의 속은 까맣게 타들어가고 있다.

요즘은 곡물 사정이 특히 심하다. 중국 인구가 세계 전체에서 차지하는 비중은 20퍼센트에 달한다. 그러나 경작지 보유 비율은 8퍼센트에 불과하다. 천생적으로 곡물이 부족하다는 얘기다. 게다가 자연재해는 매년 치러야 하는 연례행사가 됐다. 봄에는 중국 최대 밀 재배지역인 산둥 및 산시지역이 가뭄으로 파종에 애를 먹고, 여름에는 중남부 지역이 가뭄과 홍수로 피해를 입는다. 겨울에는 폭설, 봄·가을에는 가뭄, 여름에는 홍수가 매년 거르지 않고 계속된다. 그렇지 않아도 부족한 경작지에 자연재해까지 덮치니 식량 확보에 어려움이 많다. 식량이 없으니 어쩌겠는가? 세계 곡물시장으로 나올 수밖에 없다.

2008년까지만 해도 제로 수준이었던 중국의 밀 수입량은 2011년 300만 톤에 달했다. 대두(콩)가 가장 많았다. 중국이 미국에서 사간 대두는 약 6,000만 톤으로 세계 전체 교역량의 60퍼센트에 달했다.[122] 덕분에 중국은 2011년 캐나다를 제치고 미국의 최대 농산물시장으로 떠올랐다. 곡물시장에 충격을 줄 만한 일이었다.

돼지(양돈)는 중국과 세계 경제의 역학관계를 그대로 보여준다. 중국 허난(河南)성의 왕원(王文)은 돼지 약 500마리를 기르는 양돈 농민이다. 그는 2011년 5월 "허리가 휠 지경"이라고 하소연했다.

사료값 때문이다. 왕윈은 "6개월 기른 돼지를 시장에 팔면 1,480위안(약 25만 9,000원)밖에 못 받는다"라며 "사료, 약품 등의 경비를 제외하면 순수입은 100위안도 안 된다"라고 푸념했다.

현재 왕윈과 같은 중국 각지의 농민들이 키우고 있는 돼지 수는 약 4억 5,000만 마리에 달한다. 세계 전체 돼지 수의 절반에 해당하는 수준이다. 돼지는 곡물 먹는 '기계'다. 돼지 몸무게 1킬로그램을 불리기 위해서는 약 3~5킬로그램의 곡물을 먹여야 한다.

특히 대형 기업 영농이 늘면서 중국에서도 사료 먹는 돼지 비율이 높아지고 있다. 최근 수년 동안 사료 수요는 연평균 20퍼센트 넘게 증가했다. 돼지고깃값이 오를 수밖에 없다. 이는 중국 물가지수에 고스란히 반영된다. 인플레가 기승을 부렸던 2011년 6월, 소비자 물가상승률 6.5퍼센트 중 1.5퍼센트포인트가 오로지 돼지고깃값 때문에 발생했다. '돼지가 중국, 나아가 세계 인플레의 주범'이라는 말이 그래서 나온다. 그야말로 '돼지 경제학(Pig economy)'이다.

중국에서 돼지고기는 전통적으로 식량과 함께 천하를 편안하게 하는 음식이다(猪糧安天下). 지금도 특별관리 품목이다. 중국의 하루 돼지고기 소비량은 약 5만 톤. 다 자란 돼지 약 15만 마리에 달하는 어마어마한 규모이지만 이 정도는 안정적으로 공급해야 한다는 게 정부 생각이다. 중국이 사료용 옥수수 수입에 적극 나서는 이유다. 2010년 중국의 옥수수 수입량은 157만 톤으로 전년보다 무려 18배나 늘었다. 국제 곡물시장으로서는 충격이 아닐 수 없다.

미국 시카고 상품거래소의 옥수수값이 2009년 이후 급등세를 보인 데는 중국 요인이 컸다. 중국인의 소득 증대 → 돼지 수요 증가 → 돼지 사육 확대 및 사료(옥수수)수요 증가 → 옥수수 수입 및 국제 옥수수 가격 상승 → 돼지값 상승 → 인플레 → 중국 수출 가격 인상 → 세계 소비물가 상승 등의 악순환이 이어지는 것이다.

세계 경제는 이제 중국인들이 먹고 마시는 것에도 눈치를 봐야 할 처지다.

늙어가는 대국

인구는 경제의 토대다. 흔히 말하는 펀더멘털 중에서도 펀더멘털이다. 인구구조가 어떻게 되어 있느냐에 따라 한 나라의 경제력이 달라진다. 특히 '인구로 먹고 살아온' 중국에서는 더욱 그렇다.

일본의 중앙은행인 일본은행은 2011년 초, 경제위기와 인구의 관계를 연구했다.[123] 이 연구에 따르면, 일본의 경우 경제활동 인구가 부양해야 할 피부양인구 비율이 1990년 정점에 올랐다. 일본 경제가 고꾸라지기 시작했던 바로 그때다. 미국의 경우는 2005~2007년 피부양인구 비율이 최고점에 달했다. 부동산 시장의 버블이 붕괴되기 시작한 때다. 지금 재정위기에 휩싸여 있는 아일랜드도 그렇고, 포르투갈도 비슷하다. 피부양인구 비율이 정점에 올랐을 때 경제위기에 직면했다는 결론이다. 한국의 경우 2010~2012년이 고비다. 우리나라 역시 주택가격 붕괴가 현실화되고 있다.

그렇다면 중국의 인구구조는 어떤지 살펴보자. 13억 3,972만 4,852명. 2010년 11월 1일 현재 중국 대륙에 살고 있는 인구의 수다(제6차 전국인구조사).[124] 세계 인구의 약 20퍼센트, 남한 인구의 약 27배에 해당하는 숫자다.

중국의 도시는 확대되고 있다. 도시에서 살고 있는 사람의 비율은 49.7퍼센트로 지난 10년 사이 약 14퍼센트포인트 높아졌다. 도시화는 경제성장의 견인차 역할을 한다. 도시화가 진행되면서 건설 붐이 일고 부동산, 가전, IT 분야의 수요가 늘어나기 때문이다. 중국의 도시화 비율은 향후 10년 동안 10퍼센트포인트 이상 더 늘어날 것으로 예상된다.[125] 중국 경제의 성장 동력은 아직 꺼지지 않았다는 얘기다. 중국에는 인구 100만 명 이상의 도시가 119개에 이른다. 유럽 전체를 통틀어 35개에 불과한 도시와 비교하면 대도시의 규모를 가늠할 수 있다. 이 중 200만 인구의 도시가 36개나 된다. 개혁 개방 원년이었던 1978년보다 26개나 늘었다.

그러나 제조업을 보면 얘기는 달라진다. 그동안 중국 경제를 지탱해온 노동자의 수가 감소하고 있기 때문이다. 현재 자신의 주민등록지인 농촌을 떠나 도시지역에서 직장생활을 하는 인구는 2억 2,143만 명에 이른다. 그러나 최근 2~3년 도시지역의 물가가 급등하고, 지방에도 공장이 설립됨에 따라 농민공 유입이 줄고 있다. 인구문제에 정통한 차이팡(蔡昉) 중국사회과학원 인구연구소 연구원은 "농민공 유입 감소 영향으로 2015년 전후 중국 노동인구 성장세는 마이너스로 돌아설 것"이라 경고했다. 인구구조로 볼 때 시장의 힘은 커지겠지만 제조업 부분에는 타격이 예상된다는 설명이다.

실업문제도 심각하다. 현재 중국 대학생은 약 2,300만 명에 이른다. 이 중 한 해 약 600만 명이 졸업한다. 그러나 취업난이 심해지면서 연간 약 200만 명이 실업의 고통을 맛봐야 하는 처지다. 중국에서도 청년실업이 사회문제로 대두되고 있는 것이다. 모든 인민에게 밥그릇을 제공해야 하는 중국 정부의 부담은 날로 커질 수밖에 없다.

가장 큰 문제는 역시 노령화다. 노령화 인구의 기준이 되는 65세 이상의 인구 수는 1억 2,000만 명으로 전체 인구의 약 8.87퍼센트를 차지하고 있다. 이는 10년 전보다 약 2퍼센트포인트 높아진 수치다. 중국의 노령화지수(65세 이상 인구/0~14세 인구×100)는 이미 53.4퍼센트에 달해 노령화 사회 진입 기준선(34퍼센트)을 훌쩍 웃돌았다. 반면 어린이 비율은 낮아졌다. 2010년 11월 1일 현재 0~14세 어린이 인구 비율은 16.6퍼센트를 차지해 10년 전에 비해 6.3퍼센트포인트 떨어졌다. 출생률은 점점 낮아지는 데 비해 부양해야 할 노인들의 인구는 더 늘어나는 고령화 사회에 직면한 것이다. 경제에 부담을 줄 수밖에 없다.

다시 일본은행 보고서를 보자. 이 보고서는 "중국의 경우 2015~2017년에 경제활동 인구가 부양해야 할 피부양인구 비율이 최고조에 이를 것"으로 전망했다. 그동안 중국 경제성장의 동력이었던 '인구'가 이 무렵부터 부담으로 작용할 것이라는 얘기가 된다. 이 같은 예측은 중국이 2015~2017년에 위기를 맞을 수 있다는 누리엘 루비니 교수의 주장에 힘을 실어주기도 한다.

많으면 많아서 걱정, 적으면 또 적어서 걱정인 게 바로 인구다. 인구가 많아 걱정이었던 중국은 이제 인구가 적어서 걱정인 시기로 진입할 것으로 보인다.

방황하는 농민공들

13세, 15세 두 아이가 싸웠다. 동네 아이들 사이에서 흔히 보이는 싸움이었다. 13세 아이가 몇 대 맞았다. 이를 안 현지 치안요원이 15세 아이를 호되게 때렸다. 손을 묶고, 머리에 봉투를 씌우고 구타했다. 2012년 6월 25일, 캐주얼 의류 생산단지로 이름 높은 광둥의 샤시(沙溪)에서 생긴 일이다.

문제는 치안요원에게 얻어맞은 15세 아이가 충칭에서 온 농민공의 아들이었다는 데 있다. 이 사건이 알려지면서 분노한 농민공이 치안관리본부로 몰려들기 시작했다. 건물을 에워싸고 돌을 던지며 출동한 경찰과 대치했다. 현지인에 대한 농민공의 불만이 폭발한 것이다. 300여 명으로 시작된 시위대는 순식간에 수천 명으로 늘어났다. 인터넷에서는 '샤시의 농민공 아들이 현지 주민에게 맞아 죽었다'는 유언비어가 퍼지기도 했다.

샤시뿐 아니다. 요즘 중국에서는 이 같은 농민공 시위가 자주 터지고 있다. 샤시 사건 1년 전이었던 2011년 6월에는 역시 광둥성에서 시위대가 경찰차를 뒤엎고 돌을 던지는 초대형 농민공 시위가 벌어지기도 했다. 그 후 4개월 후에는 저장성 즈리(織里)에서 현지 주민들과 안후이(安徽)성 농민공들 사이에 집단 싸움이 벌어져 현지 지역 주민과 농민공 간 갈등을 적나라하게 보여줬다. 농민공의 사회적 불만이 비등점에 달했음을 보여주는 사례들이다.

농민공이라는 단어가 생긴 것은 1980년대 초다. 당시 중국 농촌에서는 5000년 농업 역사에 일대 혁명이 벌어진다. 농촌에 기업이 들어선 것이다. 이들은 향진(鄉鎭)기업이라 불렸다. 농민들은 쟁기를 버리고 공장에서 기계를 돌리기 시작했다. 언론에 '농민공'이라는 단어가 등장했다. '농민이면서 공장에서 일하는 노동자'라는 뜻이다.

1980년대 농민공은 비록 토지를 버렸지만 그렇다고 고향을 떠난 것은 아니었다. 그러나 1990년대에 들어서는 토지도 버리고 고향도 떠나는 현상이 벌어졌다. 중국 동부 연해 도시에 대거 설립된 개발구 공장들이 농민을 산업 현장으로 끌어낸 것이다. 특히 1992년 덩샤오핑의 남순강화 이후 일본, 한국, 대만, 홍콩 등 아시아 기업들이 중국으로 밀려들면서 노동수요가 폭발적으로 늘었다. 1990년 약 1,000만 명에 그쳤던 농민공은 1995년 6,000만 명, 2012년 현재 2억 3,000만 명을 넘어섰다.

농민공은 지난 10년 세계 경제 판도 변화의 주역이기도 하다. 그 역학관계는 2001년 12월, 중국의 WTO 가입에서 시작됐다. 이날 약 3억 5,000만 명의 노동인구가 서방 시장경제 체제에 새

'Nothing Possible.' 상하이의 어느 지하철역에 붙은 나이키 광고판. 한 실직 젊은이가 광고판 아래에서 피곤에 지쳐 잠을 자고 있다. 빈부격차는 도시 내에서도 더욱 심화되고 있다. (ⓒ 중앙일보 김경빈 기자)

로 편입됐다. 미국 인구와 맞먹는 규모였다. 그 주역이 바로 중국 농민공이었다. 이들은 '세계 공장'을 돌렸고, 저가 제품은 세계 곳곳으로 수출됐다.

중국은 수출로 벌어들인 달러를 다시 미국에 빌려줬고 그 덕택에 미국은 저금리 기조를 유지할 수 있었다. 넘쳐나는 유동성이 부동산시장에 쏠렸고, 그 버블이 터져 발생한 게 2008년 세계 경제위기다. 미국과 중국의 경제 불균형 한가운데에 농민공이 있었던 것이다. "중국 농민공이 세계 경제의 판도를 바꿨다"라는 말이 그래서 나왔다.

농민공은 아무리 도시생활을 오래 해도 농사꾼 신분일 뿐이다. 그들은 주거, 의료, 교육 등 도시민이 누리는 복지 혜택을 누릴 수 없다. 후커우 제도 때문이다. 이들은 등록 거주지가 도시가 아니라는 이유로 차별받고 무시받기도 한다.

존폐 논쟁에도 불구하고 후커우 제도는 아직 건재하다. 폐지에 대한 도시 기득권층의 반발이 심하기 때문이다.[126] 어린아이의 작은 싸움이 수천 명이 참여하는 시위로 확산된 것도 바로 이 같은 불평등 때문이다.

공산당은 농민공 소요사태에 긴장할 수밖에 없다. 임금을 20퍼센트 안팎으로 올려주고, 임금 체불을 강력하게 단속하는 등 대책을 내놓고 있지만 불평등 구조는 더 깊게 뿌리를 내리고 있다. 관영매체들도 후커우 제도가 사라지지 않는 한 농민공 문제를 해결할 수 없을 것이라고 말한다.

'귀농' 역시 쉽지 않다. 농민공 대부분 집을 떠날 때 자기 앞으로 돼 있는 경작권을 이웃에게 팔고 떠났기 때문이다. 도시에서 태어난 농민공 2세들에게 농촌은 낯선 곳이 됐다. 그들은 농사를 지을 줄도 모른다. 도시에서는 몸을 누일 따뜻한 방 한 칸 구하기 어렵고, 고향은 돌아가기에는 이미 멀어졌다. 중국의 주요 도시에는 지금 2억 3,000만 명의 '돌아갈 곳 잃은 철새'들이 방황하고 있다. 이들 농민공들이 현재 전국적으로 소요사태를 일으키고 있는 것이다.

문제는 역시 경제다. 농민공들은 국가 경제가 성장할수록 확대되는 빈부격차에 상대적 박탈감만 늘어가고 있다. "부족함을 걱정하지 말고 고르지 못함을 걱정하라(不患寡而患不均)"라는 공자님 말씀 그대로다. 개혁 개방 초기만 하더라도 도시민과 농민의 소득 격차는 1.9 대 1 정도였다. 그러나 지금은 3.2 대 1로 벌어졌다. 도시 주민만 '성장의 파티'를 즐겼을 뿐 농민들은 그 과실을 나누지 못했다. 농민공들은 도시 저소득층으로 전락한 지 오래다.

농민공들은 세계 경제의 패러다임을 바꾼 주역이다. 그들이 세계 주요 도시의 편의점 상품 가격을 결정했고, 이 가격이 전체 상품가의 표준이었다. 중국 농민공이 흔들린다는 것은 곧 기존 시장 패러다임이 위협받고 있음을 뜻한다. 농민공들이 또다시 세계 경제의 패러다임을 흔들고 있는 것이다.

어느 가족의 풍경화

중국 장쑤성 양저우(揚州)에 살고 있는 후쥔(胡軍). 그는 외국 투자 회사에서 무역 관련 업무를 맡고 있는 평범한 직장인이다. 사랑하는 아내와 8세 아들을 두고 있는 모범 가장이기도 하다. 인생의 최고 전성기, 그럼에도 그는 스스로를 '노예'라고 말한다. 집 장만하느라 은행에서 빌린 빚을 갚기 위해 허리가 휠 지경이다. 집의 노예, 즉 '방노(房奴)' 신세다. 집에서는 '작은 황제(小皇帝)'인 아들이 해달라는 대로 다 해줘야 하는 '해노(孩奴, 자식의 노예)'이기도 하다.

그런 그에게 최근 족쇄가 하나 더 채워졌다. 바로 '로노(老奴)'

다. 부모 부양까지 해야 하는 노예 신세가 됐다는 게 그의 푸념이
다. 60세인 그의 부친은 2년 전 은퇴한 후 쉬고 있다. 모아둔 돈이
있을 리 없다. 어머니마저 병으로 누우면서 약값도 부담이다. 문
제는 장인 장모도 그가 부양해야 한다는 점이다. 아내도 외동이라
난징(南京)에서 두 시간여 떨어진 시골에 살고 있는 그들을 언젠가
는 모셔와야 한다. 그러나 양가 부모를 한 집에 모시는 일은 불가
능하다. 근처에 살면서 함께 어울리면 좋겠지만 경제 여건이 허락
하지 않는다. 이래저래 후쥔의 고민이 깊다.

후쥔의 가정은 4명의 부모에 부부 2명 그리고 자녀 1명을 뜻하
는 '4-2-1가정'의 전형이다. 부부 2명이 4명의 부모와 1명의 자
녀를 책임져야 하는 구조다. '1가구 1자녀 정책(計劃生育)'이 낳은
현상이다. 후쥔이 태어난 것은 1977년. 그의 어머니는 두세 명 더
낳을 생각이었다. 그런데 이듬해 '1가구 1자녀 정책'이 발표됐다.
어쩔 수 없었다. 그의 부모는 둘째 낳기를 포기했다.

후쥔의 아버지 후이밍(胡一明)이 아들의 형편을 모를 리 없다.
'부모 걱정은 하지 말라'고 말은 했지만 그 역시 걱정이다. 모아둔
돈도 없고 연금이 나오는 것도 아니고 근력은 점점 나빠지고 있
고……. 아버지 후이밍은 중국에서도 가장 불행한 세대로 불리는
1950년대 생이다. 1951년에 태어난 그는 어릴 때 굶주림에 시달
려야 했다. 대약진운동(1953년)이 실패하면서 1950년대 말 수천
만 명이 굶어 죽어야 했다. 살아남은 게 기적이었다. 중고등학교
시절에는 문화대혁명의 광풍에 휩쓸렸다. 그는 책 대신 마오쩌둥

어록을 들고 다니며 자본주의자를 찾아내 타도하는 데 앞장섰다.

1978년, 개혁 개방이 시작됐다. 그러나 홍위병 광기로 학창시절을 보낸 '무식'한 그에게 기회는 오지 않았다. 40세 중반에는 실업이 그를 기다리고 있었다. 주룽지 총리가 1990년대 후반 실시한 국유기업 개혁에 따라 매년 수백만 명이 직장에서 쫓겨나야 했다. 후이밍 역시 46세의 나이에 직장을 잃고 공장 허드렛일을 하며 지내야 했다. 황혼의 나이로 접어든 지금 그는 또다시 말년의 고통에 직면한 것이다.

이런 상황은 후이밍-후쥔 가족만의 문제는 아니다. 60세 이상의 노인 인구가 급격하게 늘면서 '4-2-1가정'이 사회 전체로 퍼져나가고 있다. 중국은 부자가 되기도 전에 이미 늙어가는 '미부선로(未富先老)'의 시대다. 65세 이상 노인인구 비율이 8.3퍼센트에 진입한 해의 각국별 1인당 GDP(구매력 평가기준) 수준을 보면 한국은 2만 1,071달러(2003년), 일본 1만 7,480달러(1978년), 미국 1만 2,065달러(1949년)였다. 이에 비해 중국은 6,382달러(2010년)에 그쳤다. 소득수준이 낮은 상태에서 고령화 사회에 진입했다는 것을 뜻한다.[127]

'1가구 1자녀 정책'의 더 큰 문제는 노동력 급감이다. '소황제'로 자란 젊은이들은 힘든 공장 일을 꺼린다. 매년 설 연휴가 끝나면 선전, 상하이, 칭다오 등에서는 여지없이 구인 전쟁이 벌어진다. 설 쇠러 돌아간 소황제들이 '힘들다'며 돌아오지 않기 때문이다. 광둥성에서만 약 200만 명이 모자란다. 13억 인구의 나라에서 벌어지고 있는 '민공황(民工荒: 노동자 부족)' 현상이다. 게다가 2016년부터는 절대 노동력이 줄어들게 된다.[128] 세계 공장은 이렇게 기반부터 흔들리고 있다.

후쥔은 국가가 나서주길 바란다. 그러나 사회주의 시장경제의 나라라는 중국에서 '사회'는 사라지고 '시장'만 판치고 있다. 자본주의 국가보다 오히려 노인복지가 더 열악한 실정이다. OECD 국가의 경우 65세 이상 노인을 위한 공공 양로원 침대 수는 평균 50~70개에 이르지만 중국은 23개에 불과하다. 민영 요양시설도 있지만 가격이 터무니없이 높아 평범한 샐러리맨으로서는 언감생심, 꿈도 꾸기 어렵다.

개혁 개방 30년, 중국은 숨 가쁘게 달려왔다. 그러나 성장에만 매달리는 동안 빈부격차는 더 벌어졌고, 대부분의 서민들은 성장의 혜택을 누리지 못하고 있다. G2라는 화려한 찬사 뒤에는 부자가 되지 못한 채 늙어버린 수많은 '후이밍-후쥔' 부자의 신음소리가 깔려 있다. 인구로 흥한 중국 경제, 인구로 인해 쇠할 수 있다는 우려가 깊다.

03
권귀(權貴) 자본주의

　"중국 경제가 발전하게 되면 중국 정치·사회가 민주화가 될 것이라는 생각은 참으로 순진한 발상이었다. 중국이 일본을 제치고 세계 2위 경제대국으로 큰 지금도 중국의 민주주의는 여전히 바닥 수준이다."

　1989년 6월 4일 천안문 사태 때 학생 편에서 시위를 이끌었다가 미국으로 망명한 중국의 반체제 인사 팡리지(方勵之) 애리조나 대학 교수가 류샤오보의 노벨상 수상 발표 직후 〈뉴욕타임스〉에 쓴 칼럼의 서두다. 칼럼니스트로 활동하고 있는 그는 "중국의 민주화가 찾아올 것이라는 막연한 생각에서 탈피해야 한다"라고 서방에 촉구하고 있다. 기다리지 말고 민주화 충격을 가하라는 주장이다.

2010년 12월 10일 거행된 노벨평화상 수상식에 류샤오보는 없었다. 그의 자리에 앉아 있는 것은 그가 아니라 액자 속 사진이었다. 그러나 분명 그는 그날 수상식에 있었다. 중국의 많은 이들이 인터넷을 통해 그 장면을 봤고 중국의 민주주의를 생각했기 때문이다.

"내 아버지는 리강"

류샤오보의 노벨상 수상 논란이 한창이던 2010년 10월 16일, 한 고급 승용차가 허베이성 스좌좡(石家庄)의 허베이대학 캠퍼스에서 두 명의 여대생을 치었다. 음주운전이었다. 피해자 중 한 명은 현장에서 사망했다. 그럼에도 운전자는 차를 세우지 않고 캠퍼스를 질주했다. 학생들이 "서라!" 하며 쫓아갔지만 차는 정문 경비의 제지를 받고서야 멈췄다. 운전자의 태도가 뻔뻔했다. 승용차 안에 있던 그는 밖으로 나오지 않은 채 유리창 문을 내렸다. 잔뜩 취한 그는 소리를 버럭 질렀다.

"힘 있으면 고소해! 우리 아버지가 리강이야!"

그의 아버지 리강은 지역 공안국 부국장이었다. 젊은이는 아버지의 힘을 믿고 망동을 부린 것이다. 주변에 몰려든 학생들은 아연실색했다. 흥분한 학생들이 휴대전화 카메라를 들이댔다. 그의 사진은 인터넷에 나돌았고 리강 부자는 '공공의 적'이 됐다. 이 사건을 패러디한 동영상과 노래, 시 등도 인터넷에 퍼졌다. 서민들이 공분한 것이다.

'내 아버지는 리강' 사건이 터진 후 인터넷에는 이들 부자의 악행 패러디 영상물이 넘쳐났다. 충칭의 한 예술가가 사건을 풍자해 만든 조형품의 모습이다. (출처 : 인터넷 캡처)

그들의 분노는 사회를 향해 있었다. '리강 사건'은 부정부패, 빈부격차, 권력층의 특권의식 등 중국 사회의 문제를 응축하고 있었다. 아버지 리강은 수억 원이 넘는 호화 주택을 4채나 갖고 있었다. 뻔한 공안 월급에 권력형 축재가 아니면 불가능한 일이었다. 반면 차에 치어 숨진 여학생은 가난한 농민공의 딸이었다. 농민공 부모는 학비를 빌리기 위해 동분서주한 뒤에야 딸을 겨우 대학에 보낼 수 있었다. 이 사실이 전해지면서 중국 민초들은 '비리 권력자 아들의 횡포에 가난한 농민공의 딸이 사망했다'는 계급적 비극에 격분했다. 법을 무시하는 권력층의 횡포에 치를 떨었던 것이다.

몇 년 전만 해도 '리강 사건'은 그냥 넘어갈 수도 있는 사건이었다. 관영 매체를 동원해 무마하거나 침묵하게 하면 그만이었다. 그러나 서민들은 더 이상 침묵하지 않는다. 인터넷에 분노의 목소리를 실어 세상에 전한다. 이번 사건뿐만이 아니다. 부정부패 사건이 발생하면 인터넷은 여지없이 권력층을 비난하는 목소리로 들끓는다. 그들이 권력 부조리에 대해 '노!'라고 선언했기 때문이다. 중국에서도 인터넷은 점점 권력으로 변해가고 있다.

부정부패 없는 나라는 없다. 민주주의가 잘되어 있다는 미국에서도, 산업화와 민주화를 동시에 이뤘다는 한국에서도 부정부패는 서민들의 삶을 위협하고 있다. 그러나 중국의 부정부패는 또 다른 특징이 있다. 관리의 부패는 곧 집권당의 부패, 체제의 부패로 이어진다는 점이다. 중국은 공산당이 국가 권력을 장악하는 당-국가 체제이기 때문에 그렇다. 국가가 국유기업과 국유은행을 통해 핵심 산업과 금융을 독점하는 국가자본주의 체제가 직면하는 필연적 결과다. 자기들만의 이익 공유 체제에서, 견제받지 않는 행정 권력에서 부패는 반드시 자생한다. 항공업이 그랬다.

중국은 2008년 이후 민간항공사 국유화 정책을 추진했다. 국유 항공사가 민간업체를 인수하는 형식이었다. '국진민퇴'였다. 2006년까지만 해도 8개 민간업체가 뛰어들었던 항공업계는 에어차이나, 동방항공, 남방항공 등 3개 국유기업으로 정리됐다. 이들 메이저 국유 항공업체는 약 16억 달러의 정부 지원으로 민간업체를 삼켰다. 경쟁 체제가 국유기업 독점 체제로 바뀐 것이다. 부패가

자생할 수 있는 환경이 조성된 것이다. 아니나 다를까 2년여 후 대규모 부패사건이 터졌다.

2010년 6월 24일 오후 3시쯤, 광저우 근교에서 철길 자살사건이 일어났다. 한 중년 남자가 달리는 열차에 뛰어든 것이다. 처참한 종말이었다. 경찰이 신고를 받고 달려왔다. 그의 옷에서는 유서가 발견됐다. 경찰은 사망자의 신원을 확인하는 순간 보통일이 아니라는 것을 직감했다. 사망자는 중국민항 남부지구관리국(민항중남국)의 류야쥔(劉亞軍) 국장이었다. 그는 중국민항의 주요 포스트를 밟고 있는 '잘나가는' 관리였다. 민항중남국장이 왜? 언론은 촉각을 곤두세웠다.

류야쥔이 열차에 몸을 던지기 보름 전이었던 6월 9일. 그가 관리하고 있는 민항중남국 산하 난팡항공(南方航空)에 검찰이 들이닥쳤고, 이 항공사의 고위층 인사 7명이 후난성 검찰원으로 압송됐다. 부패혐의였다. 그들은 광저우에서 후난성 창사(長沙)로 이송되어 강도 높은 조사를 받았다. 언론은 조사 과정을 통해 민항중남국과 관련된 여러 부패 혐의가 드러났을 것으로 추측했다. 검찰 수사망은 서서히 류야쥔 국장을 옥죄어갔고 궁지에 몰린 류 국장은 세상을 버렸다.

'가재는 게 편'이라고 공안은 사건을 축소했다. 공안이 발표한 류아쥔의 사망 원인은 우울증이었다. '욱' 하는 심정에서 자살을 했다는 설명이었다. 그러나 누구도 믿지 않았다. 중국민항의 남부지역을 책임지는 그가 우울증으로 자살을 했다? 지나가는 소가 웃을 일이라는 반응이었다. 중국인들은 중국 항공산업을 총괄하는 중국민항의 뿌리 깊은 부패를 잘 알고 있었기 때문이다. 류아쥔 국장이 철길로 뛰어든 2010년 상반기에 터진 부패만 정리하면 이렇다.

- 민항국 부국장 위런루(宇仁錄) 수뢰혐의 체포
- 수도공항공사 회장 장즈중(張志忠) 부정부패 혐의 구금
- 선지수(중국의 감사원), 중국민항 내 4개 부패 사실 적발
- 다롄 국제공항공사 사장 후즈안(胡志安) 부패혐의 구금

인민들은 '욱'하는 심정에서 철길로 뛰어들었다는 경찰의 발표를 믿지 못했다. 공산당을 바라보는 중국인들의 시각은 점점 더 시니컬해지고 있다.

권력과 부를 나누는 사람들

2011년 7월 23일, 저장성 원저우에서 고속철도 추돌사고가 났다. 40여 명이 사망하고, 300여 명이 크게 다치는 대형 사고였다. 고속철도는 중국의 자랑이다. 세계 최고 속도를 갖고 있고, 최장의 고속철도망을 갖추고 있다. 이런 고속철도에서 참사가 벌어졌으니 중국인들의 자존심이 깎여도 크게 깎였다. 그러나 중국인들을 더 화나게 한 것은 다른 데 있었다. 부패와 관련된 사고의 원인과 사건을 덮으려고 급급해한 정부의 태도에 더 분노했다.

철도부는 복마전이다. 원저우 사건이 터지기 전 6개월 동안 발생한 철도부의 부패 이력서는 다음과 같다.

- 철도부 부장(당서기) 류즈쥔(劉志軍) 부패혐의 파면
- 철도부 운수국 국장 장수광(張曙光) 부패혐의 파면
- 난창(南昌) 철도국 국장 샤오리핑(邵力平) 부패혐의 해임
- 네이멍구 허하오터(呼和浩特) 철도국 국장 린펀창(林奮强) 부패혐의 해임
- 철도부 운수국 부국장 수순후(蘇順虎) 부패혐의 해임

철도부를 책임지는 철도부장이 부패 혐의로 파면을 당했으니 그 아래는 오죽하겠는가. 원자바오 총리가 사건 발생 5일 만에 현장으로 내려가 사건 관련 혐의자들을 모두 색출해 엄중히 처벌하겠다는 말로 사태는 가라앉았지만, 당시 사건은 중국 경제계의 뿌리 깊은 부패구조를 다시 한 번 드러내기에 충분했다. 중국은 2008년 말, 4조 위안 규모의 경기부양 대책을 실시하면서 철도 분야에 막대한 돈을 쏟아부었다. 그 돈의 상당량이 부패 공무원들의 입으로 들어간 셈이다.

중국 공산당은 지난 25년 동안 벌어진 고위 관리들의 부정부패 100대 사건을 조사 분석했다. 도대체 부정부패가 끊이지 않는 이유를 밝히기 위해서였다. 조사에 따르면, 우선 부정부패의 규모가 날이 갈수록 늘었다. 1980년대에는 2건의 부패가 발각됐고 평균

수뢰 금액은 2만 위안이었다. 그러던 것이 1990년대에는 15건에 24만 위안, 2000년대에는 83건에 1,059억 위안으로 급격하게 늘었다. 중국은 부패에 연루된 관리들에게 엄한 벌을 내린다. 전체 연루자의 53퍼센트가 사형 또는 무기징역에 처해졌다. 이는 당 기관지인 〈인민일보〉가 운영하는 중국공산당신문망이 보도한 내용이다.[129] 중국 공산당 스스로 '절대권력은 절대적으로 부패하기 마련'이라는 철리(哲理)를 웅변하고 있다.

중국의 부정부패는 어제오늘의 문제가 아니다. 검찰과 감사원, 경찰 등이 총력을 기울여 부패를 잡겠다고 나서고, 당 중앙도 '부패근절'을 입이 닳도록 강조하지만 부패는 끊이지 않는다. 체제와 관련된 문제이기 때문이다.[130] 중국에는 공산당을 견제할 만한 정치적 세력이 없다. 사법 독립은 기구 편재 상으로만 나눠져 있을 뿐 실질적으로는 공산당의 지령에 따라 움직인다. 《중국 공산당의 비밀The Party》을 쓴 리처드 맥그레거(Richard McGregor) 〈파이낸셜타임스〉 기자는 "중대 사건의 경우 사법부는 형량을 결정할 뿐, 죄의 유무를 결정하는 것은 공산당"이라고 지적하고 있다.[131] 사법부 독립이 되지 않으니 법치가 이뤄질 리 없다.

게다가 대형 부정부패 사건의 배후에는 권력투쟁이 도사리고 있다. 1995년 천시퉁(陳希同) 베이징 시장 부패사건은 베이징방의 몰락을 가져왔고, 2005년 부패혐의로 철창 신세를 진 천량위(陳良宇) 상하이 당서기는 상하이방에 타격을 줬다. 2012년 3월, 세계를 떠들썩하게 했던 보시라이 충칭시 당서기의 몰락 역시 그 배후에는 공청단과 상하이방 간 정치적 갈등이 자리 잡고 있었다. 중국 지식인들은 "권력과 부를 나눠먹는 권귀 자본주의가 중국을 병들게 하고 있다"라고 한탄한다.[132] 이 문제에 대한 해결책은 하나뿐이다. 권력을 분산하고 상호 견제와 감시 체계를 구축해야 한다. 시장 기능이 살아나 자원이 효율적인 곳으로 흘러야 하는데 중국은 그게 안 된다.

원저우 철도 사고 당시 현지 당국이 한 일은 "덮어!"였다. 문제가 된 열차를 통째로 땅에 묻으라는 지시였다. 문제점을 드러내 해결하기보다는 사실을 은폐하는 게 그들의 사태 해결 방법이다. 〈월스트리트저널*The Wall Street Journal*〉의 지적대로, 중국에서 부패를 근절하는 것은 구어진 빵에서 설탕을 축출해내는 일과 같다.[133] 이미 체제의 한 요소로 녹아 있기 때문에 속아내는 일이 불가능하다는 얘기다. 체제를 바꾸기 전까지는 말이다.

손오공 권력

이명박 한국 대통령과 후진타오 중국 주석 중 국내 정치적 힘이 더 강한 사람은 누구일까? 언뜻 보기에는 후진타오 주석이 강할 듯하다. 무소불위의 황제 권력을 행사하고 있는 공산당의 당수이니 말이다. 그러나 정답은 이명박 대통령이다. 그의 권력이 훨씬 세다. 이유는 국민이 직접선거로 뽑은 대통령이기 때문이다. 국민은 그에게 5년 동안 이 나라를 이끌어달라고 표를 줬다. 한국의 대통령은 누가 뭐라고 해도 흔들리지 않는 통치의 정당성을 갖고 있는 것이다.

그러나 후진타오 주석은 그렇지 못하다. '체육관'에서 그들만의 합의에 따라 권력을 잡았기 때문에 끊임없이 국민의 눈치를 봐야 한다. 당이 국민들을 감시하고 통제하는 시기에는 윽박지르고 감출 수 있었다. 그러나 국민들이 인터넷으로 무장한 지금은 어림없다. 인터넷은 당의 어떤 보고체계보다 정보를 더 빨리 퍼트리고, 당이 독점하고 있던 정보를 파헤쳐 세상에 드러낸다. 인터넷이 후진타오 주석을 압박하는 권력으로 등장한 것이다.

충칭에서 벌어진 '보시라이 사태'의 권력투쟁이 백일하에 드러난 것도, '내 아버지는 리강'이라는 사건이 공개된 것도, 민항총국의 관리 죽음이 부패의 결과라는 사실이 밝혀진 것도 모두 인터넷이 있었기에 가능했다. 원저우 철도 사건은 CCTV에서 첫 보도가 이뤄지기 수시간 전에 이미 인터넷에 현장 사진이 돌았다. 네티즌들은 김정일 전 북한 국방위원장의 중국 방문 루트를 생중계하기도 한다. 중국에서도 인터넷은 공산당의 권력 기반까지 뒤흔드는 치명적인 존재로 등장한 것이다.

3장에서도 언급했듯, 중국의 인터넷을 발전시킨 것은 아이러니하게도 공산당의 탄압이었다. 공산당이 1989년 6월 천안문 민주화 시위를 탱크로 진압했고, 그로 인해 미국에 남게 된 유학생들이 10년 후 귀국길에 오르면서 실리콘밸리의 정보혁명을 중국으로 전파한 것이다. 중국 정부는 인터넷을 행정의 한 수단으로 활용할 수 있다고 판단했다. 상부의 지시를 인민들에게 전달하는 통로로 안성맞춤이었다. 그러나 인터넷은 속성상 정보 권력의 독점을 용납하지 않는다. 중국이라고 다르지 않았다. 네티즌들이 인터넷에서 정보를 공유하고 창출해내면서 권력의 정보 독점을 깨기 시작한 것이다.

홍콩의 유명 정치평론가이자 〈아주주간亞洲週刊〉 편집장인 추리번(邱立本)은 이 같은 중국 정치·사회를 '화단의 정치와 손오공 사회'로 표현한다. '화단(花旦)'은 중국인들이 즐겨 보는 경극(京劇)의 여자 배역이다. 그는 무대 이곳저곳을 돌며 갖은 교태로 아양을 떤다. 화단은 언제나 종종걸음으로 움직일 뿐 절대 뛰지 않는다. 경극 속 또 다른 캐릭터인 손오공은 화단과 반대다. 손오공은 하늘로 치솟기도 하고, 연기 속으로 사라지기도 하고, 무대 안팎을 활보하며 적들을 괴롭힌다. 변신에도 능하다.

추리번은 정치개혁에 과감하게 나서지 못하는 공산당을 종종걸음치는 화단으로, 세상 곳곳에서 비리를 파헤치는 네티즌들을 손오공에 비유했다. 천궁(天宮)을 휘저으며 변화무쌍하게 움직이는 손오공처럼 중국 네티즌은 인터넷 공간에 출몰해 권위에 도전하고 부정부패를 폭로한다는 설정이다. 중국의 손오공 수(인터넷 가입자)는 현재 약 5억 명. 이들의 활동 공간은 이제 통신으로 넘어가고 있다. 페이스북 개념의 SNS 매체인 웨이보(微博) 가입자 수는 3만 명을 넘어섰다. 이들은 자신의 의견을 교환하고 토론을 벌인다. 공산당 권력이 미치지 않는 곳에 새로운 정치의 장이 들어서고 있는 것이다.

2008년 12월 10일에 공포된 '08헌장'을 대중들에게 퍼뜨린 것도 이들 손오공이었다. 지식인 303명이 서명한 '08헌장'은 공산당을 '집정집단(執政集團)'으로 묘사하는 등 당을 겨냥한 선전포고문을 방불케 했다. 네티즌들은 언론·출판·결사의 자유보장, 인권보장, 삼권분립 등 정치민주화를 요구하는 헌장 내용을 인터넷에 퍼 날랐다. 당국의 집요한 방해에도 불구하고 헌장 서명자는 이메일을 통해 확산됐고 그 수는 8,000명을 넘어섰다고 한다.

중국 정치무대에는 예약된 '공연'이 적지 않다. 티베트 봉기 기념일, 천안문 사태 기념일, 우루무치 봉기 기념일 등 손오공을 자극할 수 있는 이벤트가 널려 있다. 손오공은 사건만 터지면 언제든 무대 위로 나와 여의봉을 휘두를 태세다. 종종걸음 치는 정치무대 속 화단의 마음은 다급하기만 하다. 중국 정치무대에는 손오공의 배역들이 점점 더 늘어나고 있다. 이러한 이유로 2011년 중동발 '재스민 혁명'이 중국에 상륙했을 때 당국은 바짝 긴장했다.

중국 공산당에게 6·4 천안문 사태는 원죄다. '민주'를 외치며 천안문 광장에 몰렸던 시위대는 콩 볶는 듯한 총성과 함께 쓰러졌다. 인민을 해방시킨다는 '인민해방군'이 인민에게 총 뿌리를 겨눈 것이다. 중국인들은 망각을 강요받았다. 젊은 학생들은 그날 일을 배우지 않았고, 중년들도 '동란(動亂)'이었다며 추억을 꺼렸다. 잊힐 만도 했다. 경제는 일본을 제치고 세계 2위로 올라섰고, 올림픽에서는 미국을 제치고 종합 1위를 차지했다. TV와 극장에서는 〈대국굴기〉, 〈부흥의 길〉 등 중화 민족의 우수성을 찬양하는 다큐멘터리와 영화가 끊이지 않는다.

그러나 손오공들은 6월이 오면 여지없이 무대 위로 모습을 드러낸다. 2012년 5월에는 미국에서 공부하고 있는 중국 유학생 8명이 천안문 사태의 재평가와 정치체제 개혁을 요구하는 공개서한을 보내기도 했다. 캘리포니아주립대학 등에 재학 중인 이들 손오공은 인터넷 매체 보쉰(博訊)에 공개된 서한을 통해 "천안문 사태의 재평가를 중국 정치개혁의 첫걸음으로 삼으라"며 인치(人治)에서 벗어나 법치와 민주를 근간으로 한 헌정(憲政)국가로 거듭나야 한다고 주장했다.[134] 천안문 사태가 중국의 인터넷을 발전시키고, 인터넷이 또다시 천안문 사태의 진실을 요구하는 아이러니의 연속이다. 이렇게 인터넷 권력은 공산당 권력을 정면으로 겨냥하고 있다.

천안문 사태에 대해 배우지 않은 중국 내 20~30대 젊은 손오공들은 이제 이런 질문을 던질지도 모른다. "천안문 사태는 왜 일어났으며, 탱크는 왜 시민들을 짓밟았는가?"라고 말이다.[135]

04
신세대 농민공의 반란

　2010년 들어 광둥성 노동계는 뒤숭숭했다. 대만계 전자부품업체인 폭스콘(Foxconn)에서 노동자들의 자살이 잇따랐기 때문이다. 신문에 보도된 것만도 12명이었다. 함께 근무했던 친구가 죽어나가고 있는데도 동료들이 할 수 있는 일은 없었다. 삼삼오오 모여앉아 수군거리는 게 전부였다.

　전자제품 조립공장을 운영하고 있는 폭스콘은 중국에서만 약 100만 명을 고용하고 있다. 그 중 절반이 광둥에서 근무한다. 6인 1실의 기숙사에서 그들이 할 수 있는 것이라고는 낮에는 일, 밤에는 잠이 다였다. 그들은 자신이 만드는 부품이 어디에 쓰이는지도 몰랐다. 모두가 회사의 한 부품일 뿐이었다. 회사는 굴종을 강요했다. 노동조합이라는 공회도 그들을 대변하지 못했다. 성장을 외쳐대는 정부는 그들을 외면했고 법은 멀리 있었다. 아무리 근무 환경이 열악해도 저항할 수 없었다. 대체 가능 노동력은 얼마든지 널려 있었기 때문이다. 이 같은 무기력은 폭스콘 노동자 12명을 자살로 몰아넣었다.

그러나 다른 움직임도 있었다. 폭스콘의 노동자들이 죽어나가던 바로 그때 광둥성 포우산(佛山)에 있는 난하이혼다(南海本田) 공장에서 파업이 발생했다. 이곳 노동자들은 죽음보다는 저항을 선택했다. 노동자들이 스스로 '권익 찾기'를 시작한 것이다.

2010년 5월 17일에 발생해 6월 4일에 끝난 보름간의 난하이혼다 파업은 중국의 노동 현실을 그대로 보여줬다. 회사에 분규가 발생하면 회사-노동자-노조-정부 등 관계자들이 어떻게 움직이는지를 알 수 있다. 중국에 진출한 한국 기업 역시 파업에 시달리고 있다. 현미경을 들고 난하이혼다 파업을 살펴봐야 할 이유다. 당시 언론에 보도됐던 각종 자료를 모아 구성해봤다.[136]

마오의 후예

시위가 조직화될 때는 주동자가 있기 마련이다. 난하이혼다 파업의 주동자 이름은 탄즈칭(譚志清). 24세 후난성 출신이다. 탄즈칭이 난하이혼다에 근무한 것은 2년 4개월쯤 된다. 그는 대학시험에서 낙방한 뒤 취업 전선에 뛰어들었다. 집이 가난했기 때문에 다른 선택이 없었다. 일자리를 찾아 광둥행 기차를 탔고 난하이혼다로 갔다.

그는 당시 월급으로 1,300위안, 우리 돈으로 23만 원 정도를 받았다. 탄즈칭은 이 돈 중 방값으로 200위안, 식비로 200위안을 쓰고 나머지 돈은 모두 고향 부모님에게 부쳤다. 자신이 돈을 쓴다는 일은 상상도 할 수 없었다. 그는 〈중국신문주간中國新聞週刊〉이라는 잡지와의 인터뷰에서 "혹시 시내 번화가를 가게 되면 가급적 빨리 걸었다"라고 말했다. 거리에 진열되어 있는 상품들을 보게 되면 사고 싶은 마음이 생길까봐 겁이 났기 때문이다.

탄즈칭은 비록 가난했지만 고등학교를 졸업했기에 '지식청년'으로 불렸다. 같은 후난성 출신인 마오쩌둥의 혁명 열기가 그에게 있었던 것일까? 어느 날 그는 스스로 무엇인가를 해야 할 것 같은 생각이 들었다.

2010년 3월, 탄즈칭은 같은 후난성 친구인 샤오샤오(小宵)에게 '거사' 계획을 털어놓았다. "난 퇴직하기로 했다. 그러나 남아 있는 동료들의 복지를 위해 무엇인가를 하고 가겠다." 이 말을 들은 샤오샤오도 "나도 같은 생각"이라며 맞장구를 쳤다.

4월 29일, 탄즈칭은 사표를 냈다. 그러나 금방 그만둔 것은 아니다. 사표 제출일부터 한 달 후 사표가 수리된다는 회사 규정 때문이다. 사표를 냈지만 회사는 출근하는 상황이었다. 그런 상황 속에서 그는 '동료의 복지 향상을 위한 활동'을 준비했다.

5월 17일, 언제나 그랬듯 새벽 근무 출근길 노동자들은 피로에 찌든 모습이었다. 출근버스에 탄즈칭도 타고 있었다. 평범한 하루였지만 탄즈칭에게는 인생을 모두 건 모험이 시작되는 날이기도

2010년 5월에 발생한 난하이혼다 파업은 중국 노동계의 획을 긋는 사건이었다. 이 파업을 계기로 중국 노동자 임금이 급등했고 파업은 전국으로 확대되기 시작했다. (ⓒ Imaginechina)

했다. 작업시간이 다가왔다. 탄즈칭 역시 생산라인에 섰다. 그가 첫 번째로 해야 할 일은 작업시작 버튼을 누르는 일이었다. 그가 버튼을 누르면 비로소 라인이 돌기 시작한다. 그러나 탄즈칭은 이 날 작업버튼 대신 비상벨을 눌렀다. 사이렌 소리가 났다. 그러자 옆에 있던 동료들이 "뭐야?" 하고 쳐다봤다. 그 순간 탄즈칭과 샤오샤오가 작업대를 빠져나와 외쳤다.

"급여가 너무 작다! 모두 일하지 말자!"

그들이 외치자 변속기 조립공장의 직원 10여 명이 호응했다. 모두 후난성 출신이었다. 파업 시위대는 변속기 조립공장 직원 50명으로 불어났다. 이들은 옆 압연라인으로 옮겨가면서 파업 구호를 외쳤고 시위대 규합에 나섰다. 그러나 호응은 높지 않았다. "쟤들 왜 저래?"라는 반응이었다. 애써 외면하기도 했다. 시위대는 밖으로 나왔다. 농구장에서 연좌시위를 벌였다. 관리자들이 출근하다가 그 광경을 봤다. CEO는 작업에 복귀해 문제가 있으면 부서 내에서 해결하라고 요구했다. 그러나 시위대는 움직이지 않았다.

점심때가 되자 100여 명으로 불어난 시위대는 식당으로 몰려갔다. 회사 측이 '요구가 무엇인지를 적으라'며 화이트보드 6개를 준비했다. 시위대 중 일부가 그곳에 요구사항을 썼다. 대략 700개에 달했다. 그만큼 그들에게는 불만이 많았다. 오후 3시쯤 회사 측의 공식 입장이 나왔다. 5월 21일까지 만족할 만한 답을 줄 테니 작업에 복귀하라는 요구였다. 탄즈칭은 회사 측이 성의를 보였다고 생각하고 파업을 풀었다. 공장은 다시 돌아갔다. 이때까지만 해도 파업이 20일 동안 지속될 것이라고 생각하는 사람은 아무도 없었다.

5월 20일 노사협상이 시작됐다. 노동자 측은 조립·주조·주물 등 5개 과에서 각각 2명씩 대표를 뽑았다. 회사 측은 CEO를 포함해 4명으로 대표단을 구성했다. 공회 측도 제3자 자격으로 협상에 참여했다. 노동자 측 요구는 간결했다. '기본급 800위안 인상, 향후 매년 15퍼센트 인상'이었다. 회사 측은 '모든 정식 직원에게 55위안씩 임금 인상'이라는 협상안을 제시했다. 800위안 대 55위안. 이 협상안을 통보받은 노동자 측은 분개했다. 회사의 무성

의한 협상 태도 때문이었다. 노동자들을 분노하도록 만든 일은 또 있었다. 노동자들의 권익을 위해 존재해야 할 공회가 협상 과정에서 아무런 입장을 내놓지 않았다는 점이다. 노동자들은 자신들의 입장을 대변해줄 줄 알았던 공회에 실망했다. 다시 파업이 시작됐고, 탄즈칭의 조직으로 시위대는 300여 명으로 늘어났다.

5월 22일 12시, 기름에 불을 붙이는 사건이 벌어졌다. 회사 측이 사내 방송을 통해 탄즈칭과 샤오샤오를 해고한다고 발표한 것이다. "시위했다고 내 동지를 해고해?"라는 반발 분위기가 형성되면서 파업 동참자는 더 불어나기 시작했다. 시위는 점점 통제할 수 없는 상황으로 번졌다. 회사 측은 작업에 복귀하지 않는 노동자들을 모두 해고하겠다고 으름장을 놓았다. 사진촬영을 통해 시위대 가담자 채증활동도 시작했다. 시위대들은 모자와 마스크를 쓰기 시작했다.

회사 측은 한편으로 노동자들의 마음을 돌리기 위해 안간힘을 썼다. 2,000여 명의 직원 중 3분의 1을 차지하고 있는 실습생들을 따로 불러 회유하기도 했다. 이들은 고등학교 재학 중에 파견된 견습생들이었다. 학교장이 학생들을 직접 만나 설득했다. 그러나 실습생들의 불만은 더 높았다. 그들의 월급은 900위안에 불과했던 것이다. 게다가 이들 대부분은 1990년대 이후에 출생한 '소황제'였다. 당당하게 요구하고 불만을 표출하는 세대라는 걸 회사 측은 잊고 있었다.

5월 26일, 광저우 혼다자동차의 생산라인이 대부분 멈췄다. 난하이혼다에서 부품이 공급되지 않았기 때문이다. 언론은 차차 이 파업에 관심을 갖기 시작했다.

5월 28일, 인터넷에서 관련 기사와 평론이 사라졌다. 정부의 통제가 시작된 것이다. 경찰은 공장으로 향하는 도로를 봉쇄했다. 그러나 노동자들의 휴대전화를 막지는 못했다. 그들은 파업, 시위 상황을 문자를 통해 시시각각 외부로 전했다. 인터넷에는 자기들의 요구사항을 제시했다. 문화대혁명 때 대자보가 학생들의 뜻을 전하는 매체였다면, 지금은 휴대전화 문자가 그 기능을 대신하고 있었다.

노동자 구타하는 노조

임금인상에서 시작됐던 파업은 이제 그 정점을 향해 치닫고 있었다. 이를 촉발한 중요한 사건이 5월 31일 벌어졌다. 이날 오후 노란 모자를 쓴 청년 100여 명이 난하이혼다 파업 현장에 들이닥쳤다. 가슴에 '獅山工會'라는 글자가 적힌 옷을 입고 있었다. 이 지역의 상급 노동조합인 스산(獅山)공회 소속 청년들이 파업 현장으로 들어온 것이다. 이들은 파업 노동자들을 밀어붙였다. 파업은 불법이니 작업에 복귀하라는 것이었다. 결국 양측은 충돌했고 파업 노동자 3명이 부상을 당했다. 큰 충돌은 아니었다. 그러나 이 사건은 난하이혼다 파업의 흐름을 바꿔놓기에 충분했다.

"뭐? 공회가 노동자를 구타했다고?" 노동자들은 격분했다. 노동자의 권익을 위해 존재해야 할 공회가 사용자 편에 서서 노동자를 구타했으니 더 말할 것도 없었다. 파업 노동자들은 그들이 자기네 편이 아니라는 것을 깨닫게 됐다. 공회는 친구가 아닌 적이었다. 격분한 노동자들이 파업에 속속 가담하기 시작했다. 공회는 협상에서도 노동자 편을 들지 않았다. 회의를 주재한답시고 발언 순서를 정하고 순서에 따라 발언권을 상대에게 넘겨주는 일만 했다.

난하이혼다에 공회가 설립된 것은 2008년이었다. 설립과 함께 전 직원 월급에서 일정액을 공회 활동비로 떼어갔다. 모아진 돈의 60퍼센트는 난하이혼다 공회에서 쓰고, 나머지 40퍼센트는 상급 스산공회로 상납했다. 돈을 받아가던 스산공회가 노란 모자를 쓴 청년 100명을 보내 파업 노동자를 구타한 것이다.

중국 공회의 태생적 한계였다. 공회의 활동은 2001년 10월 개정된 '공회법' 규정에 따라야 한다(흔히 '신공회법'이라 한다). 이 법에 따르면 공회는 회사 측이 보수나 근무시간 등 직원의 정당한 권리를 침해할 경우 노동자의 대표자격으로 회사 측에 시정을 요구할 수 있다. 그래도 회사가 시정을 하지 않을 경우 정부에 고발하도록 되어 있다. 그러나 거기까지가 끝이다. 기업에 문제가 있다면, 그것은 정부가 나서서 시정해야 할 사안이다. 단체협상권은 있되 단체 행동권은 없다. 머리에 빨간 띠를 두르고 파업을 주도한다는 것은 상상도 할 수 없는 일이다. 지금은 많이 바뀌었다고는 하나 대부분 일선 기업들의 공회는 단지 상급공회의 결정사항을 전달해주는 기구에 불과하다. 노조의 상급기관은 전국총공회, 공산당이 장악하고 있다.

공회는 파업 노동자들을 외면했다. 정부는 '개입하지 않겠다'며 뒷짐만 지고 있었다. 파업 노동자들은 고립무원의 상태였다. 어떻게 해야 할까. 함께 뭉쳐 헤쳐나가는 길 밖에는 없었다. 노동자들의 반격은 그렇게 시작됐다.

어느 소녀의 파업

난하이혼다에서 2년째 일하고 리샤오쥐안(李曉娟). 아직 소녀티가 가시지 않은 19세 여성으로 전형적인 '90후세대(1990년대 이후 출생)' 노동자다. 그녀는 실업계 고등학교인 광둥공상기술학교를 2008년에 졸업한 뒤 실습생 자격으로 난하이혼다에서 일하게 됐다. 실습생 근무 2년이 지난 뒤에는 정식 직원으로 승진도 했다.

지극히 평범했던 그녀가 6월 3일 중국을 놀라게 한다. 이 회사 노동자 대표 자격으로 회사 측과 공회 그리고 사회를 향해 성명서를 발표한 것이다. 노사분규가 격렬하던 때였다. 공회 쪽 사람들은 파업 노동자를 폭행했고, 경찰은 주요 도로를 차단하는 상황이었다.

성명서 내용은 거침이 없었다. 우선 노동자들에게 '개별 행동을 하지 말라'고 했다. 회사의 노동자 이간책에 넘어가지 말도록 단결을 호소한 것이다. 그러면서 회사 측에는 '매년 수십억 위안의 이익을 봤는데, 그건 바로 우리의 땀과 피로 만들어진 성과'라며 성의 있는 대응을 촉구했다. 단체협상에 적극 나서라는 요구였다. 공회의 어정쩡한 태도도 맹렬히 비난했다. '공회가 노동자들의 권익을 위한다면 당연히 파업을 이끌어야 했다. 그럼에도 그들은 침묵을 지키고 있다'라고 지적하며 '공회는 생산직 노동자들의 선거로 선출되어야 한다'라고 덧붙였다. 기존 공회를 인정하지 않겠다는 선언이었다.

리샤오쥐안의 이름과 연락처로 끝을 맺은 이 성명서는 인터넷에 곧바로 공개됐다. 인터넷의 힘은 강했다. 파업은 또다시 사회적 관심을 끌게 됐다. 조용히 해결하려는 회사나 정부 입장에서는 부담이 아닐 수 없었다. '파업하는 노동자보다 인터넷이 더 무섭다'라는 말이 나올 정도였다.

이때 파업 현장에 등장한 또 다른 인물이 있었다. 창카이(尚凱) 중국인민대학노동관계연구소 소장이 그 주인공이었다. 노사관계 분야 전문가인 그는 6월 3일 일찍 퇴근해서 출장 준비를 하고 있었다. 다음 날 런던에서 열릴 학술회의에 참가할 계획이었다. 그때 전화가 울렸다.

"우리는 파업 노동자입니다. 회사는 우리가 불법 행위를 저지르고 있다고 하는데, 저희들이 보기에 불법을 저지르는 측은 회사입니다. 그러나 아는 게 없는 우리들은 반박할 수가 없습니다. 교수님이 노사관계 분야 전문가라고 들었습니다. 도와주십시오."

리샤오쥐안이었다. 그녀는 창카이 교수에게 법률고문을 맡아달라고 했다. 고민도 잠시, 창 교수는 비행기표를 바꿨다. 그리고 런던행을 포기하고 난하이혼다 파업이 벌어지고 있는 광저우로 갔다. '노동문제를 연구하고 있는 학자로서 중요한 일이 벌어지고 있는 현장을 봐야 한다'라는 생각에서였다.

그는 6월 4일의 노사협상에서 노동자 측 법률고문 자격으로 참여했다. 창카이 교수가 개입한 것은 회사 측으로서는 다행이었다. 그가 양질의 중재자였기 때문이다. 파업이 발생하면 소위 말하는 '꾼 변호사'들이 밀려온다. 이들은 파업을 선동하고 '기업으로부터 뭐 뜯어먹을 게 없나' 하고 달려들기도 한다. 이들이 끼어들면 파업이 길어지고 임금인상 폭도 커진다. 아예 외국 기업만을 목표로 파업을 선동하는 '꾼'들도 있다. 그러나 창카이 교수는 그런 부류와는 달랐다. 그는 노동자들의 입장을 충분히 전달하면서도 객관성을 유지하려고 애쓴다는 평가를 받고 있었다.

파업 현장에 등장한 또 다른 제3자가 있었다. 바로 광저우혼다 그룹 CEO였던 정훙칭(曾洪慶)이었다. 그가 파업에 개입하게 된 것은 '절박함' 때문이었다. 일본 도요타 투자회사인 광저우혼다는 난하이혼다의 파업으로 조업이 중단된 상태였다. 하루에 수십만 달러의 손실을 보고 있었다. 파업에 촉각을 곤두세우고 있던 그는 직접 나서기로 하고 난하이혼다로 갔다. 난하이혼다가 광저우혼다의 하부 계열사였기에 명분은 충분했다.

그는 노동자들을 진정시키는 게 시급하다고 판단하고, 시위대를 폭행했던 스산공회 관계자들을 만나 사과를 이끌어냈다. 공회는 '이번 파업에 공회가 적절한 대처를 하지 못했다'는 사과문을 공장에 게시했고 이를 바탕으로 협상을 벌여 노동자들을 일단 작업에 복귀하도록 했다. 공장은 다시 돌기 시작했다. 이후 정훙칭은 막후협상을 주도하게 된다.

6월 4일 오후, 본격적인 협상이 다시 시작됐다. 현지 진(鎭)정부 국장급 인사가 협상을 주재했고, 노사 양측 대표 각각 5명이 좌우로 앉았다. 리샤오쥐안은 노동자 대표 중 한 명으로 협상장에 나타났고, 창카이 교수는 고문 자격으로 협상장에 들어왔다. 정훙칭은 막후에서 협상을 지휘하고 있었다. 임금인상을 놓고 양측 협상이 본격 시작됐다. 노조 측은 기본급 800위안 인상을 요구했다. 밀고 당기는 흥정이 시작됐고 결국 500위안으로 좁혀졌다. 그러나 배분 방식이 문제였다. 회사는 가급적 보너스 또는 수당으로 지급하겠다고 했다. 매년 지불해야 하는 부담을 덜기 위해서였다. 하지만 바보가 아닌 노동자들은 전액 기본급으로 요구했다. 고정급으로 포함시켜야 정기적으로 받을 수 있기 때문이었다.

창카이 교수가 중재에 나섰다. 결국 '기본급 300위안 인상, 수당 66위안 인상, 연말 보너스 134위안 지급'으로 안을 만들어 회사 측에 제시했다. 회사도 좋다고 했다. 가장 힘들었던 임금문제가 해결된 것이다. 나머지는 속전속결이었다. 파업 노동자에 대한 법적 책임을 묻지 않기로 했다.

6월 4일 오후 9시, 협상 시작 6시간여 만에 이들은 협상타결에 성공했다. 서명을 했고, 악수를 했다. 마지막으로 기념 촬영도 했다. 5월 17일부터 시작됐던 파업 드라마는 그렇게 막을 내렸다.

'3고(高) 1저(低)' 세대의 계급투쟁

공장은 다시 돌고 파업 노동자들은 작업에 복귀했다. 그러나 난하이혼다의 파업은 또 다른 파업을 알리는 신호탄이었다. 난하이혼다의 파업 이후 수많은 기업에서도 파업이 잇따랐다. 노동자들의 최저임금은 크게 올랐다. 중국 정부도 2015년까지 임금 수준을 현재의 두 배로 올리겠다는 계획을 발표했다. 난하이혼다의 파업은 그만큼 영향력이 컸다.

난하이혼다 파업은 신세대 노동자들의 성향을 그대로 보여줬다. 이들은 '3고 1저'로 요약되는 세대들이다. 부모세대인 농민공과는 달리 학력도 높고, 직업에 대한 기대감도 높고, 소비 성향도 높다. 반면에 참을성은 낮다. 이번 난하이혼다 파업 과정에서 이들은 조직력을 보여줬다. 뭉쳐야 산다는 '계급의식'에 눈을 떴다. 이와 같은 의식이 퍼진다면 산업 현장에는 격렬한 충돌이 벌어질 수밖에 없다. 기존 농민공들은 악조건 속에서도 묵묵히 일을 했지만 신세대 노동자들은 이제 "노!"라고 말한다. 더 이상 희생을 강요하지 말라는 몸부림이다. 이제는 그들의 목소리를 듣고, 이해하고, 존중하는 기업만이 중국에서 성공할 수 있다.

난하이혼다 파업 취재 과정에서 만났던 우리의 주인공들은 어떻게 됐을까?

처음 파업을 주도했던 탄즈칭은 회사를 그만두고 다시 대학 입시에 도전했다. "중국에서 노동자로 살아간다는 것이 얼마나 힘든 일인지를 알았기 때문"이라고 그는 말한다. 그의 후난성 동료였던

샤오샤오와 실습생 치웨이(戚威) 역시 회사를 그만두고 각각 고향으로 돌아갔다.

창카이 교수는 협상이 끝난 뒤 베이징 연구실로 돌아왔다. 그는 난하이혼다 파업이 중국 노동계에 어떤 영향을 미칠지에 대한 보고서를 썼다. 한국에도 다녀갔다.

리샤오쥐안은 생산 현장에 남았다. 그녀는 아직 할 일이 많다. 공회를 새로 구성하고 이번 협상에서 처리하지 못한 근무연수별 임금 재조정안도 다시 논의해야 한다. 그녀에게 진정한 파업은 이제부터가 시작인지도 모른다. 협상 타결 직후 리샤오쥐안은 성명서를 다시 냈다.

"우리의 이번 싸움은 1,800명 난하이혼다 직원의 복지증진으로 끝나는 것이 아니다. 우리는 모든 노동자들의 권익에 관심을 두고 있다. 우리는 이번 파업이 노동자들의 권익 향상에 중요한 선례가 되기를 희망한다."

중국 노동 현장 곳곳에는 지금 제2, 제3의 리샤오쥐안이 재봉틀을 돌리고 있다. 중국의 노동환경이 바뀌고 있다는 애기다.

Chapter 5

시진핑 시대 한국의 길

어찌 보면 이제까지의 중국 비즈니스는 쉬웠다. 우리는 '세계 공장'이라는 중국에 부품을 공급하기만 하면 됐다. 그 부품을 조립해 수출하는 것은 중국 노동자와 기업의 몫이었다. 중국 수출이 늘어나면서 한국도 덩달아 수출이 늘었다. 덕분에 1997년, 2008년 금융위기 극복의 힘을 중국에서 찾기도 했다. 그런 면에서 중국은 축복과 같은 존재였다. 그러나 앞으로도 그럴 것이라고는 장담할 수 없다. 양국 경제협력은 지난 20년과는 전혀 다른 패러다임으로 짜일 것이기 때문이다. 중국의 성장 패턴이 투자·수출에서 내수소비 위주로 바뀌면서 제조업을 고리로 맺어졌던 협력 체제는 변화가 불가피하다. 중국의 성장통은 자칫 우리 경제에 위기를 가져다줄 수도 있다. 새로운 패러다임 변화에 적응하지 못한다면 중국은 축복이 아닌 '저주'의 존재로 바뀔 수도 있다. 변화하고 있는 중국, 우리의 대응은 무엇인가.

01
제조업: '규모'와 '기술'의 싸움

1990년대 중국의 부상은 아시아의 산업지도를 바꿨다. 공정 분업이 핵심이다. 아시아 여러 나라가 제품의 생산 과정에서 협업하는 구조다. 높은 기술이 요구되는 부품은 한국, 일본, 대만 등에서 만들고, 원자재가 필요한 단순 부품은 태국, 말레이시아 등 동남아에서, 마지막 단계인 조립 공정은 노동력이 풍부한 중국에서 이뤄지는 분업 체제다.[137] 중국에서 생산된 제품은 미국, 유럽 등 서방시장으로 수출된다. 중국 수출품에 붙은 원산지 표시는 '메이드 인 차이나(Made in China)'가 아닌 '메이드 인 아시아(Made in Asia)'이어야 맞다.

한국과 중국이 수교한 1992년은 이러한 분업구조가 자리를 잡아가던 때였다. 우리나라는 수교와 함께 아시아 생산 분업에 적극적으로 뛰어들었다. 많은 기업들이 공장을 중국으로 옮겼고, 중국 투자기업은 부품을 한국에서 가져갔다. 임가공 공장이 중국으로 이전하면서 국내 산업구조는 자의반 타의반 고도화의 길을 걸었다. 2000년대 초 김대중 정부가 IT산업 위주의 산업 고도화 정책을 추진한 것도 임가공 공장을 받아준 중국이 있었기에 가능했다. 한중 수교가 우리나라 산업체질 개선에 결정적인 기여를 한 것이다.

그러나 고속 성장을 이뤄낸 중국은 시간이 지나면서 점차 위협적인 존재로 우리에게 다가왔다. 거대한 블랙홀처럼 우리 산업을 빨아들이면서 우리의 일자리를 빼앗아갔기 때문이다. 임가공 공장에서 시작된 중국 투자가 자동차·철강·조선, 심지어 LCD·반도체 등으로 확산되면서 단순 일자리뿐만 아니라 고급 일자리도 중국으로 넘어가고 있다. 노트북 생산 관련 일자리는 상하이 쿤산(昆山) 등으로 넘어간 지 이미 오래다. 하이닉스에 이어 삼성도 중국에 반도체 공장을 건설하면서 반도체 일자리도 상당 부분 중국에 빼앗길 판이다.

경제협력의 주도권도 중국으로 넘어간 지 오래다. 수교 초기만 하더라도 우리 기업은 기술과 자본을 앞세워 중국에서 떵떵거리며 사업을 할 수 있었으나 지금은 숨을 죽이며 조심스럽게 비즈니스를 해야 한다. 조금 튀었다가는 중국 당국으로부터 뒤통수를 얻어맞기 십상이다. 여러 면에서 중국 현지 업체와 힘겨운 경쟁을 해야 한다. 뒤늦게나마 중국에 진출하려는 업체는 까다로운 중국 정부의 승인을 기다려야 한다. 새롭게 형성되고 있는 한중 경협의 패러다임 변화는 우리에게 부담으로 작용하고 있다.

3통 패러다임

중국 경제에서는 현재 3가지의 '통합 트렌드'가 형성되고 있다. 생산의 국내 통합, 생산과 시장의 통합, 제조업과 금융업의 통합 발전 등이 그것이다. 이러한 움직임은 우리 기업의 중국 전략에도 직결되는 사안이므로 그 흐름을 주시할 필요가 있다. 우선 생산의 국내 통합을 보자.

중국은 그동안 중간재를 해외에서 수입해왔지만 이제는 '국내에서 모두 조달하겠다'고 나서고 있다. 자국 기술 수준이 높아지면서 기술집약도가 높은 부품도 국내에서 조달할 수 있게 됐기 때문이다. 3장에서 지적한 '풀세트 공업구조' 구축이 그것이다. 그동안 주변 국가에 흩어져 있던 생산 공정이 중국 국내로 통합되고 있는 것이다.

2001년 4.0퍼센트에 머물렀던 중국의 중간재 시장점유율은 10년 만에 약 11퍼센트 수준선으로 올랐다.[138] 2010년에는 일본과 미국을 제치고 부품·소재 수출 세계 1위국으로 부상했다. 그만큼 중국의 중간재 기술이 향상됐다는 얘기다. 2002년부터 시작된 중국의 자주창신 전략이 만들어낸 결과다.

중국으로 진출한 국내 업체들은 이제 한국에서 가져가는 부품을 점점 줄이고 있다. 중국에서도 얼마든지 좋은 싸고 좋은 부품을 중국 내에서 조달할 수 있기 때문이다. 투자기업들이 중국 내에서 조달한 부품은 지난 2005년 약 40퍼센트에서 2010년에는 60퍼센트로 늘어났다.

우리나라 수출에는 치명타다. 전체 수출 중 약 25퍼센트가 중국으로 가고, 그 중에서 약 70퍼센트가 중간재로 구성되어 있다. 중국에 대한 중간재 수출이 한국 수출의 등뼈와 같은 존재였는데 그 등뼈가 지금 휘고 있는 것이다.

이제 우리 기업이 살길은 기술개발뿐이다. 중국보다 한 발 앞선 기술로 생산 과정을 리드해야 한다. 중간재 및 소재 분야 연구개발 지원을 늘리고, 이 분야 중견 기업들의 시장 개척을 도와야 한다. 필요하다면 일본의 부품업체를 사들여서라도 기술력을 키워야 한다. 기술력이 없다면 제조업 분야에서 우리가 파고들 중국시장은 없다. 이것이 현실이다.

거대한 연구개발 센터

2011년 여름, 한국 사회는 한진중공업 사태로 갈려 있었다. 한 노동자가 부산 영도의 조선소 타워크레인에 올라 시위를 벌이자 지지파와 반대파가 서로 헐뜯고 비방하며 충돌했다. 그렇게 300일을 싸웠다. 우리는 그 이유를 안다. 사주의 전횡, 해고, 파업, 여기에 정치까지 가세했다. 그러나 좀 더 길게 보면 사태 이면에 중국이라는 요인이 깔려 있음을 발견할 수 있다. 그 사정은 이렇다.

2001년 말, 중국이 WTO에 가입하면서 고통은 잉태되고 있었다. 시장개방 효과로 중국의 무역량이 급격히 늘었다. 중국의 수출은 2000년대에 들어 매년 20~40퍼센트씩 증가했고, 철광석·식량 등 자원 수입도 급증했다. 배가 필요했다. 해운업계는 선박이 없어 아우성이었다. '조선회사'라는 이름만 내걸어도 배를 수주할 수 있는 시기였다. 세상에서 배를 가장 빠르고 튼튼하게 그리고 가볍게 만드는 나라가 한국이다. 배 주문이 쏟아지면서 국내 조선업계는 즐거운 비명을 질렀다. 투자 붐도 일었다. 부품 기자재업체들도 완성배를 만들겠다며 독(dock) 건설에 나섰다. 2007년에는 남해안에 '조선 벨트'가 형성되기도 했다.[139]

이때 우리가 놓친 게 하나 있었다. 바로 이웃 중국의 동향이었다. 중국에는 '국조국수(國造國輪)'라는 정책이 있다. 자국이 만든 제품은 자국 배로 나른다는 뜻이다. '선박 국산화'인 셈이다. 중국 정부 역시 배 수요가 늘어나자 대규모 조선산업 육성 방안을 발표했다. 다롄에서 광저우까지, 동부 연안도시에 우후죽순 격으로 조선업체가 생겼다. 서해를 가운데 마주보고 있는 두 나라가 '배 만들기 경쟁'을 벌인 것이다.

호황이 있으면 불황이 있는 법. 2008년 세계 금융위기가 터지면서 시장은 싸늘하게 식었다. 밀려들던 주문은 사라지고 새로 만든 부두는 애물단지로 변했다. 피해는 고스란히 한국 몫이었다. 중국 기업은 국가라는 든든한 후원자가 있었기에 버틸 수 있었다. 그들은 국가(국유은행)의 자금 지원을 등에 업고 수주량을 늘리기도 했다. 반면 한국 업계는 C&중공업이 쓰러지는 등 가혹한 구조조정에 시달려야 했다. 기자재업계의 줄도산도 이어졌다. 한진중공업도 피해가지 못했다. 그리고 이는 한 노동자의 고공 파업을 부른 원인이 됐다.

중국을 고려해야 했다. 투자에 매달리기보다는 완성배업체와 기자재 회사 간 공급 사슬을 정비하고, 그 돈으로 부품기술 개발에 매진해야 했다. 정부는 중국의 상황을 충분히 반영해 정책을 수립하고 정보를 제공해야 했다. 중국과의 크기 경쟁은 무모한 짓이다. 규모라면 중국은 여러 분야에서 이미 세계 최대이자 최고다. 자동차의 원조라는 미국을 제치고 세계 최대 자동차 생산·소비 대국으로 등장한 나라가 바로 중국이다. 그런 나라와 규모 경쟁을 벌였으니 결과가 뻔했다. 2010년 중국은 한국을 제치고 세계 최대 선박건조 국가 자리를 차지했다. 조선업계에는 '일본에서 빼앗아온 선박 강국의 영광을 중국에 넘겨주게 됐다'며 위기감이 팽배했다.

그렇다고 주눅 들 필요는 없다. 우리 산업은 분명 중국을 이길 수 있는 힘이 있고, 그럴 만한 경쟁력이 있다. 역시 조선업계가 그 해결책을 제시했다. 이들은 우리가 어떻게 하면 중국의 기술 추격을 따돌릴 수 있는지 보여줬다.[140]

중국은 조선업이 세계 1위를 차지했다고는 하지만 기술 함량이 낮은 벌크선 위주였다. 그러나 2011년에 들어와 상황은 달라지기 시작했다. LNG, 드릴십(Drill Ship, 해양자원 시추선) 등 고부가가치 선박의 발주가 쏟아졌고 한국 업체가 거의 독식하다시피 했다. 중국이 흉내 낼 수 없는 독보적 기술이 있었기에 가능했던 일이다.

'World Best.' 중국 조선업은 2010년 한국을 제치고 수주량 세계 1위를 기록해 업계를 깜짝 놀라게 했다. 국내에서도 위기감이 높았다. 그러나 2011년 한국은 또다시 중국을 누르고 세계 조선 대국의 자리를 회복했다. 그 힘은 '날카로운 기술'이었다. (ⓒ STX)

덕택에 우리는 2011년 선박 강국의 자리를 회복했다. 중국을 이길 수 있는 힘은 역시 기술력에서 나온 것이다. 2012년 세계 조선업 불황으로 조선업계가 다시 위기에 직면했지만 기술을 바탕으로 한 경쟁력 구도가 사라진 것은 아니다.

선박뿐만 아니라 자동차, 철강, 화학 등 중국과 경쟁 접점에 있는 산업 분야가 다 그렇다. 중국이 벌크선을 만들면 우리는 드릴십으로 대응하고, 중국이 세계 최대 PC 생산국이라면 우리는 그 속에 들어갈 반도체를 만들면 된다. 그들이 옷을 많이 만든다면 우리는 디자인으로 승부해야 한다. 중국이 세계 공장이라면 우리나라는 그 공장에 기술을 제공하는 R&D센터가 되어야 한다. 대한민국 전체를 R&D센터로 만들어야 한다는 얘기다.

중국은 언제나 힘든 상대였다. 2000년대에 들어 업계는 "3~4년 후면 우리 기술이 중국에 밀릴 것"이라는 위기의식이 팽배했다. 그러나 반도체, 자동차, 석유화학, 조선 등 핵심 분야에서는 여전히 우리 업계가 경쟁우위를 지키고 있다. 우리는 도전에 대한 응전의 방법을 알았고, 이 과정에서 산업이 더 단단해진 측면도 있다. 그 요인은 하나다. 바로 예리한 기술력이다. 규모를 앞세워 달려드는 중국을 이길 수 있는 길은 날카로운 기술밖에 없다.

기술을 넘어 노하우로

장쑤성 우시(無錫)에 공장을 두고 있는 SK하이닉스(옛 하이닉스) 얘기다. 하이닉스가 중국에 진출한 것은 2004년 8월이었다. 여론이 들끓었다. "뭐? 하이닉스가 중국으로 간다고? 그러면 기술 다 빠져나가는 것 아냐? 막아야지!" 이런 식이었다. 기술 유출 논쟁은 업계를 벗어나 학계에도 이어졌다. 많은 전문가들이 하이닉스의 중국행을 가로막았다. '투자 계획을 백지화해야 한다'는 목소리가 여기저기서 터져 나왔다. 필자는 이때 기사에 이렇게 썼다.

"우리가 '기술 부메랑'을 우려해 투자에 머뭇거리는 사이 중국은 점차 선진 기술의 경연장이 됐다. 공연히 시장만 잃고 말았다. 하이닉스 역시 그런 틀에서 바라볼 필요가 있다. 중국은 세계 최대 반도체시장으로 크고 있는 시장이다. 그 시장에 뛰어들어야 한다. (중략) 정말 무서워할 것은 기술 부메랑이 아니라 중국으로 갈 기술이 없다는 것이다."[141]

국내 언론에서는 유일한 찬성의 목소리였다. 기사가 나간 날 아침 한 독자가 전화를 걸어왔다. 그는 다짜고짜 '매국노'라는 욕을 퍼부었다. '사대주의자'라는 욕도 들었다. 그로부터 7년여, 하이닉스는 과연 어떻게 변했을까.

2011년 말 장쑤성 우시의 SK하이닉스 공장을 찾았다. 정문에 들어서니 큼지막한 현수막 하나가 눈에 들어왔다.

"一起工作, 一起吃飯, 一起喝酒."

'함께 일하고, 함께 밥 먹고, 함께 술 마시자'는 뜻이다. 현지 관계자는 "직장에서든 가정에서든 즐거움과 슬픔을 함께 나누자는 취지"라고 설명했다. 일할 때도, 밥 먹을 때도, 놀 때도 함께하자는 얘기다. SK하이닉스의 현지화 수준이 어느 정도인지를 알려주는 표어였다.

자리를 잡자마자 가장 궁금했던 질문을 던졌다. "기술 유출 문제는 어떻게 됐나요?" 질문을 받은 현지 관계자는 피식 웃으며 답했다.

"반도체는 '기술'이 아닌 '노하우'입니다. 단순히 기술 하나 갖고 있다고 반도체를 생산할 수 있는 것은 아닙니다. 중국도 기술을 따라잡고 싶겠지요. 그러나 본사 연구센터에 있는 핵심 기술이 넘어갈 수도 없고, 설사 넘어간다 해도 공정 노하우는 절대 흉내 내지 못합니다."

반도체 생산은 조직과 팀워크의 게임이라는 의미였다. 500여 개의 공정을 완벽하게 처리할 수 있을 때 비로소 제품이 생산된다. 그러기 위해서는 사람을 키워야 한다. 개인주의 성향이 강하고, 돈을 좀 더 준다면 메뚜기처럼 회사를 옮기는 중국의 직장문화로는 반도체 사업을 하지 못할 것이라는 게 그의 설명이었다. "중국이 하이닉스 수준의 반도체 라인 하나를 운영하려면 1,000명의 기술 인력을 10년 정도 양성해야 할 것"이라는 말도 함께했다.

반도체는 기술 사이클이 워낙 짧아 후발주자가 진입하기에는 문턱이 너무 높다. 따라잡으려 하면 선두주자는 더 멀리 달아나 있기 때문이다. 기술에 자신감이 있었기에 SK하이닉스는 중국에 과감히 투자했다. 기술 유출은 역시 기우였다. 사정을 뻔히 아는 경쟁사가 퍼트린 흑색선전이었을 뿐이다.

두 번째 질문을 던졌다. "그때 만일 중국에 오지 않았다면 어떤 일이 벌어졌을까요?" 대답은 간단했다. "아마 없어졌을 걸요." 당시 하이닉스는 최악의 상황이었다. 미국으로부터 상계관세 압력을 받았고, 자금이 없어 신규투자는 생각도 할 수 없었다. 중국은 그런 하이닉스에게 공장을 지어주고 국유은행을 동원해 운영자금도 대출해줬다. 덕택에 현금 한 푼 들이지 않고 신규 공장을 세울 수 있었고 기술 경쟁에도 뒤처지지 않았다.

관계자는 우시 공업단 사무국에 설치된 812팀을 아느냐고 물었다. SK하이닉스 전담 조직이었다. 그는 "초기 8인치 웨이퍼에서 12인치 공정으로 넘어왔다는 점에 착안해 조직 이름을 '812'

로 정했다"라며 "SK하이닉스와 관련된 행정업무는 365일 24시간 처리하라는 게 시정부의 방침"이라 말했다. 기술이 있는 기업은 이렇게 중국에서 대접을 받게 되어 있다.

중국은 PC, 휴대전화 등이 가장 많이 생산되는 나라다. 당연히 최대 반도체 시장이다. SK하이닉스의 중국 반도체 시장점유율은 약 46퍼센트. 소비자(IT기기 생산업체)와 가깝게 지낼 수 있어 압도적 시장점유율을 유지할 수 있다는 게 관계자들의 설명이었다. 중국 덕택에 우리는 국내 2위, 세계 2위 반도체 회사를 살릴 수 있었다. SK하이닉스가 무섭게 달리고 있는 호랑이 등에 올라타 함께 달리고 있는 것이다. 관건은 역시 날카로운 기술과 공정 노하우였다.

02

서비스: 중국 소비자와의 소통

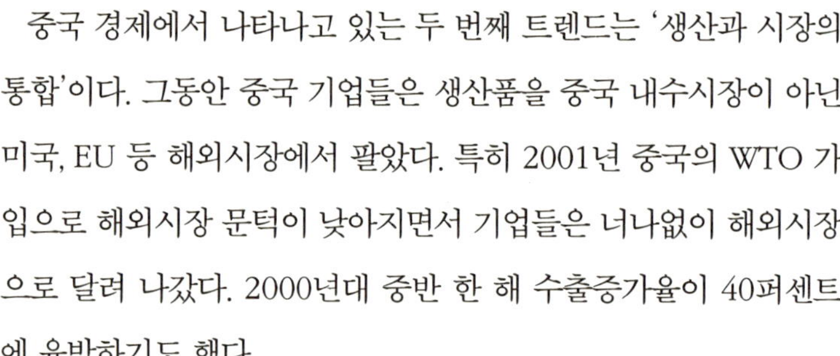

 중국 경제에서 나타나고 있는 두 번째 트렌드는 '생산과 시장의 통합'이다. 그동안 중국 기업들은 생산품을 중국 내수시장이 아닌 미국, EU 등 해외시장에서 팔았다. 특히 2001년 중국의 WTO 가입으로 해외시장 문턱이 낮아지면서 기업들은 너나없이 해외시장으로 달려 나갔다. 2000년대 중반 한 해 수출증가율이 40퍼센트에 육박하기도 했다.

 중국 기업들에게 국내 소비자들은 고려 대상이 아니었다. 오로지 어떻게 하면 원가를 줄여 미국 소비자들을 만족시킬 수 있을지에만 관심이 있었다. 노동자들은 입에 풀칠할 정도의 임금만 받아야 했다. 정부 역시 환율 등의 수단을 통해 수출지원 정책을 추진했다. 상황이 이러하니 중국 소비자들의 구매력이 높아질 리 없었고, 기업은 더욱더 수출에 매달려야 했다. 생산(중국)과 시장(해외)이 분리되었던 것이다.

'메이드 포 차이나(Made for China)' 시대 생존법

그러나 이젠 상황이 바뀌고 있다. 미국, EU 등 선진국의 경기불황으로 수출 여건이 점점 악화되면서 중국 기업들은 국내시장으로 눈을 돌리기 시작했다. 1억 6,000만 명에 달하는 중국 중산층을 향한 판매 전쟁이 시작되고 있는 것이다.

우리는 이러한 변화에 주목해야 한다. 앞서 지적한 대로 중국은 투자와 수출에 의존했던 성장 패턴을 소비주도형 성장 체제로 바꾸려는 작업을 추진하고 있다. 이를 위해 반드시 필요한 게 바로 내수시장 확대다. 중국은 소비자들의 구매력을 높이기 위해 임금을 인상하고 있고, 세금도 깎아줄 계획이다. 필요하다면 정부 재정을 털어 직접 소비를 부추기도 한다. 2008년 금융위기 직후 추진됐던 가전하향(家電下鄕), 이구환신(以舊換新) 등이 대표적인 예다.[142]

중국 전체 GDP에서 차지하는 소비의 비중은 38퍼센트 정도다. 이는 60~70퍼센트에 이르는 선진국 수준과 비교하면 터무니없이 낮은 수준이다. 이는 그만큼 시장 확대 여력이 있다는 반증이기도 하다. 그런가 하면 럭셔리 제품 소비시장 규모는 세계 1위 등극을 눈앞에 두고 있다.

커가는 중국 내수시장은 우리에게도 도전이다. 중국 소비자를 겨냥한 상품을 만들고, 중국에 진출한 투자업체들도 제품 공급선을 해외시장에서 중국 내수시장으로 바꿔야 한다. 이것이 바로 '메이드 포 차이나' 시대의 생존법이다. '무엇을 얼마나 싸게 생산할 것인가'가 아닌 '무엇을 어떻게 판매할 것인가'를 고민해야 한다. 중국 소비자와 소통해야 하는 시대가 온 것이다.[143]

중국 소비자들은 국내 기업의 순위도 바꿔놓는다. 대표적인 중국 관련주로 꼽히고 있는 오리온이 단적인 예다. 2012년 6월 말 현재 이 회사 주가는 3년 전에 비해 약 330퍼센트나 올랐다. 이에 비해 제과업계 최대 경쟁업체인 A사의 주가는 같은 기간 60퍼센트 정도 올라 코스피지수 상승률을 약간 상회하는 데 그쳤다. 330퍼센트 대 60퍼센트, 이 차이를 만든 주역이 바로 중국 소비자들이다.

오리온과 A사는 1990년대 중반 나란히 중국에 진출했다. 그러나 실적은 달랐다. 오리온의 중국법인의 매출액은 약 1조 원에 육박하고 있는 반면 A사는 오리온 매출의 10분의 1에 불과했다. 오리온의 끈질긴 투자와 적극적인 현지화 전략, 중국인들의 소비성향 연구 등이 만들어낸 결과다.

제과업계뿐만 아니다. 화장품, 의류, 주방용품 등 대부분의 소비재 시장에서도 중국 소비자는 국내 업계의 순위를 바꿔놓고 있다. 중국 소비자 공략에 성공한 기업만이 21세기에 살아남을 수 있다는 말이 나오고 있다. 200만 가구에 달할 것으로 추산되고 있는 중국 부유층이 국내 업계 판도를 바꾸는 시대가 된 것이다.[144]

한국형 관리 모델의 시작

흔히 중국 비즈니스의 성패는 현지화에 달려 있다고 말한다. 제품의 현지화, 유통의 현지화, 인사·조직의 현지화, 자금 조달의 현지화 등등이 그것이다. 현지화에 관한 한 IBM이나 GE 등 다국적기업은 '달인'이다. 그들은 현지인을 해당 지역 법인의 CEO로 채용한다. 본부에서는 돈줄만 관리한다. 현지인이 CEO를 맡으니까 현지 사정에 밝고 시장을 빠르게 파고든다. 이는 '레귤레이션(Regulation, 규정)'의 힘이다. 다국적기업은 해외에 진출할 때 레귤레이션도 함께 보낸다. 현지 CEO는 레귤레이션에 따라 자기 역할만 하면 된다. 그만큼 업무가 모듈화됐다는 것이다. 본부 임직원들은 현지 CEO를 인정하고, 존중한다. 그들은 그렇게 해외시장을 열어가고 있다.

우리 기업 중 일부도 중국에서 서방 다국적기업의 현지화 전략을 따라 한 적이 있다. 2000년대 초 SK는 IT업무를 담당하는 중국 법인 본부장으로 중국인을 영입했다. 칭화대학을 졸업했고, 미국 실리콘밸리에서 일했던 인재였다. 수억 원 연봉을 주고 모셔왔다. 바로 전까지만 해도 SK 중국 사업을 이끌어왔던 한국 파견 직원은 그 밑으로 들어가 일해야 했다. 다국적기업이 했던 그대로다. 그런데 결과는 실패였다. 2년도 버티지 못하고 현지인 CEO 체제는 막을 내렸다.

또 다른 예도 있다. 국내 10대 업체에 속하는 한 제조업체도 2008년 비슷한 경험을 했다. 고액 연봉을 주며 인사 담당 CEO급

인사를 중역으로 영입한 것이다. 그에게 인재 채용을 맡기고 한국인 직원들을 그 밑에 배치해 도와주도록 했다. 이 회사 역시 현지화에 실패했다. 그는 몇 개월 삐걱대더니 그만뒀다고 한다. 지금은 자체적으로 키운 직원을 승진시켜 그 일을 맡도록 했다. 도대체 무엇이 문제였기에 한국 기업에 채용된 중국인 CEO들은 회사를 떠난 걸까?

우리나라 기업은 아직도 사람에 의존한 경영에 익숙하다. 레귤레이션? 없다. 현지 파견 직원들이 현장에서 부딪혀가면서 익히고 습득해야 한다. 맨땅에 헤딩하는 식이다. 본부와의 긴밀한 협력도 필요하다. 특히 서울에 있는 본사 중역은 꼬치꼬치 따지고 들기를 좋아한다. 믿고 맡기면 잘 알아서 할 일을 아침저녁으로 보고하라고 전화통 들고 닦달하면서 지시를 내린다. 그래서 현지 법인 CEO는 본부의 영업 방침을 이해하고, 현지 시장과의 접합을 만들어야 한다. 본부의 분위기 흐름도 잘 파악해야 한다. 이런 문화가 좋다 나쁘다는 얘기를 하고 있는 것이 아니다. 한국 기업은 이런 속성을 갖고 있다는 것이다.

이런 상황에서 중국인을 CEO로 앉혀놓으니 소통이 제대로 될 리 없다. 말이 통하지 않는 현지 법인장과 통화하고 싶은 본사 중역은 없을 것이다. 영어로 하라고? 중국 비즈니스를 영어로 표현하기는 쉽지 않다. 그래서 본부의 중역은 중국인 CEO을 제쳐놓고 그 밑의 한국인과 업무 연락을 하게 되는 것이다. CEO는 자연스럽게 배제된다. CEO 따로, 현지 파견 직원 따로, 일이 제대로 굴

'텅 빈 공장.' 중국의 비즈니스 여건이 악화되면서 사업을 포기하는 투자업체들도 늘고 있다. 현지 관계자들은 "중국, 중국인, 중국 문화에 대한 보다 폭넓은 연구가 필요하다"라고 입을 모은다. 상하이 주변 한 봉제공장이 직원을 찾지 못해 반쯤 비어 있다.

러갈 리 없다.

더 큰 요인은 직장 문화에 있다. 우리 투자기업 직원들은 자기들 끼리 뭉치는 속성이 있다. 점심을 먹어도 끼리끼리 먹고, 술을 마셔도 자기들끼리 마신다. 그들은 중국인들을 우습게 본다. 그들의 상사로 중국인을 앉힌다면 겉으로는 잘 모시겠다고 할지 모르지만 속으로는 콧방귀를 뀔 것이다. "내가 되놈 밑에서 일하려구 일류대학 나오고 여기까지 왔나?"라는 식이다. 중국인을 현지 법인 CEO로 내세우는 것은 이상적이긴 하지만 현실적이지 않다.

방법은 하나다. 본사가 파견한 직원이 현지에 가서 CEO를 할 수밖에 없다. 그러기에 중국을 알고, 중국인을 이해하고, 또 중국 비즈니스 경험이 많은 인재가 필요한 것이다. 중국어 한마디 할 줄 안다고 전문가가 아니다. 우선 회사의 업무에 정통해야 하고, 중국과 관련된 폭넓은 상식을 쌓아야 한다.

무엇보다 현지 법인장은 중국 직원을 관리할 수 있는 능력을 지녀야 한다. 당연히 그들의 사고를 이해해야 하고, 그들에게 미래에 대한 비전을 제시해줘야 한다. 그들과 몸으로 부딪히며 정도 쌓아야 한다. 현지 CEO는 중국 관리들도 만나야 하고, 또 파트너 기업 사장도 만나야 한다. 그들과 대화가 되어야 협상을 할 수 있다. 그래서 중국에 관련된 소양이 필요하다. 베테랑 비즈니스맨인 박근태 CJ차이나 사장은 "협상 테이블에 앉아 상대와 중국 문화와 역사를 얘기할 정도가 되어야 진정한 비즈니스맨이라고 할 수 있다"라고 말한다. 술자리에서 읊을 수 있는 한시(漢詩) 서너 수 정도는 있어야 한다는 의미다. 중국 비즈니스맨은 하루아침에 만들어지는 것이 아닌 것이다.

중국 인재는 전사적으로 키워야 할 대상이다. 일등 중국 비즈니스맨으로 키우기 위한 로드맵을 만들고, 그 루트에 따라 인재를 양성해야 한다. 그렇게 10년을 내다본 프로그램을 가동시킬 때 비로소 사내에 중국 인재풀이 형성될 것이다. 사람 키우기, 한국형 관리 모델의 시작이다.

10년을 내다본 유통망 구축하기

중국 내수시장 공략의 핵심은 유통망이다. 당연하다. 아무리 좋은 제품도 유통망이 부실하다면 소비자에게 접근하기 어렵다. 중국에서 제품 유통을 남에게 맡기는 것은 고양이에게 생선을 맡기는 것과 같다. 중국 진출 기업 중 실패한 회사를 분석해보면 상당수 업체들이 중국 파트너에게 유통을 맡겼다가 낭패를 당했다. 한국 투자사는 생산을 담당하고, 유통은 중국 파트너가 맡는 식의 합작사업은 대부분 깨진다. 어렵더라도 '내 제품은 내 손으로 소비자에게 직접 전해준다'는 마인드가 필요하다. 10년을 내다본 유통망 구축 전략이 필요한 이유다.

중국 굴삭기시장의 메이저 업체로 성장한 두산인프라코어 사례를 보자. 2008년 5월 쓰촨(四川) 대지진 때 일이다. 많은 기업들이 복구지원에 나섰다. 고마쓰, 캐터필러 등 다른 나라 굴삭기 기업들은 '30대를 지원하겠다' '50대를 성정부(省政府)에 기증하겠다'는 등의 보도자료를 경쟁적으로 내놨다. 굴삭기 한 대에 보통 1억 원이므로 30~50억 원을 내놓겠다는 얘기다. 기업이 자선에 나설 때는 이유가 있는 법이다. 이들은 중국 정부에 보험을 들고 있는 것이다.

두산인프라코어 옌타이(烟台) 법인도 무엇인가 해야 했다. "100대를 지원한다고 할까? 그러면 저들이 '악' 소리를 내겠지?" 여러 의견이 나왔다. 그러나 10년 이상 중국 사업을 해온 이 회사 영업 베테랑들은 다른 전략을 쓰기로 했다. 복구에 도움이 되는 실질적인 도움을 주기로 한 것이다. 그래서 나온 방법이 '굴삭기 지진 현장으로 집합!'이었다.

우리나라도 그렇지만 중국에서도 굴삭기 주인은 개인 사업가다. 제3자에게 임대하거나, 자신이 직접 공사장에서 운전하며 돈을 번다. 두산인프라코어는 쓰촨 지역에 있는 두산 굴삭기 주인들에게 긴급 통보를 했다.

"쓰촨 지역의 굴삭기는 지금 당장 지진 현장으로 가서 복구에 참여해라. 그 비용은 모두 1.5배 비싼 가격으로 두산이 지원하겠다."

본사의 지시는 유통 네트워크를 타고 쓰촨의 먼 시골까지 금방 퍼졌다. 이 통보를 받은 굴삭기 주인들은 지진 현장으로 모였다. 돈 더 준다는데 망설일 이유가 없었다. 현장에 모인 굴삭기는 200여 대에 이르렀다. '복구 현장에 두산굴삭기밖에 없었다'는 말이 나돌 정도였다. 당시 중국 사업을 지휘하고 있던 김동철 두산차이나 부사장은 "굴삭기를 한 대도 공짜로 주지 않았는데도 중국과 어려움을 나눌 수 있는 기업이라는 이미지를 심을 수 있었다"라고 말한다. 남들은 50억 원을 써도 표시가 나지 않았지만, 두산은 5,000만 원도 되지 않는 돈으로 생색을 낸 것이다. 그것도 아주 '본때 나게' 말이다.

이러한 일이 가능했던 건 바로 유통망 덕분이다. '거미줄 네트워크'가 있었기에 본사 정책이 말단에까지 미칠 수 있었던 것이다. 이 회사의 유통 네트워크는 공장(본사)-지사(6개)-대리상(38개)-영업점(360개) 등으로 짜여 있다. 이 중 지사까지만 한국인이 맡고 그 이하는 모두 중국인들이 담당하고 있다. 대리상은 핵심 조직이다. 김 부사장은 "각 대리상들은 10년 넘게 두산과 한솥밥을 먹은 사이어서 끈끈한 연대의식이 형성되어 있다"라며 "이들은 운영하고 있는 360개 영업점은 중국 건설시장에 퍼져 있는 실핏줄과 같은 존재"라고 말한다. 본사의 판매 정책이 지사-대리상-영업점으로 이어지면서 중국 전역으로 퍼지고 있는 것이다.

두산인프라코어의 전신인 대우종합기계가 중국에 공장을 세운 것은 1996년이었다. 시장에는 이미 고마쓰, 캐터필라 등 외국 업체들이 진출해 있었다. 어떻게 시장을 빼앗을 수 있을까 고민 끝에 선택한 것은 바로 24시간 애프터서비스 시스템이었다. 굴삭기는 흙을 파고 흙에서 일하는 장비다. 당연히 고장이 날 수밖에 없다. 수요자들은 고장이 났을 때 얼마나 빨리 복구해주느냐를 보고 구매를 결정한다. 빨리 수리할 수 있다면 그게 바로 좋은 굴삭기다.

두산은 수리주문을 받으면 기술자를 24시간 내 파견하는 것을 원칙으로 하고 있다. 다른 경쟁업체로서는 엄두도 못 낼 속도다. 그만큼 시장에 파고드는 속도도 빨랐다. 이것을 가능하게 했던 것이 바로 '유통망'이다. 두산은 한 해 약 2만 대의 굴삭기를 중국에서 판매하고 있다. 옌타이 본사는 내가 판 굴삭기가 어디에서 작업하고 있는지를 손금 보듯 알고 있다. 중국 소비자와의 소통, 유통망의 중요성을 인식해야 한다.

디테일의 힘

중국에 진출한다고 다 성공하는 것은 아니다. 규모에 현혹되어 진출했다가는 쪽박 차기 십상이다. 시장에 압도되지 말라는 얘기다. 자동차시장이 그렇다. 겉으로 보기에 중국 자동차 정비 시장은 매력있어 보인다. 세계에서 자동차가 가장 많이 팔리는 곳이 바로 중국이기 때문이다. 한 해 약 1,800만 대의 자동차가 공장에서 쏟아져 나온다. 우리나라에서 굴러다니는 자동차를 모두 합한 숫자와 같다. 자동차가 많으니 당연히 수리 수요도 많을 것이다. 우리나라 자동차 수리기술 수준은 세계적이다. 중국에 갔다 하면 '대박'이라는 생각이 든다. 실제로 많은 자동차 정비 관련 업체들이 한때 중국으로 몰려들었다.

그러나 중국으로 진출했던 자동차 정비업체들은 대부분 망했다. 정비소가 세차장이 된 곳도 있다. 시장 규모에 현혹되어 디테일한 전략을 짜지 못했기 때문이다. 중국 자동차 정비 시장의 속내를 정확히 보지 못한 것이다.

중국 자동차시장 구조는 딜러 중심이다. 차가 공장에서 출고된 이후의 유통단계에는 생산 회사가 관여하지 않는다. 우리와는 다르다. 자동차를 판매한 딜러 회사가 애프터서비스까지 도맡아 한다. 딜러의 파워가 강하다. 자동차업체가 생산뿐만 아니라 유통까지 일괄 장악하고 있는 우리나라와는 구조가 다르다.

중국의 대형 자동차 딜러는 대부분 수리센터까지 같이한다. 아니면 제휴 카센터가 있다. 딜러들은 판매도 판매이지만 애프터서

중국에서 한 해 쏟아지는 자동차는 약 1,800만 대에 달한다. 그러나 이 규모만 믿고 중국에 진출했다가는 큰 코 다치기 쉽다. 중국시장을 하나하나 쪼개 보는 디테일 전략이 필요하다. (ⓒ 김경빈 중앙일보 기자)

비스도 주요 수입원이다. 딜러업체는 자동차 한 대를 팔면서 소비자에게 만일 문제가 생기면 ○○애프터서비스센터로 가서 서비스를 받으라고 말한다. 제3의 수리센터가 끼어들 여지가 없는 것이다.

이런 시장에 한 대기업 자동차수리 체인인 K사가 뛰어들었다. 과연 성공할 수 있을까? 지금 구조로는 어렵다는 게 현지 관계자들의 지적이다. 딜러망을 뚫고 들어갈 수 없기 때문이다. K사는 한국에서 그렇듯 중국에서도 수리만 한다. 그러나 수리업까지 딜러가 장악하고 있는 현실에서 과연 누가 K사로 자동차를 고치러 가겠는가?

수리하려는 자동차가 많다고 해도 문제는 남는다. 중국에는 수백 개 자동차 브랜드가 있다. 세계 주요 브랜드는 다 들어와 있다고 보면 된다. 현대·기아·르노 등이 주종인 한국과는 다르다. 직원들이 그 많은 브랜드의 부품을 다 숙지할 리 없다.

부품도 문제다. 한국과 달리 부품 도매업체가 한 곳에 몰려 있다. 카센터와 멀리 떨어져 있을 수밖에 없다. 카센터에서 전화만 하면 오토바이가 주문 부품을 5분 안에 가져다주는 한국의 자동차 정비업 시스템은 상상도 할 수 없다는 얘기다. 그 많은 부품을 재고로 쌓아놓을 수도 없고, 그렇다고 주문하면 수분 내에 배달받을 수 있는 것도 아니다. K사는 어쩌면 타이어와 엔진오일을 바꾸는 업체로 끝날 수도 있다. 어쩌면 세차장으로 전락할지도 모를 일이다.

시장은 디테일하게 분석해야 한다. 규모만 보고 감탄해서 중국에 진출했다가는 망하기 십상이다. 중국은 분명 홈쇼핑에서 5억 원짜리 아파트를 단지 몇 분 사이에 팔 수 있는 엄청난 시장이다. 그러나 구체적인 액션 플랜 없이 덤볐다가는 큰 코 다친다. 디테일한 전략이 없다면 13억 시장은 신기루일 뿐이다.

여러 여건상 중국과 '궁합'이 맞지 않는 기업도 있다. 이런 기업들은 중국을 가지 않는 것도 투자다. 억지로 가려고 하니까 무리수를 두게 되고, 국내에서는 해보지도 않았던 분야에 진출해 망하기도 한다. 대부분의 경우 이 같은 기업은 총수가 중국 진출을 독려한다. 위에서 중국 사업 방안을 짜라고 쪼아대니 어쩔 수 없다.

아래에서는 새로운 틈새시장을 공략한다며 자사와 전혀 다른 업종의 사업을 기획하기도 한다. 심지어 어느 대기업 그룹은 베이징에 병원을 열기도 했다. 주력 사업으로 뛰어들어도 힘든 곳이 중국시장이다. 병원이 성공할 리 없다. 규모의 함정에 빠진 것이다.

중국 투자를 앞둔 기업은 우리도 혹시 규모에 현혹된 것은 아닌지 천 번, 만 번 질문을 던져봐야 한다.

03

금융 : Dance with Mr. Wang

세 번째 통합 패러다임은 '생산과 금융의 발전 통합'이다. 중국은 제조업으로 일어선 국가다. 2010년 미국을 제치고 세계 최대 제조업 국가로 등장했다. 반면 금융업 발전은 뒤졌다. '금융업체들은 제조업체들에게 보다 싼값의 돈을 대주는 곳'이라는 인식이 강했다. 금리는 정부가 틀어쥐고 있고, 자본시장은 외국 기업이 진입하지 못하도록 빗장을 걸어뒀다. 국유은행이 시장을 독점하면서 경쟁은 없다. 금융산업이 발전할 리 없다. 제조업은 발전하고 있지만 금융은 상대적으로 뒤처지는, 제조업과 금융업의 발전 괴리가 생긴 것이다.

그러나 이제 바뀌고 있다. 중국도 금융을 산업으로 인식하기 시작했다. 핵심은 민영화와 개방이다. 원자바오 총리가 직접 총대를 멨다.[145] 그는 2012년 4월 초 "대형 국유은행의 독점을 깨지 않으면 금융발전은 없다"라며 "은행업의 독점을 깨는 게 공산당의 정책"이라고 강조했다. 원저우는 '금융개혁 종합시범구'로 지정됐다. 민간의 참여를 통해 국유 독점 체제를 깨겠다는 의지다. 에스와 프라사드 코넬대학 교수는 "금융개혁이야말로 전반적인 경제개혁의 근본이라는 게 원자바오 총리의 생각"이라며 "그는 자신의 임기 안에 금융개혁의 기틀을 만들어놓으려 하고 있다"라고 분석했다.[146] 이런 움직임이 뜻하는 것은 분명하다. 금융을 제조업의 후원자에서 당당한 산업으로 키우겠다는 것이다.

금융 분야는 우리의 대중국 비즈니스에서도 사각지대였다. 제조업에 비하면 터무니없이 열악한 수준이다. 은행은 교민을 상대로 한 영업 범위를 벗어나지 못하고 있고, 투자은행 업무는 서방 대형 업체에 밀려 엄두도 못내는 실정이다. 그러나 이제 달라져야 한다. 투자와 생산, 제품 판매 등에 치우쳤던 비즈니스로는 변하는 중국을 따라잡을 수 없다. 우리나라와 중국 간 자본시장 교류는 이제 시작 단계다. 금융과 자본시장을 새롭게 연구해야 할 시기가 된 것이다.

차이나 머니, 달콤한 독배?

잠시 차이나 머니를 '왕서방'으로 부르기로 한다.[147] 그는 스미스 부인(미국계)과 와타나베 부인(일본계) 등에 이어 국내 자본시장에 등장한 또 다른 큰손이다. 그의 기세는 맹렬하다. 2012년 3월 말,

우리나라 자본시장으로 들어온 차이나 머니는 약 15조 1,000억 원에 달했다. 한국 채권 외국인 보유액의 약 11.7퍼센트가 이들 왕서방 몫이다.

그는 불만이 많다. 거금을 투자했음에도 환영은커녕 질시를 받고 있기 때문이다. 실제로 한국인의 정서 근저에는 '왕서방 경계론'이 폭넓게 퍼져 있다. 너무 커지면 한국 경제를 교란시킬 수 있다는 우려에서다. '달콤한 독배'라는 말도 나온다. '홀짝홀짝 받아 마시다가는 언젠가 중국에 크게 당할 것'이라는 비유다. 경계론을 주장하는 전문가들은 왕서방 자금의 실제 주인이 '국가'라는 점을 강조한다. 맞는 말이다. 중국은 해외투자 자금이 대부분 국유은행이나 국유기업 또는 국부펀드인 CIC에서 나온다. 돈의 주인은 궁극적으로는 국가다. 이 돈은 국가의 정치적 고려에 따라 투자 흐름이 바뀔 수 있다. 수퍼파워인 미국조차 최대 채권국인 중국의 눈치를 봐야 하는 실정이다. '당-국가 체제'인 중국에서 국가정책은 곧 공산당의 뜻이기도 하다. 차이나 머니에 대한 거부감은 그래서 크다.

'윔블던 효과(Wimbledon effect)'라는 게 있다. 영국이 윔블던에 국제 테니스 대회를 만들어놓았더니 우승컵은 매번 외국 선수들이 가져가는 데서 나온 말이다. 영국 선수들은 홈그라운드의 이점도 살리지 못하고 맥없이 늘어져 있다. 자본시장에서도 마찬가지였다. 1980년대 대처 정권 때 영국은 금융산업 활성화를 위해 과감한 규제 완화를 취했지만 런던 금융계를 장악한 것은 외국계(미국계) 투자은행들이었다.[148] 남 좋은 일만 시켜준 것이다.

국내의 일부 전문가들은 중국 자금이 쏟아져 들어올 경우 우리나라 채권시장에 윔블던 효과가 나타나는 것 아니냐고 우려하고 있다. 자국 채권시장을 외국 자금이 석권할 경우 통화정책이 먹혀들지 않는다는 것을 두고 하는 말이다. 실제로 일본과 중국 사이에서 벌어진 일이기도 하다.

중국과 미국이 센카쿠열도에서 거세게 충돌했던 2010년 9월, 요시히코 노다(野田佳彦) 당시 일본 재무장관은 기자회견 중 중국의 일본 국채 매집에 대해 경고를 보냈다. 그는 "중국이 일본 국채를 매집하고 나서는 이유를 나는 알지 못한다"라며 "나는 그들의 순수한 목적이 무엇인지를 명확히 알고 싶다"라고 말했다.[149] 중국 측에 왜 일본 국채를 사는지 그 의도를 설명해달라는 요구였다.

양국이 센카쿠열도문제로 첨예하게 대립하던 당시 일본에서는 '차이나 머니의 열도 공격이 시작됐다'는 위기감이 조성되고 있었다. 그해 1월부터 7월까지 중국은 약 2조 3,000억 엔(약 274억 달러)의 일본 단기 국채를 매입했다. 덕택에 엔화 가치는 폭등세를 보여 15년 만에 최고 수준을 기록했다. 차이나 머니가 일본의 세계 외환시장을 흔들어놓았다는 얘기다. 그 후 일본시장에 진입했던 차이나 머니가 장기 위주로 바뀌면서 위기감은 누그러졌지만 일본 통화당국은 지금도 차이나 머니의 동향에 촉각을 곤두세우고 있다.

일본에서 일어났던 일이 한국에서 발생하지 않는다는 법은 없

다. 중국도 한국을 길들이기 위한 수단으로 차이나 머니를 활용할 수 있지 않겠느냐는 우려다.[150]

왕서방은 '억울하다'고 항변한다. 투자주기로 치면 중국 자금이 더 길다. 채권시장의 경우 서방 자본은 2년 안팎에 불과하지만 중국은 4년이 넘는다. 그는 또 '국가 자금이므로 오히려 안정적으로 운용된다'고 주장한다. 수익성을 쫓아 이 시장, 저 시장을 메뚜기 뛰듯 들락거리며 '먹튀'를 일삼는 서방 자본과는 차원이 다르다는 설명이다. 외국인 투자가의 빈번한 출입으로 '달러 ATM기'라는 불명예를 안고 있는 국내 자본시장은 외국 자본의 움직임에 주가가 쉽게 출렁인다. 그런 면에서는 중국 자본이 서방 자본보다 훨씬 믿을 만하다는 게 왕 서방의 변론이다.

그는 한국 주식시장에 대해 할 말이 많다. 증시에 들어와 있는 해외 투자자금의 80퍼센트 이상은 미국, 유럽 등 서방 자본이다. 차이나 머니의 유입은 투자 자금의 다각화, 주가의 안정적 관리라는 차원에서 크게 반길 일이라는 지적이다. 왕서방은 중국 자금이 한국 우량기업을 야금야금 사들일 것이라는 일부 우려에 대해 '턱도 없는 소리'라고 받아친다. 상장기업 지분 5퍼센트 이상을 매입하면 금융당국에 보고하도록 의무화된 상황에서 가능한 일이 아니라고 말한다.

중국의 한국 투자는 보유 외환의 다각화 차원에서 진행되고 있다. 달러에 편중된 외환자산 포트폴리오를 다시 짜는 과정에서 한국에 자금이 배분된 것이다. 중국은 2008년 금융위기 이후 달러에 대해 넌더리를 쳤다. 최대 채권국이면서도 보유채권 가격의 하락을 우려해 미국의 눈치를 봐야 했다. 그 대책으로 나온 게 위안화의 국제화였다. 아시아 지역이 첫 번째 대상이 되었고, 한국은 그 중에서도 투자 매력이 높은 곳으로 판단되었다. 그의 한국 출입이 잦은 이유다.

중국은 '달러 타도'를 외치며 위안화를 달러와 유로에 이은 '제3의 통화'로 키우기 위해 총력을 기울이고 있다. 그러나 쉬운 길은 아니다. 중국도 위안화가 단기간 내 기축통화로 성장하기는 어렵다는 것을 잘 안다. 그들의 눈은 우선 아시아 역내로 향한다. 그 타깃이 일본과 한국이다. 2011년 국내 증시에 순유입된 차이나 머니는 1조 2,094억 원에 이르렀고 3조 6,609억 원어치의 채권까지 사들였다. 최근 수년 동안 연평균 2~3배씩 그 규모가 늘어나고 있다. 왕서방은 점점 더 많은 돈을 싸들고 한국으로 올 것이다.

자본시장을 개방한 우리가 오겠다는 그들을 막을 수는 없다. 아시아 금융 허브를 꿈꾸는 우리나라 자본시장이 '왕서방'이라는 이유 하나만으로 그들을 백안시해서도 안 될 일이다. 역내 금융시장 안정을 위한 상호 국채 투자의 필요성은 오히려 더 늘어나고 있다. 다만 채권시장, 증시에 유입되는 중국 투자자금에 대한 엄밀한 감시는 필요해 보인다. 그것보다 더 중요한 것은 밀려드는 차이나 머니를 자본시장 발전의 축으로 활용할 방안을 짜는 것이다. 이로 인해 야기될 부정적 영향은 투명성 장치를 통해 해결하면 될 일이다. 우리도 보다 적극적인 시각으로 차이나 머니를 바라볼 때가 됐다는 말이다.

우리나라는 그동안 제조업 분야에서 중국과 환상적인 콤비 플레이를 해왔다. 동아시아에서 전개된 생산분업 구도에 가장 모범적으로 적응한 나라가 바로 한국이다. 자본시장 교류 역시 마찬가지다. 중국 자본과 상생의 콤비플레이를 이뤄나가야 한다. '왕서방'은 무조건 문 밖으로만 쫓아낼 존재가 아니라 집 안으로 끌어들여 함께 어울리며 춤춰야 할 존재인 것이다.

차이나펀드, 자본시장 교류를 열다

미래에셋이 중국에 자산운용사를 세우기까지 6년의 긴 세월이 걸렸다. 예리한 시장 탐색, 파트너 선정, 끈질긴 협상 그리고 기다림의 결실이었다. 미래에셋은 결국 2012년 3월 중국 증감위로부터 자산운용사 비준을 받았고, 7월 10일 공식 출범했다. 회사명 '화천(華宸)미래'. 중국 투자신탁회사인 화천이 40퍼센트, 미래자산운용이 20퍼센트를 투자했다(나머지는 일반 지분 투자가). 중국에서 71번째로 설립된 자산운용사다. 화천미래가 발족한 2012년 7월 10일은 한중 경협 역사의 새로운 장을 여는 날이었다. 화천미래의 등장으로 양국 간 자본시장 교류가 전방위로 이뤄질 수 있게 됐기 때문이다.

화천미래는 중국에서 일반 중국인 투자가들을 대상으로 펀드를 조성해 중국의 금융상품에 투자하게 된다. 그런가 하면 중국에서 QDII(공인내국인기관투자가) 펀드를 조성해 이를 한국 증시에 투자하고, 거꾸로 한국의 투자자를 대상으로 조성한 QFII(공인외국인 기관투자가) 펀드를 중국 금융상품에 투자하기도 한다. 화천미래의 투자에는 한국과 중국이라는 국경이 존재하지 않는다. 화천미래의 산파역을 맡았던 정이훈 수석 대표는 "중국의 거대 자본시장에서 한국 미래에셋의 자금운용 노하우를 발휘할 수 있는 플랫폼을 만들게 됐다"라고 그 의미를 설명했다. 이제 시작이라는 얘기다.

한국의 자산운용사가 중국에 설립되기까지 이 분야에서 많은 교류가 있었다. 한국과 중국 사이에 '자금 교류'가 본격적으로 시작된 것은 2005년 말이었다. 당시 일부 증권사들이 만들었던 속칭 차이나펀드가 인기를 끌기 시작하면서 한국 자금의 중국 증시 투자가 시작됐다. 물론 홍콩 증시에 상장된 중국 기업 종목을 샀지만, 어쨌든 중국 기업에 대한 투자라는 점에서 자본교류의 시작이었다. 2006년과 2007년에는 중국 증시가 폭등하면서 차이나펀드는 '대박 상품'으로 각광을 받았다. 물론 2008년에 시작된 폭락으로 쓰라린 고통을 당하고 있지만 그럼에도 차이나펀드는 여전히 인기다. 2011년 말 현재 약 240개의 각종 펀드가 중국 대륙 및 홍콩시장에 투자하고 있다.

주식투자 차원의 교류에 그쳤던 양국 자본시장 교류는 2007년 8월 선전에 본사를 둔 멀티미디어 스피커 제조업체인 3노드디지털이 코스닥에 상장하면서 새로운 단계로 접어들었다. 3노드디지털은 한국 증시에 상장한 첫 외국 기업이었기에 한국 증시의 국제화를 연 사건이기도 했다. 투자가들은 화끈하게 밀어줬다. 이 종목은 상장과 함께 무려 11일 동안 상한가를 기록했다. 그런가 하면 2011년 3월에 발생한 중국 고섬 사태로 국내에 상장한 중국 기업에 대한 위기감이 부각되기도 했다.[151] 현재 한국 증시에 상장된 중국 기업은 16개에 이르고 있다.

2009년에는 중국 자금이 한국 증시로 넘어오기 시작했다. QDII들의 '한국 증시 넘보기'였다. 2012년 3월 말 현재 외국 증시에 투자할 수 있는 중국의 QDII 펀드는 69개, 총 투자 허용금액은 753억 달러에 이르고 있다.[152] 이 중 야타이요스(亞太優勢), 화샤(華夏)글로벌, 공인뤼신(工銀瑞信)글로벌의 QDII 펀드가 한국에 투자하고 있는 것으로 알려져 있다. 야타이요스의 경우 전체 투자자금의 10퍼센트에 달하는 약 1조 위안을 한국에 투자하고 있다(홍콩과 호주에 이은 3위). QDII 펀드 전체로 볼 때 자금의 3~5퍼센트가 한국 증시로 몰리고 있다는 얘기다. 금융위원회 통계에 따르면, 국내 증시에 유입된 차이나 머니는 약 4조 7,000억 원에 이르는 것으로 추산되고 있다.[153]

국내 자금의 중국 투자, 중국 기업의 국내 상장 및 중국 투자자금의 국내 증시 투자, 그다음에 찾아올 자본시장 교류의 단계는 한국 기업의 중국 증시 상장이다. 과연 가능할까? 패션의류 전문업체인 베이직하우스의 이야기를 해보자.

베이직하우스가 중국에 진출한 것은 2004년이다. 그해 크리스마스 이브, 제1호점을 '상하이의 명동'이라는 고급 쇼핑가 난징루에서 열었다. 급성장이었다. 매장은 7년여 만에 약 1,000개로 불어났다. 중국 내 매출액은 매년 평균 30~40퍼센트씩 늘어 한국과 비슷한 수준까지 올라왔다. 아모레퍼시픽, 오리온, 락앤락 등 다른 중국 관련주 중에서도 유독 베이직하우스를 주목하는 것은 어느 회사보다 일찍 중국 자본시장을 노크했다는 점이다.

2010년 7월, 베이직하우스는 홍콩에서 골드만삭스로부터 75억 원 정도의 투자를 받았다. 홍콩의 자회사인 TBH글로벌의 지분 5퍼센트를 골드만삭스에게 판 것이다. 홍콩 상장을 겨냥한 포석이었다. 베이직하우스는 이후 꾸준히 홍콩 상장을 추진해오고 있다. 2012년 2월에는 다시 5.9퍼센트를 정책금융공사 등이 설정한 사모펀드에 매각하기도 했다. TBH글로벌은 지난 2007년 8월 홍콩에 설립된 베이직하우스의 중국 사업 담당 회사. 베이직하우스는 결국 홍콩 자회사의 상장을 앞두고 골드만삭스를 전략적 투자 파트너로 선택한 것이다(골드만삭스는 베이직하우스의 IPO 주관사로 선정되기도 했다).

베이직하우스가 홍콩 증시 상장에 성공할지는 불투명하다. 그러나 중국 패션시장 공략에 다윗과 같은 작지만 강한 면모를 보여주고 있는 이 회사는 우리에게 '중국 사업, 이제는 자본시장을 고려해야 한다'는 점을 보여주고 있다. 중국에서 무엇을 만들고 무엇을 팔 것인가도 중요하지만 중국 돈을 어떻게 자산으로 끌어들일지도 고민해야 할 때라는 얘기다.

베이직하우스뿐만 아니다. 같은 패션업체인 이랜드는 한국 기업으로는 처음으로 대륙 금융시장에서 5억 위안 규모의 위안화 채권 발행에 성공했고, CJ와 롯데쇼핑은 홍콩에서 딤섬본드 발행으로 위안화를 마련했다. 이랜드 채권 발행 프로젝트를 주관했던 하나대투증권의 조강호 IB본부장은 "중국에 진출한 국내 기업 사이에서 성공사례가 나온다는 것은 곧 자본시장 분야에서도 기회가 생긴다는 것을 뜻한다"라며 "현지 금융업체와의 신뢰 구축, 자본시장 운영에 대한 지식 축적, 중국 금융인재 양성 등의 '중국 금융 비즈니스 인프라'를 깔아놓은 업체에게 중국 자본시장은 분명 황금시장"이라고 말했다. 1990년대 말, 현대증권 상하이 지사장으로 발령받으면서 중국 비즈니스를 시작한 그는 "이제야 중국 금융시장을 좀 알 것 같다"라고 말했다.

1990년대에 중국에 진출했던 제1세대 중국 비즈니스맨들의 최대 관심사는 '어떻게 하면 싸게 생산할 것인가'였다. 2001년 중국의 WTO 가입을 계기로 내수시장에 진출했던 제2세대 비즈니스맨들은 중국 유통망 구축에 총력을 기울였다. 2008년 베이징 올림픽 이후 중국에 진출해 활발하게 뛰고 있는 제3세대 비즈니스맨들은 이제 중국 자금을 어떻게 사내 자원으로 활용할지를 고민해야 한다. 중국에 관심 있는 비즈니스맨들에게 묻는다.

"당신은 몇 세대 비즈니스맨입니까?"

천시(天時) · 지리(地利) · 인화(人和)

한국의 대표 기업 삼성그룹은 매출의 약 80퍼센트를 해외에서 거둔다. 우리나라의 무역의존도는 거의 100퍼센트에 달한다. 해외시장에서 우리의 먹거리를 찾는다는 얘기다. 그런데도 국제화가 안 되는 부분이 있으니 바로 은행이다. 기업이 해외로 나가고, 수출로 달러를 벌어들이면 당연히 해외와의 금융거래가 많아진다. 그만큼 우리나라 은행의 해외 진출이 필요하다. 그럼에도 우리나라 은행은 여전히 '우물 안 개구리' 식으로 천장에서 떨어지는 빗물만을 받아 먹고산다. 최근에서야 은행들도 '금융 한류'를 일으키자며 해외시장 개척에 나서고 있다.

그렇다면 어디로 갈 것인가? 금융산업이 시작된 영국으로 갈 것인가, 현대 금융산업의 본산지인 미국을 공략할 것인가? 모두 다 쉽지 않다. 선진 은행이 그랬듯, 한국 은행의 국제화 역시 주변에서 시작돼야 한다. 그렇다면 답은 뻔하다. 중국과 동남아시아다. 그 중에서도 중국은 한국과의 무역구조를 볼 때 가장 역점을 둬야 할 곳이다. 대중국 수출은 미국과 유럽을 향한 것보다 더 많기 때문이다.

중국 은행시장은 매력적이기까지 하다. 2012년 7월 말 현재 중국 은행의 공식 예대마진율은 3.0퍼센트포인트. 선진국의 예대 금리차가 1~2퍼센트 선이라는 것을 감안한다면 '황금시장'이다. 돈 들고 가면 틀림없이 떼돈을 벌 수 있는 구조다. 게다가 중국은 금융서비스 수준이 높지 않아 경쟁력 높은 우리 은행이 들어가면 쉽게 시장을 얻을 수 있다. 이 같은 조건이 어디 또 있겠는가?

그러나 현실은 그렇지 않다. 이미 상하이, 베이징 등에 진출한 국내 업체들은 고전을 면치 못하고 있다. 중국 정부의 규제, 현지

금융기관의 막강한 네트워크, 선진 외국 은행의 지명도 등에 밀려 시장을 파고들 수 없기 때문이다. 대표적인 정부 규제가 대출 총액 제한이다. 예금 총액의 75퍼센트까지만 대출을 해줄 수 있다. 하루 평잔예금이 100억 위안이라면 이 중 75억만 대출해줄 수 있다는 얘기다. 대출을 위해서는 예금을 받아야 하지만 우리나라 은행이 중국에서 위안화 예금을 끌어들이기는 쉽지 않다. 중국 기업과 거래를 트기 어렵기 때문이다. 결국 중국에 진출한 국내 업체를 대상으로 한 영업에 머물고 있는 실정이다. 한계가 있을 수밖에 없다. 뭔가 중국 기업을 파고들 상품을 만들어야 하는데 쉽지 않다.

중국은 과연 금단의 영역으로 남아 있어야 할 곳인가? 아니다. 중국은 분명 한국 은행들이 달려들어 영역을 구축해야 할 땅이다. 좋은 사례가 있다.

중국 지린성 창춘 시내 동난후(東南湖)에 자리 잡은 지린은행. 하나은행이 지분 16.96퍼센트를 갖고 있는 은행이다. 한국이 투자한 중국 은행으로는 유일하다.

"금융업계 역시 달리는 호랑이 등에 올라타야 합니다. 현지 은행의 발전과 함께 가야 하는 겁니다. 우리는 지린은행에 합류했습니다. 지린은행은 성 정부의 금융 관련 사안을 처리하는 등 여러 이점을 누리고 있지요. 그 과실을 나눌 수 있게 된 겁니다."

지린은행 투자사업을 이끌었던 지성규 지린은행 부행장의 말이다. 그는 부행장으로 이사회 멤버(집행이사)로 활동하고, 지린은행의 해외 금융부서를 총괄하고 있다. 카드사업 진출, 개인은행(PB) 사업 등이 하나은행의 뜻에 따라 추진되고 있다. 지린은행에는 이외에도 하나은행에서 파견된 2명의 차장급 직원이 가계금융, 중소기업 등의 분야를 맡고 있다. 물론 이들은 지린은행으로부터 월급을 받는 지린은행 직원 신분이다. 지린은행에서의 경험은 중국 금융업계 노하우로 하나은행에 차곡차곡 쌓이고 있다.

지린은행은 투자 첫 해인 2010년 주당 0.08위안의 배당을 실시했다. 12억 주를 갖고 있던 하나은행은 9,600만 위안을 배정받았다. 우리 돈 약 180억 원이다. 돈을 넣었던 첫해 배당으로는 놀랄 만한 액수다. 지린은행의 순익은 지난 수년 동안 연평균 40퍼센트 안팎으로 성장해왔다. 그 성장의 결실이 서해바다 건너 하나은행 재무제표에 차곡차곡 쌓이고 있다. 남들이 다들 어렵다고 고개를 설레설레 흔들고 있는 중국시장에서 하나은행은 한국 은행의 영역을 확보했다는 평가를 받고 있다. 그 성공 요인은 어디에 있을까?

맹자는 "한 나라가 번창하려면 천시·지리·인화가 어울려야 한다"라고 했다.[154] 중국 사업도 마찬가지다. 적절한 시기에 적당한 지역을 선택해 투자하고 현지인과의 조화를 통해 사업을 유지해야 한다. 지린은행의 투자 프로젝트가 꼭 그랬다.

우선 천시를 보자. 중국은 2000년대에 접어들면서 대대적인 금융개혁을 추진하게 된다. 4대 상업은행(중국은행, 공상은행, 건설은행, 농업은행) 개혁에 이어 도시 상업은행도 정비했다. 도시 상업은행의 부실을 따로 떼어내 자산관리공사로 넘긴 뒤 도시 상업은행 간 통폐합을 추진한 것이다. 지린성도 여기에 합류했다. 2006년 창춘은행을 중심으로 성 내 여러 도시은행을 통폐합시켜 지린은행으로 발족했다. 하나은행이 중국에 관심을 갖기 시작한 것은 바로 이때다. 인수합병 경험이 무기였다. 지린은행 역시 창춘은행 등 7개 도시상업은행 및 신용회사의 인수합병으로 탄생했기 때문에 하나은행의 금융통합 노하우가 필요했다. 투자에도 다 때가 있는 법, 투자 시기가 무르익고 있었던 것이다.

다음은 지리다. 하나은행이 주목한 동북 3성(지린, 랴오닝, 헤이룽장)은 HSBC 및 시티 등 글로벌 은행이 아직 진출하지 않는 불모지대다. 실제로 지린성에 진출한 외국계 은행은 하나은행이 유일하다. 여기에 조선족 동포가 많고, 국내 업체의 진출이 본격 시작되고 있다는 점 등도 동북 3성의 지리적 이점이다. 창춘은 중국 동북 3성과 북한의 나진과 선봉을 연결하는 국가 사업인 창지투 프로젝트가 시작되는 곳이다. 지 부행장은 "한반도 통일사업의 거점을 확보한다는 차원에서도 동북 3성 시장은 중요하다"라고 말한다.

셋째는 인화다. 맹자는 "천시는 지리만 못하고, 지리는 인화만 못하다(天時不如地利, 地利不如人和)"라고 했다. 가장 중요한 게 인화라는 얘기다. 하나은행의 '지린 사랑'은 유별나다. 지린대학에 '하나 EMBA 과정'을 설립해 운영하는 한편 장학금도 지급했다. 또한 지린대학 졸업생 채용, 지린성 관계자 한국 연수 등 공을 들여왔다. 하나은행은 어느새 지린성 정부의 친구가 되어가고 있다.

　하나은행이 지린은행과 투자 계약을 맺은 것은 2008년 7월이다. 그런데 마침 세계 금융위기가 터졌다. 국내 경제는 파국을 향해 치닫는 듯했다. 정부는 달러의 해외 유출을 막았다. 그 조치로 하나은행의 투자는 물거품될 위기에 직면했다. 서명은 했는데 돈은 들어오지 않으니 지린은행으로서도 난감했다. 하나은행 아니어도 돈을 넣겠다는 중국 국내 투자자들은 많았다. 바꿀 수도 있었다. 그러나 지린은행은 1년 넘게 기다려줬다. 2006년부터 지린성을 드나들었던 김승유 회장 등 관계자의 '인맥 쌓기'가 있었기에 가능한 일이었다. "천시·지리·인화 중 제일은 인화"라는 맹자의 가르침은 틀리지 않았다.

　금융 분야 비즈니스뿐만 아니다. 정치·경제·사회·문화 등 중국과의 모든 분야가 다 그렇다. 적절한 시간을 가늠하고, 지역적 이점을 따지고, 인맥을 구축하는 일은 중국 관련 업무의 시작이자 끝이다.

04
FTA : 넓어지는 협력의 지평

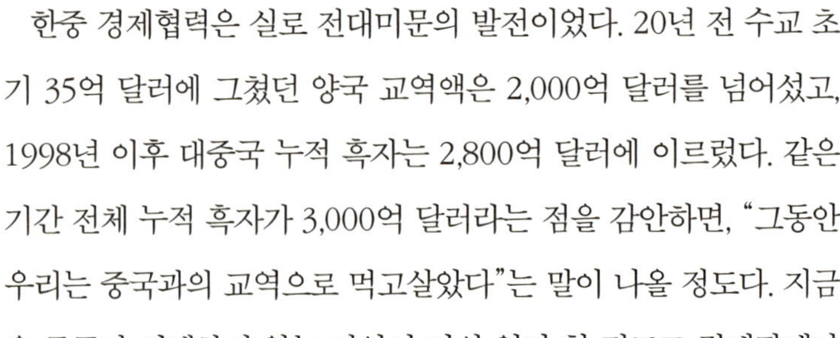

　한중 경제협력은 실로 전대미문의 발전이었다. 20년 전 수교 초기 35억 달러에 그쳤던 양국 교역액은 2,000억 달러를 넘어섰고, 1998년 이후 대중국 누적 흑자는 2,800억 달러에 이르렀다. 같은 기간 전체 누적 흑자가 3,000억 달러라는 점을 감안하면, "그동안 우리는 중국과의 교역으로 먹고살았다"는 말이 나올 정도다. 지금은 중국과 거래하지 않는 기업이 거의 없다 할 정도로 경제관계가 긴밀해졌다.

　그러나 이 모든 것을 한꺼번에 집어 삼킬 수 있는 더 큰 쓰나미가 지금 수평선 너머에서 형성되고 있다. 시기가 무르익었다 싶으면 쓰나미는 우리를 향해 밀려올 것이다. 한중 FTA가 실체다. FTA가 없었어도 중국은 일찍부터 한국의 최대 교역 상대국, 투자 대상국이었다. FTA가 타결되어 경제 국경이 사라진다면 그 파급효과는 상상을 초월할 것이다.

1992년 수교가 제1차 '차이나 쇼크'였다면, FTA는 제2차 차이나 쇼크라고 할 만하다. 수교가 우리나라 산업에 메가톤급 충격을 던졌듯, FTA 역시 거대한 충격으로 다가올 것이다. 잘못 대처했다간 기업이나 개인 모두 FTA 쓰나미에 쓸려갈 수도 있다. FTA는 양국 간 산업통합을 촉진하고, 중국에 대한 경제의존도를 더 높일 수 있기 때문이다.

다시 한 번 급변할 경협 패러다임에 적응해야 할 과제가 우리 앞에 놓인 것이다.

블랙홀의 괴력

FTA를 체결해 관세가 떨어진다면 중국으로 갔던 공장이 한국으로 회귀할 것이라는 분석이 있다. 생산거점을 중국으로 옮기려는 유인효과가 떨어지기 때문이다. 하지만 그렇지 않을 것이다. 중국의 '블랙홀 괴력'은 관세 2~3퍼센트 인하로 어찌할 수 있는 것이 아니기 때문이다. 삼성전자는 FTA가 타결되든, 그렇지 않든 일부 반도체 공장을 중국으로 이전할 것이다. 그곳에 시장이 있고, 관련 기업이 있기 때문이다. 대기업들이 한중 FTA 협상에서 관세 인하보다는 투자 보장에 관심이 많은 이유다. 중국에서 안정적으로 사업할 수 있도록 보호장치를 마련해달라는 요구다. FTA 타결로 중국으로의 투자 환경이 호전된다면 오히려 더 많은 기업이 중국으로 갈 것이고, 국내 일자리는 더 줄어들 수 있다.

수입을 고려하면 더 심각하다. 공산품의 경우 우리나라가 중국으로부터 들어오는 수입품에 대해 부과한 관세율은 평균 8.9퍼센트 정도다. 그런데 가공무역 관세 등을 고려한 중국의 실질 관세율은 약 3퍼센트에 불과하다. 우리가 중국보다 약 3배 높은 관세장벽을 쌓고 있는 것이다. 농산물(한국 41.5퍼센트, 중국 15.2퍼센트)까지 고려하면 그 차이는 더 벌어진다. (농산물 문제는 논외로 하더라도) 이 같은 상황에서 관세가 사라진다면 우리의 피해는 불 보듯 뻔하다. 특히 기술경쟁력이 고만고만한 수많은 중소기업들은 '쓰나미 급' 피해를 볼 수 있다.

우리가 중국과 FTA를 체결하는 가장 큰 이유는 '그곳에 거대한 시장이 있기 때문'일 것이다. 세계에서 유일하게 성장하고 있고, 또 최대 규모인 중국시장을 마냥 외면할 수는 없다. 그렇다면 FTA 타결로 무엇을 팔 수 있을까? 대표적인 경쟁 상품으로는 자동차, 통신기기, 철강, 기계, 석유화학 등을 꼽을 수 있다. 그러나 여기에도 함정은 있다. 이 분야 업체들은 대부분 중국에 현지 생산체제를 갖추고 있기 때문이다. 현대자동차는 이미 중국 소비자에게 충분히 공급할 만큼의 분량을 베이징에서 생산하고 있다. 휴대전화도 이미 중국에서 만들고 있고, 반도체 역시 공장을 옮겼거나 옮길 예정이다. 이익을 볼 수 있는 분야는 철강, 석유화학 정도일 것이다. 그러나 이 분야는 이미 중국시장이 포화 상태를 보이고 있고, 대대적인 설비 증설이 이뤄지고 있다. 수출 호조가 언제까지

한국 패션으로 중국 내수시장 공략에 성공했다는 평가를 받고 있는 이랜드의 청두 매장. 이랜드는 제품을 중국에서 만들어 중국 소비자를 대상으로 판매한다. 이 회사의 중국 비즈니스에 '국경'은 중요하지 않다.

갈지는 미지수다.

소비재도 그렇다. 이랜드가 중국에서 선풍을 일으키고 있다고는 하지만 이 회사의 제품 모두는 중국에서 만들어지고 있다. 초코파이도 그렇고, 농심 라면도 그렇다. FTA로 덕 볼 게 별로 없다는 얘기다. 오히려 양국 산업통합이 가속화될수록 중국 블랙홀의 흡인력은 더 커질 수밖에 없다. 더 많은 일자리를 중국에 빼앗기게 된다.

그렇다면 중국과의 FTA를 하지 말자는 얘기인가? 그렇지 않다. 중국과의 FTA는 반드시 해야 한다. 그럼에도 'FTA 무용론'을 장황하게 펼쳤던 것은 협상 과정에서 이 같은 점을 충분히 고려하고, 또 대비하자는 이유에서다. 기업 역시 우리를 둘러싼 부정적 환경이 무엇인지를 정확히 알아야 올바른 전략을 짤 수 있다.

FTA의 이점이 왜 없겠는가. 중국과의 FTA는 다가올 아시아 시대에 우리의 역내 입지를 굳힐 수 있는 기틀이 될 것이다. 유럽연합-미국-중국-일본으로 이어지는 'FTA 허브'의 중요한 단계이기도 하다. 게다가 한반도의 평화와 안정이라는 정치적 차원에서도 피할 수 없는 과정이다. 관세인하 효과로 한국 중간재는 경쟁 상대인 일본이나 대만에 비해 우월한 지위를 차지할 수 있다.

교역 환경의 변화도 FTA를 부른다. 앞서 지적했듯, 그동안 대중국 수출의 중추는 중간재였다. 한국에서 중국으로 부품을 수출하고, 중국에서 조립해 제3국으로 수출하는 형식이다. 그러나 이 구조가 서서히 깨지고 있다. 미국과 유럽의 경기 침체로 수출이 급감하면서 중국은 수출에 의존한 성장 전략을 폐기해야 할 필요성을 뼈저리게 느끼고 있다. 내수 중심의 성장 패턴으로 선회하고 있는 이유다. 이는 곧 중국에서의 가공용 중간재 수요가 줄어들고, 대신 중국 소비자들을 대상으로 한 소비재 수요가 늘어날 것임을 뜻한다. 중국 소비시장 공략을 위해서라도 FTA는 불가피하다.[155]

FTA, 또 한 번의 산업고도화

필자의 관심은 다른 곳에 있다. 경제의 체질 개선이다. 1992년 한중 수교가 우리나라 산업구조를 업그레이드시키는 중요한 계기로 작용했듯, 한중 FTA 역시 한국 경제를 한 단계 성숙시키는 기폭제가 되어야 한다는 것이다.

우선 EU와 미국 그리고 중국을 연결하는 'FTA 허브망'을 짜고 이를 충분히 활용해야 한다. 그동안 한중 교역은 한국에서 부품을 만들고, 중국에서 생산해, 서방시장에 파는 생산분업 틀 속에서 진행되어왔다. 이제는 다각화해야 한다. 우선 중국이 갖고 있던 '생산 단지' 기능을 우리가 가져와야 한다. 한국에서 생산된 제품이 중국시장에 관세 없이 갈 수 있다는 이점을 살린다면 미국이나 유럽 기업의 투자를 끌어들일 수 있다.[156] 한국을 동아시아의 고기술 고부가가치 제품 생산 단지로 키워야 한다는 얘기다.

그러기 위해서는 한국의 제조업 환경이 중국보다 뛰어나야 한다. 단순히 임금만을 얘기하는 것은 아니다. 노사가 함께 어울리는 기업문화와 안정된 환경이 필요하다. 한국에 가면 적절한 임금에 최고의 인재를 채용해 최고의 제품을 안정적으로 생산할 수 있다는 인식을 심어준다면 서구 제조업체는 한국을 찾을 것이다. 걸핏하면 노사분규로 공장이 멈추고, 복잡한 행정규제로 조업에 차질을 빚어서는 어림도 없는 일이다. 중국에 빼앗겼던 우리의 고급 일자리를 찾아와야 하는 것, 이것이 바로 우리가 FTA 허브를 구축하는 이유다.

중국시장을 보는 우리의 시각이 달라져야 한다. 최소한 경제 부문에서는 국경을 걷어내야 한다. 국경을 걷어내고 보면 어디에서 생산할지, 또 어디에서 판매해야 할지에 대한 답이 나온다. 중국

진출 기업은 제품을 어떻게 하면 중국 내수시장에 풀지 고민해야
한다. 우리의 대응 여하에 따라 'FTA 쓰나미'는 우리 경제를 황폐
화시킬 수도 있고 파도타기의 기회를 가져다줄 수도 있다.

헤이룽장에서 익어가는 파스퇴르의 꿈

중국과의 FTA를 거론할 때마다 어김없이 농민들의 반발이 제기
된다. 농업 분야는 과연 한중 FTA 체결로 피해만 보는 걸까? 반드
시 그렇다고 할 순 없다. 원자바오 중국 총리는 지난 2006년 '우
유강국(牛奶强國)이라는 제목의 연설을 했다. "나에게는 꿈이 하나
있다. 모든 중국인, 우선 모든 어린아이가 매일 하루 100그램의
우유를 마시는 것이다"라는 내용이었다. 그러나 현실은 암울하기
만 하다. 우유 생산량이 충분하지 못해 시골 어린이들은 우유 구
경을 하기 힘들다. 게다가 지난 2008년 터진 멜라민 우유 파동으
로 어린아이 6명이 사망하면서 도시에서는 저질 우유에 대한 불
안감이 높다. 고품질 우유의 안정적인 공급은 이제 국가 현안으로
등장했다.

  핵심은 젖소다. 식생활 개선으로 우유 수요가 늘고 있지만 우유
를 만들 원유가 절대적으로 부족하기 때문이다. 물론 백방으로 노
력하고 있다. 중국은 2011년에 이어 2012년에도 해외에서 젖소
10만 마리를 수입했다. 주로 우루과이, 호주, 뉴질랜드 등에서 들
여온다. 한편으로는 사료개발, 목축 농가 대형화 등의 낙농 현대
화 정책을 추진하고 있다. 그러나 우유가 공장에서 제품 찍어내듯

쉽게 만들어지지는 않는다. 시간이 걸릴 것이다.

중국은 그동안 공업화에 힘쓰면서 농업 분야를 상대적으로 외면해왔다. 낙농산업에 구멍이 생긴 것이다. 10만 마리의 젖소를 수입했다는 것은 낙농산업에 '구멍'이 생겼다는 의미다. 중국은 그 구멍을 메워줄 기업을 찾고 있다. 기회는 한국에도 열려 있다.

헤이룽장성 하얼빈 공항에서 자동차를 타고 5시간을 달려 도착한 '코휘드 목장(科菲特牧場).' 창춘에 본부를 두고 있는 한국사료 전문기업인 코휘드(Cofeed)가 경영하고 있는 목장이다. 사방으로 끝없이 펼쳐진 평원에는 축사가 자리 잡고 있었다. 초지에서는 젖소들이 한가로이 먹이를 뜯고 있었고, 목장 안에서는 착유 작업이 한창이었다. 근처에 있는 멍뉴(蒙牛)우유 공장으로 공급될 원유였다. 목장 관리인 황창이(黃昌義)는 "젖을 짜기가 무섭게 멍뉴에서 가져간다"라며 "우리 목장 원유는 이곳에서 최상품으로 인정받아 값이 20퍼센트 정도 비싸다"라고 말했다.

이곳 젖소는 코휘드 소유가 아니다. 주변 농민들이 맡긴 것을 코휘드가 대신 관리해주는 구조다. 대신 농민들에게 한 마리당 연간 3,000위안(약 54만 원)씩 지급한다. 젖을 판매한 이득으로 농민들에게 배당을 해주는 식이다. 코휘드는 판매 이득과 자사의 사료 판매 이득을 얻고 있다. 이 사업은 본래 치치하얼(齊齊哈爾) 당국의 제안으로부터 시작됐다. 스윈펑(史云鵬) 치치하얼 종축장 CEO는 "코휘드의 사료기술 및 한국의 낙농 노하우라면 치치하얼의 낙농산업을 한 단계 업그레이드시킬 수 있다고 판단해 위탁사업을 제의했다"라고 설명했다. 치치하얼 당국과 코휘드는 모두 5,000마리 계약을 체결했고, 2012년 6월 1차로 1,000마리가 들어왔다.

파격적인 제안이었다. 현대식 축사가 제공되고, 위탁 젖소 한 마리당 15무(약 3,000평)의 초지를 10년간 무상으로 쓸 수 있는 조건도 포함됐다. 1,500만 평의 땅에서 나오는 양초(糧草)를 10년간 거둘 수 있게 되는 셈이다. 맡긴 소가 송아지를 낳게 되면 그 송아지는 코휘드 소유가 된다. 코휘드로서는 돈을 거의 들이지 않고 5,000마리 젖소 목장을 경영할 수 있게 된 셈이다.

'기술'이 있기에 가능한 얘기다. 지난 2003년 중국에서 사료사업을 시작했던 코휘드는 현지 가축에 맞는 최적의 사료를 개발하기 위해 노력해왔다. '소는 4개의 위를 갖고 있어서 사료를 과학적으로 만들지 않으면 안 된다'는 게 코휘드 이정주 사장의 철학이다. 지금도 9명의 박사급 연구원들이 창춘 R&D센터에서 사료개발에 매진하고 있다. 이 같은 기술개발 덕택에 코휘드 사료를 먹인 젖소는 일반 중국 젖소보다 거의 두 배나 많은 연 7,000킬로그램의 젖을 생산해낸다. 이러한 기술력을 치치하얼 당국이 주목했고 낙농산업 현대화 프로젝트를 맡긴 것이다.

중국 진출 투자기업에서 일하고 있던 그가 이 사업에 뛰어든 것은 2003년이었다. 그가 갖고 있던 자금은 당시 산본에 갖고 있던 32평 아파트를 판 돈 1억 원이 전부였다. 하지만 사료 분야 30년 경력만 믿고 창춘에 첫 공장을 지었다. 그의 고생담 한 토막은 중국 비즈니맨들의 처절한 싸움을 잘 보여준다.

'파스퇴르의 꿈.' 이정주 코휘드 사장이 치치하얼 농장에서 사료-낙농-우유 생산으로 이어지는 비즈니스 동맹을 설명하고 있다. 헤이룽장성에서 프리미엄급 우유 브랜드를 개발하는 게 그의 꿈이다.

"방앗간을 빌려 공장으로 개조해 사료를 생산했습니다. 사료를 들고 벽지 농촌의 농가를 방문했지요. 농가에서는 그래도 손님접대를 한다며 식사를 내오곤 했습니다. 하지만 중국의 시골 반찬은 먹기가 힘들었습니다. 결국 안경을 벗고 식사를 해야 했습니다. 보이지 않아야 입에 밥을 밀어 넣을 수 있었으니까요."

이 사장의 최종 목표는 최고급 프리미엄급 우유 브랜드를 만드는 것이다. 사료-목장-우유 생산에 이르는 우유 비즈니스 라인을 형성하겠다는 꿈이다. 1980년대 파스퇴르가 서울에서 일으켰던 '우유 혁명의 꿈'이 헤이룽장에서 영글어가고 있는 것이다. 그는 멜라민 파동 이후 중국에서 안전 우유에 대한 수요가 높아지고 있어 자신의 꿈을 충분히 이룰 것이라고 믿고 있다. '한국인이 만든 우유이기 때문에 안전하고 믿을 수 있다'는 인식만 심어놓는다면 시장은 얼마든지 있다는 설명이다. 그는 남들이 모두 외면하는 농업 분야에서 틈새를 찾고 있는 것이다.

중국 농업 분야에서 이뤄지고 있는 투자 프로젝트는 이 밖에도 많다. 산둥성 교주에 진출한 돼지 사육업체인 신청봉은 돼지 2만 마리를 사육하고 있다. 이 회사의 경쟁력은 고품질 돈육 공급이다. 신청봉이 공급하는 돈육은 믿을 수 있다는 인식이 확산되면서 가격이 1.5배나 비싸도 베이징, 상하이 등의 고급 레스토랑에 정기적으로 공급되고 있다. 베이징에 진출한 종자업체인 세농종묘는 고품종 씨앗 개발로 좋은 평가를 받고 있다. 세농종묘가 개발해 보급하고 있는 무 종자인 바이위춘(白玉春)은 무 씨앗 시장의 70퍼센트를 차지할 정도로 농가의 호평을 받고 있다. '바이위춘'이 중국 무를 바꿔놓은 것이다.

농업 분야는 중국과의 FTA로 가장 큰 타격을 받을 것으로 예상되는 분야다. 그러나 코휘드 사례에서 볼 수 있듯, 기술과 아이디어만 있다면 농업 분야에서도 얼마든지 성공할 수 있다. 중국은 식품안전에 대한 관리의식이 약하다. '한국 식품은 안전하다'는 인식만 심을 수 있다면 우리의 농·수·축산 가공품의 중국시장 진출 여지는 많다. 우유·소시지·햄 등 가공식품은 훌륭한 전략 상품이 될 수 있다.

물론 쌀을 포함한 민간 품목은 직접적인 피해를 막기 위한 방어책을 만들어야 한다. 그러나 '지켜야 한다'는 소극적인 자세만으로는 협상의 대국을 놓칠 수 있다. '중국 농축산업 비즈니스는 이제부터가 시작'이라는 공격적 협상 전략이 필요하다. 시각을 바꾸면 헤이룽장의 거친 들판에서도, 산둥성의 메마른 가축 축사에서도, 베이징 교외의 비닐하우스에서도 기회는 얼마든지 있다.

아시아 부자들의 휴식처

FTA의 기본 정신은 시장 통합이다. 소비자가 어디에 있는지는 중요하지 않다. 전략만 중요할 뿐이다. 중국 소비자는 두 종류가 있다. 하나는 중국에 있는(在中) 소비자, 다른 한 부류는 한국에 있는(在韓) 소비자다. 그동안의 중국 비즈니스는 재중 소비자만 겨냥했다. 기업의 비즈니스 전략은 모두 '어떻게 하면 중국으로 진출해 생산을 하고, 그들을 상대로 물건을 팔 수 있을까'에 초점을 맞춰왔다. 오리온 초코파이가 중국인 입맛 공략에 성공했듯 말이다. 그동안은 중국으로 달려가기만 한 일방통행이었지만, 앞으로는 중국인들도 돈 싸들고 한국으로 오는 쌍방향 통행이 이뤄질 것이다. 재한 중국 소비자들에게서도 기회가 많이 창출될 것이라는 의미다. 이미 국내 관광업은 오래전부터 중국 특수를 누리고 있는 중이다.

코스닥에 '파라다이스'라는 종목이 있다. 알 만한 사람은 다 아는 이력을 가진 카지노 전문 업체다. 이 회사 주식이 2011년 3월부터 급등세를 보였다. 이유는 하나, 일본 대지진이 계기였다. 중국 부자들이 방사능 공포를 피해 일본 대신 한국을 찾았고, 그 바람에 워커힐 카지노 수입이 늘어난 것이다. 이 주식은 그 후 1년 반 동안 3배 가까이 올랐다. 한국에 있는 중국 소비자들의 힘을 여실히 보여준 셈이다.

소득수준이 높아지면서 중국에서도 해외여행 붐이 일고 있다. 한 해 약 6,000만 명의 관광객이 해외여행에 나선다. 2011년 한국에 온 중국 관광객 수는 200만 명을 넘었다. 중국의 명절 때면 서울 명동은 '차이나타운'을 방불케 할 정도로 중국인 관광객으로 붐빈다. 그런가 하면 한 번에 수백, 수천 명의 기업 직원들이 '포상여행' 명목으로 한국에 오기도 한다. 그들은 씀씀이도 크다. 면세점 한 번 들어가면 수백만 원씩 쓴다. 그들이 즐겁게 지갑을 열 수 있도록 하는 것은 이제 또 다른 중국 비즈니스가 되고 있다.

아직도 우리 주변에서는 중국 관광객을 '짱깨'로 보는 시각이 여전하다. 지저분하고 시끄럽다며 외면한다. 이제 시각을 고쳐야 한다. 관광이야말로 차이나 달러를 끌어들일 수 있는 고부가산업이다. 일자리 창출에도 이만한 산업이 없다. 그들이 한국에 와 편안하게 돈을 쓸 수 있는 환경을 만들어줘야 한다. 이는 국가 이미지와도 관련된 일이다. 한국에 왔는데 관광은 하는 둥 마는 둥 쇼핑센터로만 끌고 가거나, 저녁은 서울에서 먹었는데 잠은 멀리 화성의 한 모텔에서 잔다면 그들이 돌아가 한국을 어떻게 말하겠는가? 덤핑관광에 한국의 이미지가 멍들고 있다. 이를 막기 위한 제도적인 노력이 필요하다.

중국 관광객들의 여행 루트는 단순하다. 서울-제주가 고작이다. 다양화해야 한다. 남해안은 중국인들이 쉽게 접근할 수 있는 아시아 최고의 관광지가 될 수 있다. 섬의 낙원 한려수도가 있고, 이순신 장군의 학익진 스토리로 유명한 통영이 있고, 남쪽으로 더 내려가면 꿈의 관광지인 제주도가 기다리고 있다. 어디 남해안뿐이겠는가. 우리나라에는 사시사철 중국인들을 끌어들일 만한 관광자원이 널려 있다. 정부와 지자체가 머리를 맞대고 통합적인 관광산업 개발에 나서야 한다.

자연경관만으로는 부족하다. 우리의 멋을 느낄 수 있는 많은 문화상품을 개발해야 한다. '난타'와 같은 문화상품을 많이 만들어야 한다는 얘기다. 그들은 경복궁보다는 난타를 기억하고, 한옥마을보다는 비보이 공연을 즐긴다. 이참 관광공사 사장은 "스위스를 세계적인 관광 대국으로 만든 것은 멋진 풍경에 고유문화를 접목시킨 문화상품을 많이 개발했기 때문"이라며 "한국 역시 아름다운 풍광과 독특한 전통문화, 다이내믹한 젊음 등이 어울린다면 결코 스위스에 뒤지지 않을 것"이라 말한다. 한국 전체를 아시아 부자들이 편안하게 쉴 수 있는 휴양지로 만들어야 한다는 게 그의 지론이다.

단순히 볼 게 많다고 관광 대국이 되는 것은 아니다. 한국에 오면 무엇인가 배울 게 있어야 한다. 귀국길에 오른 중국 관광객에게 "무엇이 가장 인상 깊었느냐?"라고 물으면 '깨끗한 거리' '교통

질서' 등을 꼽는다(한국관광공사 조사). 중국에게는 없는 것들이다. 담배꽁초 없는 거리, 신호등이 바뀔 때까지 서서 기다리는 질서의식, 남에 대한 배려, 공공시설을 아끼는 시민의식 등이야말로 최고의 관광상품이다.

화장품은 중국인이 가장 좋아하는 한국 상품이다. 한국관광공사가 조사한 중국 관광객의 쇼핑 리스트에서 화장품은 언제나 1위 상품으로 꼽힌다. 중국에도 수많은 로컬 화장품 브랜드가 있다. 어지간한 쇼핑센터 1층에는 유명 외국 브랜드 매장이 꼭 있다. 그럼에도 한국 화장품이 인기를 끄는 이유는 문화에 있다. 화장품은 한 나라의 문화를 응축한 상품이다. 랑콤(프랑스), 에스티로더(미국), SKⅡ(일본) 등이 글로벌 브랜드로 자리 잡은 것은 그 나라의 문화와 경제역량이 뒷받침됐기에 가능한 일이다. 마찬가지로 우리의 문화가 중국인들에게 호감을 주고 있기 때문에 그들이 화장품을 사는 것이다.

상하이에서 화장품 마케팅 업무를 하고 있는 LG생활건강 관계자는 이를 '대장금 루트'라는 말로 설명했다. TV 드라마 〈대장금〉 열풍이 지나간 길을 따라 중국, 베트남, 태국 등으로 한국 화장품의 판로가 뻗어 나가고 있다는 얘기다. 그는 "회사의 여러 제품 중 한국적 이미지가 강한 게 더 잘 팔린다. 동양적 친숙함이 중국 여성들에게 통하고 있다"라고 말했다. 한류가 상품 판매로 이어지고 있는 것이다. 문화도 상품이 되는 시대다. 따라서 중국과 구별되는 한국의 멋을 계승하고 창조해야 한다.

우리에게는 중국 청소년들을 휘어잡을 수 있는 한류가 있고, 중
국인들이 도저히 흉내 낼 수 없는 역동성이 있다. 중국인들이 잃
어버린 전통 유교문화가 살아 있는가 하면, 한국 축구의 '펀보(拼
搏: 상대방의 기세에 눌리지 않고 끝까지 싸움)정신'에서는 공포를 느낄
정도다. 개인의 창의와 자유를 중시하는 자유민주주의가 온전히
실현되고 있는 나라이기도 하다. 여기에 갤럭시S, 현대자동차, D
램반도체, 해양플랜트 등 산업 강국의 이미지가 겹쳐진다면 중국
인들은 분명 한국에 매력을 느낄 것이다. 이것이 큰 중국과 이웃
한 한국이 사는 길이다.

1장 큰 중국의 시대가 온다

1. 'G2(Group of Two)'라는 표현은 프레드 버그스턴(Fred Bergsten) 미국 피터슨국제
경제연구소장이 2005년 제기한 용어다. 이후 그가 2008년 외교전문지 〈포린어페어스
Foreign Affairs〉7~8월호에 발표한 논문에서 'G2'를 다시 인용하면서 널리 사용됐다. 칼
럼니스트인 윌리엄 페섹(William Pesek)도 2006년 9월 〈블룸버그*Bloomberg*〉에서 'G2'
라는 용어를 쓰기 시작했다. 중국은 'G2'라는 지위를 반기지 않는다. 'G2'라는 용어에
'Group of Two로서 세계 경제를 이끌어가야 할 나라'라는 의미가 담겨 있기 때문이다. 미
국과 함께 책임을 분담해야 하는 입장을 부담스러워하고 있는 것이다. Fred Bergsten,
"A Partnership of Equals: How Washington Should Respond to China's Economic
Challenge", *Foreign Affairs* (July/August 2008).

2. 폴 케네디(Paul Kennedy)는 이를 '제국주의적 과도 팽창(Imperial overstretch)'이라 표현
했다. 폴 케네디, 이왈수 외, 《강대국의 흥망*The Rise and Fall of the Great Powers*》(한경
BP, 1990).

3. 조종화 · 박복영 · 박영준 · 양다영, "중국의 외환정책과 국제통화질서: 위안화의 절상과 국
제화를 중심으로", 대외경제정책연구원 연구보고서(2010), pp.30~34.

4. 중국의 미국 국채 보유 현황은 다음 사이트에서 최신 수치를 검색할 수 있다.
http://www.treasury.gov/resource-center/data-chart-center/tic/Documents/mfh.txt

5. 라구람 G. 라잔, 김민주 · 송희령 옮김, 《폴트라인*Fault Lines*》(에코리브르, 2010),
pp.405~446.

6. 폴 크루그먼, 안진환 옮김, 《불황의 경제학*The Return of Depression Economics*》(세종서
적, 2009), pp.103~129.

7. Homi Kharas · Geoffrey Gertz, "The New Global Middle Class: A Cross-Over West
to East", *Wolfensohn Center for Development at Brookings*(2010).

8. 중국에서는 이를 '사회보장성 주택'이라 부른다. 저가임대주택, 공공임대주택, 거래제한주택
등이 포함된다. 중국 정부는 2015년까지 전체 주택에서 차지하는 사회보장성 주택의 비율을
20퍼센트까지 끌어올릴 방침이다.

9. 〈중앙일보〉, 2008. 12. 2.

10. 중국 경착륙을 주장하는 대표적인 서방 학자로는 닥터 둠(Dr. Doom)으로 잘 알려진 누리엘
루비니(Nouriel Roubini) 뉴욕대학 교수를 들 수 있다. 그는 2011년 4월 인터넷 매체인 '프
로젝트 신디케이트'를 통해 중국 경제가 2013년 이후 경착륙에 직면할 것이라 주장했다.
http://www.project-syndicate.org/commentary/china-s-bad-growth-bet

11. 林毅夫 · 蔡昉,《中国的奇迹: 发展战略与经济改革》(上海人民出版社, 2004), pp.201~209.

12. 林毅夫 · 蔡昉, 앞의 책.

13. *The New York Times*, "Europe Tries to Lure Chinese Cash to Back Rescue of Euro", 2011. 10. 28.

14. *Financial Times*, "World economy: The China cycle", 2010. 9. 13.

15. 渡辺利夫,《中國の躍進, アジアの應戰》(東洋經濟新報社), pp.23~58.

16. Ruchir Sharma, "Bearish on Brazil: The Commodity Slowdown and the End of the Magic Moment", *Foreign Affairs*(May/June 2012).

17. *The New York Times*, "Rising Chinese Inflation to Show Up in U.S. Imports", 2011. 1. 11.

18. Shaun Rein, *The End of Cheap China*(Wiley, 2012), pp.19~37.

19. 〈매일경제〉, "中경기둔화보다 빠른 수출 감소, 韓 수출 직격탄(현대경제연구소 추산)", 2012. 1. 18.

20. *Financial Times*, "Brazil: Platform for growth", 2011. 3. 17.

21. 〈중앙일보〉, "보잉기 200대 사겠다, 후진타오의 여객기 구매 외교", 2011. 1. 21.

22. "2010~2029 Current Market Outlook", Boeing.
http://www.boeing.com/commercial/cmo/pdf/Boeing_Current_Market_Outlook_2010_to_2029.pdf

23. *Financial Times*, "A strategy to straddle the planet", 2011. 1. 18.

24. 宋曉軍,《中國不高興》(江蘇人民出版社, 2009).

25. Robert Kagan, *The World America Made*(Knopf, 2012), pp.68~101.

26. 즈비그뉴 브레진스키는 미국이 아시아 지역 내 힘의 균형을 유지시켜주는 '균형자(Balancer)', 중국의 급성장으로 인해 야기될 수 있는 중국과 주변국 간 분쟁을 평화적으로 해결해줄 수 있는 '조정자(Conciliator)' 역할을 해야 한다고 주장했다. Zbigniew Brzezinski, *Strategic Vision: America and the Crisis of Global Power*(Basic Books, 2012), pp.79~81.

27. *Financial Times*, "China noses ahead as top goods producer", 2011. 3. 12.

28. 중국이 말하는 고속철도 개발 과정에 대해서는 다음 사이트를 참조하라.
http://scitech.people.com.cn/GB/15990952.html.

29. 〈경향신문〉, "중국, 고속철 기술 도용 · 수출", 2010. 4. 7.

30. 〈차이나데일리〉, "China unveils new moves to push for yuan's global reach(Xinhua)", 2011. 1. 14.

31. 프라사드의 중국 위안화 관련 연구는 그의 논문 "Prasad · Lei Ye, The Renminbi's Role in the Global Monetary System", IZA DP No. 6335(2012) 참조.

32. 위안화를 '홍삐'로, 달러를 '뤼삐'로 처음 언론에 소개한 사람은 HSBC의 수석 이코노미스트인 취홍빈(屈宏斌)이다. 그는 2010년 말, "우리는 곧 이전에 없던 금융혁명을 맞이하게 될 것"이며 "세계는 지금 느리지만 아주 확실하게 '뤼삐'에서 '홍삐'로 움직이고 있다"라고 말했다.

33. *CNN Money*, "Where's the euro zone's white knight? Not in China", 2011. 11. 10.

34. 워싱턴 컨센서스, 베이징 컨센서스 등 중국 모델과 관련된 논란에 대해서는 다음 책 참조. 전성흥 편, 《중국 모델론》(부키, 2008).

35. 필자가 '국가자본주의'라는 용어를 처음 접한 것은 2006년 5월에 발간된 〈뉴스위크 Newsweek〉에서였다. 당시 〈뉴스위크〉는 "중국, 러시아, 중동, 싱가포르 등이 국부펀드를 앞세워 세계 주요 에너지와 투자자산을 사들이고 있다"라고 보도하면서 이를 '신국가자본주의'라고 이름 붙였다. 중국 경제가 급속히 발전하고 중국 국유기업의 영향력이 커지면서, 국가자본주의는 이제 중국의 경제 체제를 표현하는 말로 변했다. 2012년 2월 열린 다보스 포럼의 주요 이슈 중 하나가 바로 중국의 국가자본주의였다. 영국의 시사주간지 〈이코노미스트The Economist〉는 포럼에 앞서 2012년 1월 21일자에서 '국가자본주의의 대두(The rise of State Capitalism)'라는 제목으로 이 문제를 깊이 다뤘다. http://www.economist.com/node/21543160

36. Ian Bremmer, "State Capitalism Comes of Age: The End of the Free Market?", *Foreign Affairs* Volume 88(2009).

37. Julie Jiang and Jonathan Sinton, "OVERSEAS INVESTMENTS BY CHINESE NATIONAL OIL COMPANIES", *OECD/IEA Information* Paper(2011).

38. 중국은 수출입은행을 포함해 1,100억 달러가 넘는 자금을 장기로 대출해줬는데, 이는 세계은행의 대출 규모를 능가하는 수치다. Erica Downs, "Inside China Inc: China Development Bank's Cross-Border Energy Deals", *John L. Thornton China Center Monograph Series* No. 3(2011).

39. 沈云销 · 陈先奎, 《中国模式论》(人民出版社, 2007), pp.249~279.

40. 이언 브레머, 차백만 옮김, 《국가는 무엇을 해야 하는가The end of the free market》(다산북스, 2011), pp.74~129.

41. 주룽지 총리가 추진하던 강력한 구조조정으로 1990년대 말, 수천만 명의 국유기업 직원들이 직장에서 쫓겨나야 했다. 당시 언론에서 가장 많이 등장하던 단어가 바로 '샤강(下崗)'이다. '근무지(崗位)에서 내려온다'는 뜻으로 그들은 실직을 이렇게 표현했다.

42. Andrew Szamosszegi · Cole Kyle, "An Analysis of State-owned Enterprises and State Capitalism in China", *The U.S.-China Economic and Security Review Commission* (2011).

43. 칼 E. 월터 · 프레이저 J.T. 하위, 서정아 옮김, 《레드 캐피탈리즘Red capitalism》(시그마북스, 2011년), pp.229~266. 중앙 국유기업의 명단은 다음 사이트에서 확인할 수 있다. http://www.sasac.gov.cn/n1180/n1226/n2425/

44. 2011년 〈포천〉 글로벌 500대 기업에 포함된 중국 기업은 모두 61개다. 이 중 9개는 은행이, 4개는 홍콩 기업이 각각 차지했다. http://money.cnn.com/magazines/fortune/global500/2011/countries/China.html

45. Cheng Li, "China's Midterm Jockeying: Gearing Up for 2012(Part 4: Top Leaders of Major State-Owned Enterprises)", Brookings Institutions.

46. 중국투자유한책임공사(中国投资有限責任公司) 2010년 연도보고. http://www.china-inv.cn/include/resources/CIC_2010_annualreport_cn.pdf

47. 〈조선일보〉, "차이나 머니, 삼성전자株 1조 원어치 샀다", 2012. 4. 26. 이 기사에 따르면, 중국은 주식보다 채권을 선호해 채권에 약 10조 4,000억 원, 주식에 4조 7,000억 원을 투자했으며 만기 5년의 국공채 위주로 투자가 이뤄지고 있는 것으로 분석됐다. 주식으로는 삼성전자(약 1조 원), 현대자동차(2,380억 원), 포스코(2,040억 원) 등 한국의 대표기업 주식을 사 모으고 있다.

48. 〈AP통신〉, "Davos elite: Capitalism has widened income gap", 2012. 1. 25.

49. 〈중앙일보〉, "시진핑 시대, 시장화·법치화의 물결 탄다". 2012. 4. 20.

50. Andrew Szamosszegi · Cole Kyle, "An Analysis of State-owned Enterprises and State Capitalism in China", *The U.S.-China Economic and Security Review Commission.*

2장 대국의 미래를 읽다

51. 뉴욕대학의 글로벌어페어센터(Center for Global Affairs)는 2020년 중국을 전망하는 3개의 시나리오를 제시했다. 분열(Fragmentation), 강한 국가(Strong State), 부분적 민주화(Partial Democracy) 등으로 나눠 각 항목의 근거를 비교적 객관적으로 제시하고 있다. http://www.scps.nyu.edu/export/sites/scps/pdf/global-affairs/china-2020-scenarios.pdf

52. Janamita Devan · Micah Rowland · Jonathan Woetzel, "A Consumer Paradigm for China", *MacKensey Quarterly*(2009. 8).

53. 호미 카라스는 중산층의 정의를 하루 10~100달러(구매력 평가기준)를 소비하는 가구의 구성원으로 잡았다. Homi Kharas · Geoffrey Gertz, 앞의 논문.

54. 일본 정부의 2010년 통상백서에 따르면, 중산층(가구당 가처분 소득 5,000~3만 5,000달러)은 2009년의 4억 6,000만 명에서 2020년 9억 7,000만 명으로 증가할 것으로 예상되고 있다. 또 부유층(3만 5,000달러 이상)은 2,000만 명에서 2020년 1억 3,000만 명에 이를 것으로 추산하고 있다. http://www.meti.go.jp/report/tsuhaku2010/2010honbun_p/2010_00c.pdf

55. Homi Kharas · Geoffrey Gertz, 앞의 논문.

56. *The Economist*, "Beware the middle-income trap: China's roaring growth cannot last indefinitely", 2011. 1. 23.

57. 위안즈강(袁志剛) 푸단대학 경제학원장은 장기적으로 볼 때 중국의 성장세 둔화는 피할 수 없지만, 그렇다고 중진국 함정에 빠지지는 않을 것으로 예상하고 있다. 그는 필자와의 인터뷰에서 "1980년대 초 시작된 중국의 성장세가 적어도 50년은 갈 것"이라 말했다. 지난 30년 동안 10퍼센트 안팎의 성장을 했다면 앞으로 10년은 약 7~8퍼센트, 그 후 또다시 10년은 5퍼센트 안팎의 안정적 성장을 이룰 것이라는 지적이다. 이 같은 성장 둔화는 경착륙이 아닌 '연착륙'으로 이해해야 한다는 게 그의 해석이다.

58. 천즈우는 제도 개혁 없는 상황이 지속된다면 중국인은 열심히 일해도 항상 가난하게 지낼

수밖에 없을 것이라 주장한다. 천즈우, 박혜린·남영택 옮김, 《중국식 모델은 없다沒有中國模式這回事!》(메디치, 2011), pp.168~187.

59. 중국의 거시경제정책을 총지휘하고 있는 국무원의 발전개혁위원회는 2010년 1월 30일 12차 5개년 계획 기간 중 '상하이 국제금융센터 건설계획'을 발표했다. 2015년까지 상하이를 국제 위안화거래센터로 육성한다는 게 기본 골격이다.
http://news.xinhuanet.com/fortune/2012-01/30/c_122629089_3.htm

60. 우징롄 교수는 창신에 의한 성장, 소비와 서비스 산업의 육성, 정부 개혁 등이 필요하다고 지적했다. 吳敬璉, 《中国增长模式抉择》(上海远东出版社, 2011. 5. 第三版), pp.149~192.

61. 라잔 시카고대학 교수는 "미래에 세계 최고 경제대국이 될 가능성이 큰 중국은 위험하게도 일본과 아시아 국가의 수출 의존형 성장 체제를 지속하고 있다"라며 "과감한 정책변화를 모색하지 않는다면 세계 경제의 성장 엔진은커녕 방해물로 취급받게 될 것"이라 경고했다. 라구람 G. 라잔, 김민주·송희령 옮김, 앞의 책, pp.134~137.

62. 이철용, "중국 수출에서 내수로, 이제 소비로, 2012년은 중국 소비주도 성장의 원년", *LG Business Insight*(2012. 2).

63. The World Bank·DRC, "China 2030", *The World Bank*(2012). 다음 사이트에 들어가면 다운받을 수 있다. http://www.worldbank.org/content/dam/Worldbank/document/China-2030-complete.pdf

64. Jonathan Woetzel, "Preparing for China's urban billion", *McKinsey Global Institute*(2009. 3).

65. 〈중앙일보〉, 2012. 4. 20.

66. 중국 공산당 국무원 집단학습에 관한 정보는 다음 사이트에서 얻을 수 있다.
http://cpc.people.com.cn/GB/64162/111911/index.html

67. 《鄧小平文選: 第3卷》(人民出版社, 1993), pp.251~252의 내용을 참고해 재구성했다.

68. 조영남 서울대 교수는 2020년까지 진행될 중국의 민주적인 정치개혁으로 다음의 네 가지를 꼽았다. 촌민위원회의 민주적 선거와 운영 강화, 지방 및 지방에서의 다양한 협상 또는 협의 제도 활성화, 의회의 정부 감독과 법원의 공정성 및 효율성 제고, 기층 정부에서의 직접선거 확산 등이다. 조영남, 《용과 춤을 추자》(민음사, 2012), pp.273~274.

69. 〈凤凰周刊〉, "张维迎去职: 市场派学者式微", 2011. 1. 14.

70. 우징롄 교수는 중국의 개혁을 '행정분권 시기(1958~1978), 증량개혁(增量改革) 시기(1979~1993), 정체개혁(整體改革) 시기(1994~) 등으로 나눠 설명하고 있다. 吳敬璉, 《当代中国经济改革》(上海远东出版社, 2004).

71. 〈南方人物周刊〉, "市场传教士 张维迎的信仰逻辑", 2010. 7. 16.

72. 마크 레너드, 장영희 옮김, 《중국은 무엇을 생각하는가What does China think?》(돌베개, 2011), p.59.

73. 왕후이(汪暉), "중국 사회주의와 근대성 문제", 〈창작과비평〉 86호(1994년, 겨울).

74. 마크 레너드, 장영희 옮김, 앞의 책, pp.58~66.

75. 차이팡(蔡昉)은 이미 중국 경제구조의 대대적인 변화를 요구했다. 후진타오의 과학발전관을 이해하기 위해서는 蔡昉, 《科學發展觀与增長可持續性》(社會科學文獻出版社, 2006) 참조.

76. 추이 즈위안, 장영석 옮김, "중국은 어디로 가고 있는가", 〈창작과비평〉(2005), pp. 107~144.

77. 천즈우, 박혜린·남영택 옮김, 앞의 책, pp.275~319.

78. 우파 관련 서적은 吳敬璉, 《中国增长模式抉择: 第三版》(上海远东出版社, 2011)를, 좌파 관련 서적은 랑셴핑(郎咸平), 이지은 옮김, 《부자 중국 가난한 중국인郎咸平說》(미래의 창, 2011) 등을 각각 참조.

79. 리청 박사는 "보시라이가 시험했던 신좌파 이데올로기가 사태의 한 원인이 됐다"라고 지적했다. 브루킹스연구소 홈페이지 참조. http://www.brookings.edu/research/interviews/2012/04/18-china-boxilai-li

80. Qu Hongbin, "RMB band widening kickstarts a new wave of financial reforms", *HSBC Global Research Economics*(2012. 4).

81. 〈중앙SUNDAY〉, "10년 후 중국", 2011. 9. 4.

82. Zbigniew Brzezinski, 앞의 책.

83. 조공 시스템과 관련된 보다 깊은 내용은 다음 책 참조. 이익주 등은 '조공-책봉'이라는 동아시아 국제질서에 대한 다각적인 분석과 그 속에서의 한중관계를 다뤘다. 이익주 외, 《동아시아 국제질서 속의 한중관계사: 제언과 모색》(동북아역사재단, 2010).

84. 남사군도 관련 문제는 다음 책 참조. 이선진 외, 《중국의 부상과 동남아의 대응》(동북아역사재단, 2011), pp.251~283.

85. 마틴 자크, 안세민 옮김, 《중국이 세계를 지배하면*When China rules the world*》(부키, 2010), pp.307~355.

86. Hung Ming-Te·Tony Tai-Ting Liu, "Sino-U.S. Strategic Competition in Southeast Asia: China's Rise and U.S. Foreign Policy Transformation since 9/11", *Political Perspectives 2011* Volume 5 (3), pp.96~119.

87. 〈서울신문〉, 2011. 2. 9.

88. 남쪽 오랑캐는 남만(南蠻)이라 했고, 북쪽은 북적(北狄)이었다. 동쪽 오랑캐들은 동이(東夷)로 불렸고, 서쪽에는 서융(西戎)이 있었다.

89. 이익주 외, 앞의 책, pp.32~54.

3장 무엇이 그들을 최강으로 만들었나

90. China Luxury Market Study 2010, *Bain&Company*, 2010. 11. 다음 사이트에서 확인 가능하다. http://www.bain.com/Images/China_Luxury_Market_Study_2010.pdf

91. *The Wall Street Journal*, "Chinese Companies Embark on Shopping Spree in Europe", 2011. 6. 7.

92. 시장경제 지위를 인정하는 것은 "해당 국가의 경제활동이 시장경제를 기반으로 하고 있음을 인정한다"라는 뜻이다. 이는 과거 사회주의 체제 국가의 덤핑 수출을 규제하기 위해 도입된

개념으로, 지위를 인정받지 못한 국가는 통상 분쟁에서 매우 불리한 상황에 처하게 된다. 덤핑 여부를 판단할 때 해당 국가의 내수 가격이 아닌 시장경제 지위를 지닌 제3국의 가격과 비용을 기준으로 하기 때문에 패소율이 높아지는 것은 물론 반덤핑 관세도 부과받게 된다. 중국은 그동안 EU에 시장경제 지위 인정을 지속적으로 요구해왔다. 그러나 EU는 중국의 정치체제가 공산당 독재를 기반으로 하고 있는 점을 들어 시장경제 지위를 인정하지 않겠다는 입장을 고수하고 있다. 현재 중국의 주요 수출국 중 미국과 EU, 일본이 중국의 시장경제 지위를 인정하지 않고 있다. 한국은 지난 2005년 중국의 시장경제 지위를 인정했다.

93. 鳳凰網, 中國商飛再簽20架C919大型客机訂單.
    http://finance.ifeng.com/stock/roll/20120214/5582946.shtml
94. 林毅夫 · 蔡昉, 《中國的奇迹: 發展戰略与經濟改革》(上海人民出版社, 2004), pp.137~195.
95. 董書礼, "以市場換技術戰略成效不佳的原因", 中國科技促進發展研究中心調研報告, 2003年 第85期.
96. Francis Ng. Alexander Yeats, "Producton Sharring in East Asia: Who does, What for, Whom and Why", *World Bank Paper* No. 2197.; Deardorff, Alan V., "Fragmentation in Simple Trade Models", *North American Journal of Economics and Finance* 12. pp.121~137.; 韓友德, "20世紀90年代東亞地區的生産分工与貿易結構研究", 2006. 4.
97. 복득규, "중국제 부품 소재 장비의 부상과 영향", *SERI CEO Information* 858호(2012).
98. 박번순 외, 《아시아 경제, 공존의 모색》(삼성경제연구소, 2005), pp.428~491.
99. 〈조선일보〉, "중국 태양광산업 천하제패, 원가 경쟁력 아무도 못 따라가", 2012. 3. 3.
100. 〈중앙SUNDAY〉, "태양광 치킨게임, 30개 폴리실리콘업체가 5~7개로", 2012. 4. 1.
101. 이성호, "도약 성장하는 중국 미래 유망 산업의 경쟁력 분석", *SERI Issue Paper*, 2011. 1. 28.
102. 박찬수 삼성경제연구소 수석연구원은 "중국의 추격을 뿌리치기 위해서는 대학연구소, 기업 등 R&D 주체 간 연계 강화를 통한 혁신 역량의 활용도 제고, 중국 R&D센터 설립을 통해 중국의 고급 기술인재 선점, 원가와 기술의 열세를 극복할 수 있도록 파괴적 기술혁신에 대한 과감한 투자 등이 필요하다."라고 강조했다. 박찬수, "혁신강국 중국의 기술력과 한국의 대응", *SERI CEO Information* 제813호, 2011. 7. 20.
103. 명단은 다음 사이트에서 검색 가능.
     http://wenku.baidu.com/view/4174417b31b765ce05081462.html
104. 류지성, "한중 인재 경쟁력 비교 연구: 과학기술 인재를 중심으로", SERI 연구보고서, 2011. 11.
105. 吳曉波, 《激蕩三十年》(中信出版社, 2007), pp.100~103.
106. 〈中國企業家〉, "向92派致敬", 2012. 3.
107. Cheng LI, 앞의 보고서.
108. *The New York Times*, "Princelings in China Use Family Ties to Gain Riches", 2012. 5. 17.
109. 홍콩 증시의 IPO에 대해서는 언스트&영(Earnst & Young)의 홈페이지 참조.

http://www.ey.com/GL/en/Services/Strategic-Growth-Markets/Global-IPO-trends-2011

110. CJ제일제당 · 수출입은행 · 산업은행 · 롯데쇼핑 · 신한은행 등 국내 기업 5곳이 모두 60억 2,000만 위안(약 1조 800억 원) 규모의 딤섬본드를 발행했다(2012년 5월 말 기준). 2011년 이후 홍콩의 전체 딤섬본드 발행액 중 한국 기업의 비중은 중국, 미국 기업에 이어 세 번째다.

111. Vanessa Rossi · William Jackson, "Hong Kong's Role in Building the Offshore Renminbi Market", International Economics Programme Paper: IE PP 2011/01, *Chatham House*, 2011. 8.

112. R-QFII(Renminbi-Qualified Foreign Investment Investor)는 리커창 부총리가 2011년 8월 홍콩 방문 때 언급한 뒤 급물살을 타고 있다. 중국은 홍콩에 법인을 설립한 대륙의 펀드 자산관리사와 증권사 21개를 R-QFII로 지정했다(펀드회사 9개, 증권사 12개). 5억~12억 위안이 할당된 각 기관은 홍콩 내 법인을 통해 배정받은 한도 내에서 위안화로 대륙의 A주식과 주식형 펀드 그리고 고정수익증권(채권형 펀드, 회사채) 등에 투자하게 된다.

4장 흔들리는 세계 공장

113. 중국 증시에서의 각 산업별 재무 상황은 다음 사이트 참조. http://stock.hexun.com/2012/jjqyzpqhybd_2012/

114. 趙曉 · 史貴存,《金融改革須向深水區推進, 頂層設計需慎重》(金融博覽, 2012)

115. 法人, "地産巨頭的狂歡与民生之痛", 2012年 第3期.

116. 한우덕,《중국 증시 콘서트》(올림, 2010), pp.107~135.

117. 비유통주 개혁이 어느 정도 추진됐는지는 중국증권등기결산(中國證券登記決算) 홈페이지 참조. http://www.chinaclear.cn/main/03/0304/0304_1.html

118. 글로벌 시장의 IPO 트렌드와 관련해서는 언스트&영 홈페이지 참조. http://www.ey.com/GL/en/Services/Strategic-Growth-Markets/Global-IPO-trends-2011

119. Andrew Szamosszegi · Cole Kyle, 앞의 저널 참조.

120. International Energy Agency, "Oil Supply Security, Emergecy response of IEA countries", *IEA*(2007). pp.327~334.

121. *The Wall Street Journal*, "China Tops U.S. in Energy Use: Asian Giant Emerges as No. 1 Consumer of Power, Reshaping Oil Markets, Diplomacy" 2010. 7. 19.

122. Joshua Emmanuel Lagos · Jiang Junyang, "Grain and Feed Annual 2012", Grain Report No. CH12022(2012.3.2), *USDA Foreign Agricultural Service*.

123. 2011년 6월 영국 케임브리지대학에서 열렸던 케인즈 이론 75주년 세미나에서 니시무라 기요히코 일본은행 부총재가 준비한 연설 자료집을 보면 일본은행의 연구가 잘 요약되어 있다. Kiyohiko G. Nishimura, "Population Ageing, Macroeconomic Crisis and Policy

Challenges", *Bank of Japan*(2011. 6).

124. 중국에서 인구조사는 그 자체가 하나의 대형 국가 프로젝트다. 2010년 실시된 '제6차 전국 인구조사'는 그해 11월 1일부터 10일 동안 약 600만 명의 조사원이 전국의 모든 가구를 방문하며 이뤄졌다. 중국이 첫 인구조사를 실시한 것은 1953년 7월 1일. 당시 전체 인구는 5억 8,260만 명으로 집계됐다. 중국 대륙에서 처음으로 치러진 과학적 인구조사였다. 이어 1964년 조사에서는 6억 9,460만 명, 1982년에는 10억 818만 명, 1990년에는 11억 3,368만 명으로 인구가 늘었다. 2000년 11월 1일을 기준으로 시행된 제5차 조사에서는 인구가 12억 6,583만 명에 달했다.

125. 중국 국가통계국의 조사는 "2011년 말 현재 도시 거주 인구는 약 6억 9,080만 명으로 전체 인구의 51.27퍼센트를 차지하고 있다"라고 밝히고 있다.

126. 호구제문제를 단적으로 보여준 것은 2010년 발생한 '호구제 필화사건'이다. 그해 3월, 전국인민대표대회와 전국인민정치협상회의의 양회를 앞두고 〈남방도시보南方都市報〉, 〈경제관찰보經濟觀察報〉 등 13개 주요 신문들은 공동사설을 통해 "중국 인민들은 오랫동안 호적제도 때문에 고통을 받고 있다. 우리는 인민들이 자유롭게 태어났으며 거주 이전의 자유가 있다고 믿는다"라며 호적제도 폐지를 촉구했다. 그러나 공동사설을 집필한 경제관찰보 장홍(張宏) 부총편집장이 해직되는 등 당국의 제재를 받았다.

127. 김정근, "늙어가는 중국: 중국의 고령화가 한국경제에 미치는 영향", SERI 경제포커스(제329호), 2011. 3. 8.

128. Richard Jackson · Keisuke Nakshima · Neil Howe, "China's Long March to Retirement Reform", *CSIS*(2010).

129. http://dangjian.people.com.cn/GB/17511720.html.

130. 나카가네 카츠지, 이일영 · 양문수 옮김, 《중국경제발전론中國經濟發展論》(나남출판, 2001), pp.372~384.

131. 〈파이낸셜타임스〉의 베이징 · 상하이 특파원(현재 워싱턴 지국장)으로 20여 년간 일한 리처드 맥그레거는 중국 공산당을 '보이지도 않고 접할 수도 없지만 어디에나 웅크리고 있는 신과 같은 존재'로 묘사했다. 맥그레거는 공산당을 '부패의 온상이자, 특권층의 요람'으로 보고 공산당 권력에 의해 빚어지는 각종 문제점을 신랄하게 파헤쳤다. 리처드 맥그레거, 김규진 옮김, 《중국 공산당의 비밀The Party》(파이카, 2012).

132. 吳敬璉, "深化改革, 先把'顶顶层'设计好", 〈中国经济周刊〉, 2012年 第14期.

133. *The Wall Street Journal*, "Beijing Can't Outgrow Corruption", 2010. 5. 11.

134. http://boxun.com/news/gb/pubvp/2012/05/201205300912.shtml

135. 중국의 각종 문제점을 파헤친 책은 많다. 그 중에서도 칼 라크루와 · 데이비드 매리어트, 김승완 · 황미영 옮김, 《중국은 왜 세계의 패권을 쥘 수 없는가Fault Lines on The Face of China》(평사리, 2011)를 권한다. 중국의 정치 · 경제 · 사회 분야의 모든 부정적인 팩트를 다뤘다.

136. 사건 발생 당시 보도됐던 〈南方日報〉, 〈新華网〉, 〈每日經濟新聞〉, 〈广東新聞网〉, 〈經濟觀察网〉, 〈財新网〉 등의 기사를 참고했다. 그러나 지금 이들 사이트에서 관련 기사들이 대부분 삭제된 상태다.

5장 시진핑 시대 한국의 길

137. 박번순 삼성경제연구소 연구전문위원은 아시아의 산업분업 모델이 안행(기러기떼) 모델에서 수직적 분업으로, 광역집적지역(클러스터)의 탄생 등으로 발전하고 있다고 분석했다. 박번순 외, 앞의 책, pp.428~491.

138. 복득규 삼성경제연구소 연구전문위원은 중국이 자국의 중간재 비율을 높이는 현상을 '차이나 인사이드(China inside)'라고 표현했다. 복득규, "중국제 부품·소재·장비의 부상과 영향", *SERI CEO Information* 제858호(2012).

139. 〈매일경제〉, 2007. 9. 19. 당시 이 신문은 1면 머리기사를 통해 남해안의 조선소 신·증설 현황을 르포로 전하고, 무리한 증설에 따른 공급 과잉을 경고했다.

140. 김주영, "중국 조선공업발전 전망과 우리의 대응", 한국수출입은행 이슈분석 2011-2.

141. 〈한국경제〉, "특파원 코너", 2004. 8. 20.

142. 가전하향(家電下鄕)은 농촌 주민들이 TV, 냉장고, 세탁기 등 가전제품을 살 경우 정부가 가격의 약 13퍼센트를 지원하는 제도였다. 2009년부터 시작되어 2011년까지 이뤄졌다. 이구환신(以舊換新)은 소비자가 가전제품을 살 경우 쓰던 물건을 가져오면 가격을 깎아주는 제도였다. 중국은 2008년 세계 금융위기로 소비가 급속하게 위축되자 이를 타개하기 위해 이들 정책을 실시했다.

143. 이성호 삼성경제연구소 수석연구원은 중국 소비시장 발전을 인구구조, 소득, 사회보장제도, 도시화 등으로 나눠 분석하고, 분야별 시장 특징을 정리했다. 이성호, "중국의 시장 기술 산업의 잠재력 평가 및 발전 전망", SERI 연구보고서(2011, 12), pp.76~146.

144. 맥킨지의 유벌 애츠먼(Yuval Atsmon) 등은 중국의 부유층이 2015년 440만 가구에 이르러 미국, 일본, 영국에 이은 세계 제4위 부유층 가구를 가진 국가가 될 것으로 추산했다. Yuval Atsmon·Vinay Dixit, "Understanding China's wealthy", *McKinsey Quarterly*(2009. 7).

145. *The Wall Street Journal*, "China Premier Backs Blueprint for Financial Reform", 2012. 3. 6.

146. *The New York Times*, "Wen Calls China Banks Too Powerful", 2012. 4. 3.

147. '왕서방'은 중국인 중에서 '왕' 씨 성을 가진 사람이 유독 많다는 의미에서 만들어진 표현으로 국내 특정 성씨와는 관계가 없음을 밝힌다.

148. Sohn Sung Won, "The Wimbledon Effect", *Dr. Sohn's Commentary*(2009. 9. 30).

149. *Financial Times*, "Japan alarm over China's JGB purchases", 2010. 9. 10.

150. 〈조선일보〉는 "차이나 머니의 과도한 유입이 국내 금융시장의 교란 요인이 될 수 있다"라며 "실제로 최근 중국계 자금이 만기 3년 이상의 장기 채권에 집중됨에 따라 단기 금리상승에도 불구하고 장기 금리가 오르지 않는 이상 현상이 발생하기도 했다"라는 점을 지적했다. 이런 현상이 장기간 지속되면 우리나라의 통화정책이 시장에서 안 먹히는 상황이 생길 수 있다는 설명이었다. 〈조선일보〉, 2010. 4. 26.

151. '고섬 사태'란 2011년 3월 코스닥 상장업체인 고섬이 회계부실로 거래정지를 당한 사건을 말한다. 싱가포르 시장의 원주를 근거로 국내시장에서 발행된 이 회사의 주식은 싱가포르

시장에서 거래가 정지되면서 국내시장에서도 거래가 정지됐다. 1년이 지났지만 뚜렷한 해결책 없이 표류하고 있어 중국 주식에 대한 투자가들의 불안감만 높이는 결과를 낳았다. 이 사태 이후 중국 기업에 대한 사장 열기도 크게 위축됐다.

152. 중국의 QDII 투자 허용 규모를 장기적으로 시가총액의 약 5퍼센트까지 늘린다는 계획이다. 이 경우(2012년 3월 말 기준) 투자금은 현재의 753억 달러에서 2,293억 달러로 급증하게 된다. 향후 중국 증시 상승으로 시가총액이 늘어나게 되면 QDII는 더욱 활성화될 전망이다. 이치훈, "차이나 머니의 글로벌시장 투자 동향과 전망", 국제금융센터 Issue Analysis(2012. 4. 4).

153. 〈조선일보〉에 따르면, 차이나 머니의 주식 투자액(2011년 3월 말 기준)이 가장 많은 종목은 삼성전자로 1조 40억 원어치에 달했다. 2위는 현대자동차그룹(2,380억 원), 3위는 포스코(2,040억 원)였다. 주식투자 상위 30개 종목은 우량 제조업이 대부분이며, 중국계 주식 투자금 4조 7,000억 원의 80퍼센트 정도인 3조 6,600억 원이 상위 30개 종목에 집중되어 있다. 〈조선일보〉, 2010. 4. 26.

154. 孟子, 《公孫丑: 下》의 제1장 구절.

155. 박번순 삼성경제연구소 연구전문위원은 한국은 중국과의 FTA 체결로 GDP가 최대 4퍼센트포인트 증가할 것으로 예상했다. 박번순, "한중 FTA의 의의와 주요 쟁점", SERI 연구보고서(2011. 4).

156. 박번순 삼성경제연구소 연구전문위원은 "한국이 동아시아 경제공동체 추진 과정에서 동북아의 중재자, 아세안의 책임 있는 동반자 역할을 회복하도록 창의적인 아이디어를 창출해야 한다"라고 제시했다. 그는 또 "한미 FTA 및 한-EU FTA의 건전한 발전을 통해 동아시아 통합을 모색할 때"라고 강조했다. 박번순, "중국의 동아시아 진출 전략과 동아시아의 대응", 삼성경제연구소 Issue Paper(2011. 11).

한우덕

중앙일보중국연구소장. 20여 년 동안 기자 생활을 하면서 현장을 누빈 중국 경제 관찰가로, 저널리즘과 아카데미즘의 영역을 오가며 중국을 분석한다. 한국외국어대학교 중국어학과를 졸업하고 상하이 화동사범대학교에서 경제학 박사학위를 받았다. 졸업과 함께 한국경제신문에 입사해 1999년부터 2006년까지 베이징과 상하이 특파원을 지냈고, 2007년부터 중앙일보에서 일하고 있다. 저서로 《중국의 13억 경제학》《중국증시 콘서트》《뉴 차이나 그들의 속도로 가라》 등이 있다.

우리가 아는 중국은 없다

1판 1쇄 발행   2012년   8월 31일
1판 5쇄 발행   2014년   1월 10일

지은이 한우덕
펴낸이 고영수
펴낸곳 청림출판
등록 제406-2006-00060호
주소 135-816 서울시 강남구 도산대로 38길 11번지(논현동 63번지)
      413-756 경기도 파주시 교하읍 문발리 파주출판도시 518-6 청림아트스페이스
전화 02) 546-4341 팩스 02) 546-8053

ⓒ 한우덕, 2012
cr1@chungrim.com

ISBN 978-89-352-0936-1 93320

이 책은 관훈클럽신영연구기금의 도움을 받아 저술, 출판됐습니다.